법구경
깨침의 노래

法句經 Dhammapada

한글 번역 : 진월 도원 스님, 대한민국
漢文 飜譯 : 天竺沙門 維祇難, 吳, 中國
English Translation : Acharya Buddharakkhita, India

법구경
깨침의 노래

法句經 Dhammapada

진월 도원 엮음

SATI

머리글

깨친 분 가르침인 참 진리 말씀이어!
때와 곳 길이 넘어 얼 키운 보배로세!
한글로 노래 만드니, 뜻 새기며 부르길!

거룩한 부처님과 그 가르침 및 따르는 분들 앞에 향을 사루며, 지극한 마음으로 목숨을 바쳐 진리를 기리면서 찬탄합니다.

붓다Buddha와 담마Dharma와 상가Sangha, 위없고 한량없는 삼보에 귀의하옵고, 이글을 읽는 독자들을 포함한 모든 생명과 온 누리의 세상이 두루 평안하며 모두 행복하기를 빌면서, 산승이 『법구경法句經 Dhammapada』을 한글로 옮기며 출판 발행을 기획한 인연과 생각을 솔직히 적어, 이미 수많은 번역이 있음에도 불구하고 새로운 시도를 한 까닭을 간단히 밝히고, 글을 읽는 분들에게 이해와 공감 및 탁마와 동참을 삼가 구하고자 합니다.

어느덧 쉰 두해 전, 세속에서 고등학교를 졸업하고 대학을 준비하던 시기, 막연한 호기심과 탐험정신에 이끌려 무작정 가야산 해인사에 방문했다가 전생의 숙연이 있었던지 먼 방랑 여행에서 그리던 고향에 돌아온 것 같은 기분을 마음속 깊이 느끼고는, 그로부터 즉시 출가 사문의 길을 걷기 시작했던 산승은, 불교를 배우고자하여 그곳 전통강원(현 해인승가대학)을 거치고 구족계를 수지하며, 영취산 극락선원과 조계산 수선사 등지의 산중 제방선원에서 참선수행을 하는 운수납자 두타로 청년 시절을 보냈고, 불은에 보답하려 체험을 공유코자 회향과정으로써 세상을 이해하며 소통하고자 동국대와 버클리대 등의 국내외 대학들에서 선불교에 대하여 현대적 연구와 교육으로 장년기간을 지냈으며, 교수직 정년퇴임이후로는 다시 캘리포니아 산중으로 은퇴하여 나름 소림면벽가풍을 되살려보려고 노년기를 보내고 있는 중입니다. 지난 반세기 동안 공부하고 수행하며 전법활동을 해오면서, 읽고 되새기며 가르치던 수많은 경전과 어록들 가운데, 간결한 『법구경』에 주목하고 때에 따라 마음의 거울로 삼아왔음을 새삼 돌아봅니다.

알려진 것처럼, 깨우치는 말씀의 바다 이른바 '팔만대장경八萬大藏經'으로 통하는 엄청난 분량의 불교 경전들 가르침과 말씀들 속에서 그 정수精髓를 간추려 내어 외우고 기억하기 좋게 소개하는 『법구경』은 불교인들은 물론, 이웃 종교인들을 포함하여 일반인들에 이르기까지 모든 인류에게 가장 널리 읽히며 삶의 지혜를 일깨우고 사랑받는 책 가운데 하나라고 할 수 있습니다. 이 귀한 책을 산승 나름대로 모국어인 한글로 운역韻譯을 시도하면서, 이 높고 깊은 가르침이 어둡고 맛을 잃어가는 세상에 다소나마 빛과 소금 역할을 할 수 있는 마음의 등불과 청량제로써 널리 인연 있는 분들에게 되새겨지며 이바지하기 바랍니다. 우리 겨레의 스승 세종임금께서 한글을 만드시고 그 쓰임의 본보기로, '달이 천강에 비치는 노래 『月印千江之曲』' 를 지으시며, 부처님의 지혜와 자비의 달이 뭇 생명들 마음의 강에 비추어짐을 읊어내셨듯이, 산승도 석존의 가르침 『법구경』을 한글 노랫말로 옮겨, 한글날을 즈음해 책으로 펴내면서, 영혼의 몰현금沒絃琴으로 실어내며 지음知音들의 반향反響과 소통 및 탁마를 기대해 보렵니다.

언론보도를 통해 알려져 있듯이, 작년 3월 중순부터 산승이 머무는 고성선원이 위치한 캘리포니아 지역뿐만 아니라, 미국 전역에 '코비드-19 팬데믹' 방역을 위한 정부의 "재가명령在家命令Stay-Home-Order"이 발효되었습니다. 한국을 포함한 지구촌의 대부분이 비슷한 상황으로 대다수의 시민들이 뜻밖에 가정 안에 격리되어 칩거할 수밖에 없었으며, 거의 1년 반이 지나서야 어느 정도 자유로운 활동이 재개되는 어려운 시절을 겪게 되었지요. 그 시초부터 그들과 어려운 상황에 관심하고 염려하며 위로와 정신적 안정을 돕기 위하여 각자의 처소에서 '안거정진 安居精進'의 수련방법을 권하며 명상수행과 영성적 생각거리를 제공하려고, 매일아침 『법구경』의 한 구절을 산승의 페이스북 Facebook에 올리며, 수천 명의 '누리벗'들에게 사회관계망서비스 네트워크를 통한 '법공양'을 시작하였었는데, 그동안 마침내 그 책의 전부를 끝까지 다해 마치게 되었고, 효과와 반응도 괜찮았다고 생각되었습니다. 사람의 탐욕과 무지로 말미암아 벌어진 자연환경 및 생태계 파괴와 기후변화를 부추기는 등 다양한 지구훼손, 생명경시와 빈부격차 및 폭력과 부정부패 등으로 사회 공동체가 앓고 있는 현실 상황에서, 『법구경』 말씀들은 읽는 분 각자 스스로의 삶을 반성하며 인간 도덕성 회복과 생명존중 및 맑고 평화로운 세상을 만들 수 있는 건강하고 온전한 살림살이를 꾸려가는 데 필요한 지혜와 자비의 방법을 제공한다고 봅니다. 이제 사이버 세계에서 온라인으로 나누었던 그 글들을 정리하고 새롭게 다듬어서 책으로 묶어내어 오프라인의 더 많은 분들에게 '진리의 등불'로 제공하려 합니다.

『법구경 Dhammapada』은 제목의 글자 뜻 그대로, '법法 Dhamma' 즉, 진리 또는 부처님 가르침의 '구句 Pada' 즉, 게송과

싯귀 말씀이며, 따라서 〈진리의 말씀〉 또는 〈깨침의 노래〉라고 한글로 그 책 이름을 붙일 수 있고, 〈깨침을 위한 수행과 올바른 삶의 길로 안내하는 길잡이 시 모음〉 이라고도 부를 수 있겠습니다. 실제로 이 책은 약 2천 6백여 년 전 붓다 석가모니의 진솔한 가르침을 그분과 가장 가까운 시기에 담았으며, 다른 말로는, 불경 가운데 가장 오래된 것 가운데 하나로 평가되어 왔습니다. 서지학이나 문헌학 전문가들의 연구결과에 의하면, 현재 가장 오래된 전통 불경언어로 알려진 2천여 년 전의 빨리Pali 원전이 전해지고 있고, 그를 바탕으로 번역한 천 수백여 년 전의 한문본, 백여 년 전의 영문을 비롯한 독어와 불어 등의 유럽언어, 그들을 번역한 수십 년 전의 한글본과 일본어본 등, 세계적으로 수십 종 언어의 번역과 재역이 다수 이루어져 출판되어졌고 앞으로도 끊임없이 이어지리라고 짐작됩니다. 이는 인류의 보편적인 정신문화 유산이며, 누구에게나 유익한 고전古典Classic으로서, 시간과 공간 및 언어와 문화를 초월하는 영원한 정신적 교양서이며, 지혜의 보고寶庫인 줄 압니다.

전체 26장章 423구句로 구성되어 있는 이 책은, 처음부터 끝까지 차례로 모든 구절들을 읽어도 좋지만, 만약에 그럴 여유가 없다면, 형편대로 필요와 관심에 따라 몇 구절 또는 다만 한 구절이라도 찾아보면 큰 영감과 지혜를 얻을 수 있는 특징이 있습니다. 더러는 이들이 인생의 좌우명座右銘으로 삼을 수 있는 귀중한 말씀 또는 노래로 마음에 새겨질 것입니다.

앞에서 언급했듯이, 『법구경』 즉 〈깨침의 노래〉는 싯귀나 노래처럼 낭송하며, 명심하고 기억하기 좋은 가르침입니다만, 기존의 한글 번역본들은 그 뜻과 내용의 전달에 충실하고자 애쓴 반면, 운문韻文 즉, 싯귀나 노래처럼 운치있는 가락과 장단의 특징을 살려내는 데는 어쩐지 아쉬움을 느끼게 합니다. 그 부분에 착안하여, 산승은 누구나 수행과 생활 속에 쉽고 자연스럽게 읊조릴 수 있도록, 전통적 정형률의 하나인 3-4-5조 틀을 적용하고, 되도록 우리말을 활용하려고 시도해 보았지요. 천천히 소리를 내어서 읽고 외우며 음미해 보면, 사뭇 새로운 마음의 울림을 느낄 수 있으리라 믿습니다.

아울러 남녀노소를 불문하고, 누구나 각자 자기실현을 위한 정신적 도구로 활용될 수 있을 뿐만 아니라, 어버이 또는 선배의 위치에 있는 분들은, 붓다 즉, 깨달은 분이며 인류의 스승이신 석존의 싯적인 말씀이나 노래 한 구절이라도 어린이들 또는 후배들에게 나누어 준다면, 그를 듣고 알아차리는 이들에게 존경심으로 고맙게 받아들일 줄 압니다. 이른바, 자기도 좋고 남에게도 도움이 되는 진리의 말과 글로써, 벗이나 이웃들에게 올바르고 착한 사랑의 마음을 베풀어주는 것이며 값지고 뜻깊은 선물이 될 줄 압니다.

산승은 요즈음 지구촌 상황을 둘러보며, 많은 말과 글 가운데 영어와 중국어 또는 한자를 쓰는 이들이 상대적으로 많음을 감안하여, 한글 구절마다 그에 해당하는 한문과 영문을 함께 싣고, 그 원문인 빨리어도 참고로 제공하면, 해당언어를 사용하거나 이해하는 분들에게도 모두 좋은 활용기회가 되리라 생각합니다.

이 진리의 말씀, 깨침의 노래가 지구촌의 사바세계에 여러 언어를 통해서 널리 퍼져나가, 그를 보고 듣는 모두가 무명과 번뇌의 고통을 벗어나고 지혜와 자비심을 갖추어, 인류는 물론 온 누리 생태계의 모든 생명들까지 공존공영을 하도록 하며, 삶의 질 향상과 평화를 누릴 수 있기를 축원합니다. 부디 이 역경과 출판 보급의 불사동참 인연공덕으로 모든 하늘과 땅의 기후변화와 자연재해 및 각종 질병과 전쟁이 사라지며, 온갖 다툼과 미움들이 풀어지고, 정의와 사랑이 가득한 공평사회와 건강하고 행복한 인류공동체가 이루어지는 데 도움이 되며, 세계적 냉전 상황으로 말미암아 분단된 한반도의 평화 통일도 앞당겨져서 배달겨레가 '홍익인간 이화세계' 의 이상을 세상에 널리 펼치고 이룰 수 있도록 하는 데 밑거름이 되며, 우리의 선망 조상들도 모두 정토에 나시고, 미래의 후손들에게도 슬기로운 삶의 빛이 되기를!

끝으로, 영문번역본 사용을 기꺼이 허락해준 고 붓다라키타 스님의 제자이며 대각회 사무총장인 아난다 비구스님(Bhikkhu Ananda, General Secretary for MBS) 의 순수한 포교에 대한 공심과 무주상의 배려에도 진심으로 감사드립니다. 그리고 이 역경 법공양 불사과정에 적극 성원하고 흔연히 협조한 물라상가 싸띠아라마 방장 붓다팔라스님, 후원회 보디트리 수진행 대표법우, 출판실무를 진행한 수진법우 등, 승가와 재가 동참대중들의 관심과 노고에 감사하며, 그 공덕이 기려지고 잘 회향되기를 빕니다. 이 진리의 노래를 부르며 인생의 궁극적 이상을 추구하기 위해 성실히 살림하시는 독자님들 두루 법희선열과 대자유를 누리시며 행복하시길 축원드려 마지않습니다.

나무본사석가모니불, 역대조사선지식, 마하반야바라밀!

불기 2565년 한글날

거룩한 어버이 붓다와 세종께 마음의 향을 사루고

가야산인伽倻山人 비구 **진월 도원**眞月道元 삼가 씀

PREFACE

The Dhammapada, an anthology of four hundred and twenty-three verses, compiled approximately six hundred years before Christ, belongs to the Khuddka Nikaya ("Compact Collection") of the sacred Buddhist scripture, the Tipitaka. Handed down in the Pali language, in which the Buddha spoke, the Tipitaka (lit. "Three Baskets") has preserved the original teachings of the Enlightened One.

The Buddha enunciated his Dhamma (Teachings) in two different forms. Though distinct, they ultimately converge in the unfolding of insight into the realities of existence and the Beyond. One approach was in philosophical terms, incisive and analytical. The other took the forms of discourses in simple, direct language intelligible to the masses, and often precipitated by a specific question or incident. It is from this body of material that the Dhammapada was complies. Each verse was prompted by a particular episode, accounts of which are preserved in the Dhammapada Atthakatha, one of the commentaries on the Pali canon.

What the Gita is to Hindus, the Bible to Christendom and the Koran to Islamic people, the Dhammapada is to the Buddhist world. For the simple and unsophisticated, it is a sympathetic counsellor; for the intellectually over-burdened its clear and direct teachings inspire humanity and reflection; for the earnest seeker, it is a perennial source of inspiration. Insights that flashed into the heart of the Buddha have crystallized into these luminous verses of pure wisdom. As profound expressions of practical spirituality, each verse is a guideline to right living. The Buddha unambiguously pointed out that whoever earnestly practices the verses of the Dhammapada would taste the bliss of emancipation.

In preparing this volume I have had access to numerous editions and translations in various languages, including Sanskrit, Hindi, Bengali, Singhalese, Burmese and Napali. While consulting a number of English editions, it was observed that the rendering were often either too free and inaccurate or too pedantic. It was therefore felt that a new edition of the Dhammapada, avoiding these two extremes, would be beneficial to readers.

There are editions of the Dhammapada by noted scholars such as Max Muller and Dr. S. Radhakrishnan. However, the teachings of the Buddha inevitably suffer some distortion when presented from a non-Buddhist frame of reference. Erroneous ideas have sometimes resulted from an unfortunate selection of words in translation, and footnotes have at times been judgmental. The present translation by a practicing follower of the Buddha is a humble effort to transmit the spirit and content as well as the language and style of the original teachings.

Where a few of the verses are conundrums or contain analogies not immediately evident to the reader, the meanings are provided either in parenthesis or notes. For interpretation I have relied on the classic 5th century A.D. commentary by Bhadantacariya Buddhaghosa, the great Buddhist savant.

The Pali literature is a veritable storehouse of knowledge. It includes not only the Buddhist scriptures but also commentarial literature and independent treaties containing rich material on the science of mind, medicine, the history and geography of ancient india and surrounding countries, literature, poetics, prosody, the prevalent technology and civics, sports, martial arts, etc. Students of psychology, sociology, anthropology and cosmology will find the Pali literature a mine of source -material for their disciplines. It is to be noted that much of Asia, particularly Burma, Cambodia, Sri Lanka, Thailand and Vietnam, built distinctive civilizations inspired by the Pali tradition.

I am grateful to Upasika Karunamma, an esteemed American pupil, for the most devoted service and help in going through the manuscript and suggesting improvements. Without her unreserved help, this edition would never have materialized.

In grateful memory of my teachers, parents and relatives, departed and living, I humbly make an offering of Punya (spiritual merit) accruing from the effort of preparing this work. May they attain Nibbana!

May all beings be happy!

ACHARYA bUDDHARAKKHITA
Maha Bodhi Ashram, Bangalore, India
16th October 1986

목차

일러두기

1. 싯귀나 노래처럼 운취있는 가락과 장단으로 누구나 수행과 생활 속에 쉽고 자연스럽게 읊조릴 수 있도록, 전통적 정형률의 하나인 3-4-5조 틀을 적용하고 되도록 우리말을 활용하였다.

2. 운문 시의 함축적이지만 정제된 글자사용으로 말미암아 소외될 수 있는 부족한 부분의 내용을 보완하려고 간단한 해설을 붙여 각 구절의 전체적 이해와 설명에 참고하도록 하였다.

3. 빨리어와 한문은 본래 운문형식으로 서술되어 있어서 보편적으로 사용되는 원문을 그대로 인용하였다.

4. 영문번역본은 인도 방갈루루의 대각회(Maha Bodhi Society, Bangaluru)를 창립하신 고 붓다라키타 스님(Most Venerable Acharya Buddharakkhita)이 작성한 것 『A Practical Guide to Right Living』이 가장 불교 정신과 체험 및 실제에 맞고 표현방식도 훌륭하게 느껴져서 차용하였고 함께 실은 영문 서문에도 나타나듯, 불교 수행자로서 충실히 빨리원문의 취지를 살려내고자 하였기로, 역문과정에서도 한문과 함께 그분의 번역을 우선적으로 참고하였다.

1장

한쌍의 귀절

雙敍品 | 對句章 | The Pairs

1.

마음은 모든 것의 뿌리와 같고
모든 일 앞서가는 머리와 같네.
모든 것 마음에서 비롯되므로
말하고 움직임이 그를 따르네.
마음이 맑지 않고 어두워지면
말이나 살아감도 그와 같아서
괴로움 따라옴이 수레바퀴가
끄는 소 발자국을 따르듯 하리.

心爲法本 心尊心使 中心念惡 卽言卽行 罪苦自追
車轢于轍

Mind precedes all mental states, Mind is their chief; they are all mind-wrought. If with an impure mind a person speaks or acts, suffering follows him like the wheel that follows the foot of the ox.

이 진리의 말씀은, 세상의 모든 현상이 다 마음에서 비롯되고, 말과 행동도 마음가짐에 따름을 '소와 수레'의 비유로 깨우치는 것입니다. 만약에 사악한 마음을 가지면 그에 따라 말과 행동도 사악해지고, 그 인과 업보로 괴로움과 슬픔이 따르게 됨을 짐작할 수 있게 합니다. 슬기로운 사람은 마음가짐과 그 미침의 인연을 잘 깨달아, 마음에 사악함이 일어나지 않도록 늘 살피며, 맑은 마음으로 밝은 삶을 살도록 애써 나갈 줄 압니다.

2.

마음은 온갖 것의 바탕과 같고
모든 일 이끌려는 주인과 같네.
모든 것 마음 좇아 일어나므로
말하고 행동함이 마음 따르리.
해맑고 착한 마음 항상 가지고
말이나 살림살이 밝은 이룸은
본 모습 꼭 따르는 그림자처럼
보람과 즐거움을 누릴 수 있네.

心爲法本 心尊心使 中心念善 卽言卽行 福樂自追 如影隨形

Mind precedes all mental states. Mind is their chief; they are all mind-wrought. If with a pure mind a person speaks or acts, happiness follows him like his never-departing shadow.

이는 앞 구절과 쌍을 이루는 말씀으로써, 앞의 '깨끗하지 않은 악한 마음'에 대비하여 '해맑고 착한 마음'의 상태와 그에 의한 말과 행동의 결과를 읊은 가르침입니다. 앞에서는 발자국을 비유로 들었고 뒤에서는 그림자를 비유로 들어서, 모든 업을 지으면 반드시 그에 따르는 과보가 있음으로, 마음을 맑히고 착하게 가짐으로써 즐겁고 행복하게 살아가기를 권장하는 것입니다. 이를 늘 외우고 되새겨서 올바르게 살아가며, 이웃과도 더불어 부르고 나누면 좋을 줄 압니다.

3.

"그이가 나 욕하고 막 때렸었지
그이가 겁주면서 빼앗아 갔지"
이렇게 생각하고 마음 가지면
그 원한 이어져서 쉼이 없으리.

人若罵我 勝我不勝 快意從者 怨終不息

"He abused me, he struck me, he overpowered me, he robbed me." Those who harbour such thoughts do not still their hatred.

"그가 나에게 욕을 했고, 때리며 겁을 주고 내 것을 빼앗아 갔다" 등등, 자기에게 못된 짓을 한 사람에게, 미워하는 생각을 품고 피해의식에 젖어 거기에서 헤어나지 못하면, 그와 같은 미움과 원망 및 복수심 때문에 마음이 불쾌하며 불편하게 됩니다. 그러한 생각이 없어질 때까지 그 자체가 괴로움이 될 것이니, 성숙한 사람은 그를 잊고 용서하며 마음을 안정시킬 줄 압니다. 과거에 집착하여 얽매이지 말고, 나쁜 기억을 비워 버리며 현재에 충실함이 장차 도움이 되리라는 말씀입니다.

4.

"그이가 욕하면서 괴롭혔었지
그이가 억누르며 빼앗아 갔지"
이러한 생각들을 품지 않으면
미움도 사라지고 마음 편하리.

人若致毁罵 役勝我不勝 快樂從意者 怨終得休息

"He abused me, he struck me, he overpowered me, he robbed me." Those who do not harbour such thoughts still their hatred.

이는 바로 앞 구절에 대비되는 것으로써, "나를 모욕하고 때렸으며 겁을 주고 내 것을 빼앗아 갔다" 등등의 여러 가지 나쁜 짓을 한 사람에게 미워하는 생각을 품지 않고, 원망하거나 복수하려는 마음이 없으면 마음이 안정되고 편안하리라는 말씀입니다. 이는 다른 일을 하는 데에도 어떤 편견이나 부담이 되지 않고, 집중하여 전념할 수 있음을 짐작하게 합니다. 슬기로운 사람은 잘못한 사람들을 용서하며 불쾌한 과거를 잊고, 마음을 안정시켜서 현재에 충실할 줄 압니다.

5.

이 세상 삶 속에서 미움은 결코
똑같이 미워하면 끝이 없으니,
오로지 참아내며 사랑함만이
미움을 이겨내는 영원한 법칙.

不可怨以怨 終以得休息 行忍得息怨 此名如來法

Hatred is never appeased by hatred in this world. By non-hatred alone is hatred appeased. This is a Law Eternal.

"미움을 미움으로 해결하려 하면 영원히 해결할 수 없다. 오직 미움이 아닌 것 즉, 용서와 사랑으로만 해결할 수 있다"는 말씀으로써, 부처님의 가르침 즉, 영원한 진리입니다. 피해의식에 바탕을 둔 원망과 증오심은 복수심으로 발전되기 쉽고, 상대도 마찬가지로 대응한다면, 그 인과의 연속된 악순환은 끊임없이 이어질 것이 분명합니다. 그 불행한 인연을 정리하고 해결하자면, 어느 쪽에선가 먼저 부정적인 대응을 접고 긍정적인 조치 즉, 자비로 대처하여야 하며, 이는 큰 사람의 몫이겠지요.

6.

마침내 우리 모두 죽을 것이란
진실을 알지 못한 사람도 있네.
누구나 죽게 됨을 아는 사람은
실없는 말다툼을 하지 않으리.

不好責彼 務自省身 如有知此 永滅無患

There are those who are do not realize that one day we all must die. But those who do realize this settle their quarrels.

우리는 언제인가 죽는다는 존재의 법칙을 깨닫지 못하고, 영원히 살 것처럼 온갖 것에 집착하고 욕심을 내는 사람들이 있는 반면에, 언젠가는 죽을 줄 알고 생사문제를 근본적으로 해결함에 관심과 노력을 기울이는 사람들도 있는데, 그들은 남들과 쓸데없는 시비와 말싸움을 않는다는 말씀입니다. 슬기로운 이들은 자신의 문제에 집중하며, 남과 부질없는 입씨름에 시간 낭비하지 않고, 부지런히 생사 해탈과 영원한 행복의 세계에 나가려는데 정진하겠지요.

7.

폭풍이 약한 나무 쓰러트리듯,
마군은 약한 사람 쓰러트리네.
누구나 자제력이 부족하면은,
언제나 편안함만 찾아 나서고,
식욕에 휩쓸리고 방탕하면서
삿되고 약한 삶에 빠지게 되네.

行見身淨 不攝諸根 飮食不節 漫墮怯弱 爲邪所制
如風靡草

Just as a storm throws down a weak tree, so does Mara overpower the man who lives for the pursuit of pleasures, who is uncontrolled in his senses, immoderate in eating, indolent and dissipated.

약한 나무는 거친 비바람에 버티기 힘들듯이, 의지가 약하거나 방탕하고 게으른 이는 마군의 공격에 견디기 어렵다는 말씀입니다. 몸과 마음이 튼튼하고 안정되어 감정을 잘 다스리는 사람은 어떤 유혹과 방해에도 흔들림 없이 정진해 나갈 수 있겠지만, 즐거움만 추구하고 감각을 잘 조절하지 못하거나, 맛좋은 음식으로 과식하고, 게으르며 방탕한 사람은 수행을 방해하려는 마군에게 패배당하기 쉽습니다. 늘 조심하고 분발하여 정진해야 성공과 보람이 있을 줄 압니다.

8.

깨끗지　않은 몸을　관찰하면서
감각을　조절하여　사는 수행자.
음식을　절제하며　신심 강하고
열심히　정진하는　수도자들은,
태풍도　바위산은　어쩔 수 없듯,
마군이　애를 써도　이길 수 없네.

觀身不淨 能攝諸根 食知節度 常樂精進 不爲邪動
如風大山

Just as a storm cannot prevail against a rocky mountain, so Mara can never overpower the man who lives meditation on the impurities, who is controlled in his senses, moderate in eating, and filled with faith and earnest effort.

바로 앞의 구절과 쌍을 이루는 대구로써, 비록 태풍이 아무리 세차게 불더라도 거대한 바위산은 꿈쩍도 않으며 아무런 영향을 받지 않는 것처럼, 확실하고 진정한 수행자가 정진을 방해하려는 마군의 실상을 잘 관찰하여 온갖 유혹과 장애를 극복하며, 음식을 적절히 하고, 신심을 가득히 하여 성실하게 정진하면, 그들도 어쩌지 못한다는 말씀입니다. 수행에 있어 마장을 걱정하지 말고, 정진에 집중하면 적정과 평안을 누릴 수 있습니다.

9.

함부로　날뛰면서　자제력 없고
진실함　없는 이가　가사 입으면
그러한　이들에겐　자질이 없어
법복을　착용함이　합당치 않네.

不吐毒態 慾心馳騁 未能自調 不應法衣

Whoever being depraved, devoid of self-control and truthfulness should don the monk's yellow robe, he surely is not worthy of the robe.

제 본분을 잊고 타락한 수행자가 자제력이 없이 남의 존경을 받고자 가사를 입는다면 그 법복을 착용할 자격과 가치가 없다는 말씀입니다. 세속적 욕망을 버리고 출가하여 붓다가 보인 수행의 길을 가고자 한다면서, 그 약속과 맹서의 표시로서 걸치는 가사가 존경의 대상이 아니라 비난과 질시의 대상이 되도록 행동하고 생활한다면, 이는 불교를 망치는 죄악으로써 그 업보 결과는 막중하고 매우 불행하게 될 것입니다. 수행자의 도리를 지키지 못한다면, 법복을 벗어야 타당하겠지요.

10.

스스로 방탕함을 멀리하면서
계행과 참선 수행 열심히 하고
자제심 가득하며 성실한 분은
정말로 가사 입을 자격이 되리.

能吐毒態 戒意安靜 降心已調 此應法衣

But whoever is purged of depravity, well-established in virtues and filled with self-control and truthfulness, he indeed is worthy of the yellow robe.

바로 앞 구절의 대조로써, 출가하여 세속적 습관이나 탐욕을 제거하고, 맑은 수행자의 길을 가고자 계를 받아 지키며, 선정을 닦고 마음을 조절하여 자제하면, 그런 이에게는 법복을 입을 자격이 인정된다는 말씀입니다. 출가 수행자를 상징하는 가사를 입는 경우는 물론, 세속의 법관이나 경찰 및 군대의 제복처럼 그 신분을 상징하는 옷을 입은 이들이 본분의 처신을 잘할 때도 그 업무를 인정하고 존중합니다. 누구나 각자 자신의 의복과 겉모습에 합당한 생활을 하도록 하여야 하겠습니다.

11.

누구나 올바르지 못한 생각에
진실과 헛된 거짓 착각하면은
아무리 애를 쓰고 세월이 가도
참 이익 아무래도 얻을 수 없네.

以眞爲僞 以僞爲眞 是爲邪計 不得眞利

Those who mistake the unessential to be essential and the essential to be unessential, dwelling in wrong thoughts, never arrive at the essential.

누구라도 잘못 생각하여 참되고 본질적인 것을 헛된 거짓으로 여기거나, 그 반대로 거짓된 것을 참되고 본질적인 것으로 착각하는 이들은 결코 그들이 원하는 실질적인 이익을 얻을 수 없다는 말씀입니다. 이는 수행에 있어서도 마찬가지로, 잘못된 길을 바른길로 착각하고 가거나, 바른길을 그른길로 오해하여 가지 않는다면, 원하는 목적을 성취할 수 없음을 일깨웁니다. 진실한 상황을 제대로 파악하고 올바로 판단하여 확실히 진행해야만 어떤 일도 그 뜻을 이룰 수 있음이 분명합니다.

12.

누구나　올바르게　생각하면서
진실과　거짓됨을　알고 일하면
아무리　힘들어도　세월은 가고
마침내　참 이익을　얻을 수 있네.

知眞爲眞 見僞知僞 是爲正計 必得眞利

Those who know the essential to be essential and unessential to be unessential, dwelling in right thoughts, do arrive at the essential.

바로 앞 구절의 대조로써, 올바르게 생각하고 살아가는 이들은 참되고 본질적인 것과 그릇되고 본질적이지 않은 것 등을 사실대로 잘 알아서 필요한 것을 추구하므로 마침내 그 원하는 목적을 이룰 수 있다는 가르침입니다. "본말(本末)이 전도(顚倒)" 되었다거나 "선후(先後)가 뒤바뀌었다"는 말이 있는데, 사람들이 무슨 일을 하거나 수행을 하더라도 그 사람의 안목과 가치관에 따라 하게 되므로, 올바른 지견(知見)과 판단이 가장 중요하다는 7데 항상 유념하여야 하겠습니다.

13.

초가집　지붕 위로　이엉 없음에
빈틈이　있게 되면　비가 새듯이
마음을　못 챙겨서　틈이 생기면
욕정이　그 사이로　스며들리라.

蓋屋不密 天雨則漏 意不惟行 淫泆爲穿

Just as rain breaks through an ill-thatched house, so passion penetrates an undeveloped mind.

사람의 마음을 집에 비유하여, 지붕에 이엉을 덮을 때에 촘촘히 잘 잇지 않은 집은 비가 새듯이, 마음의 지붕 혹은 벽을 잘 계발하고 관리하지 않으면 헛된 망상과 잡념이 생기게 됨을 깨우치는 가르침입니다. 큰 성을 쌓고 지킴에도 허술하게 하여 틈이 생기면 적군이 스며들고 공격할 수 있으니, 마음의 성이나 집을 짓고 지킬 때에도 빈틈이 없이 살펴야 마군이 침범할 수 없듯이, 수행을 엄밀하고 철저하게 진행하여야 확실하고 안전하게 그 뜻을 이룰 수 있겠지요.

14.

초가집　　이엉 덮어　　지붕 꾸밀 때
빈틈이　　없게 되면　　비새지 않듯
올바로　　닦은 마음　　맑고 밝으면
정욕이　　스며들을　　빈틈 없으리.

蓋屋善密 雨則不漏 攝意惟行 淫泆不生

Just as rain does not break through a well-thatched house, so passion never penetrates a well-developed mind.

바로 앞 구절에 대비하여 한 말씀으로, 사람의 마음을 집에 비유하여서 그 지붕이 잘 된 집은 비가 새지 않듯이, 마음의 지붕 혹은 벽도 잘 계발하고 관리하면 헛된 망상과 욕심이 생기지 않을 것임을 깨우치는 것입니다. 누구나 마음을 올바로 가지고 윤리 도덕적으로 말하며 행동하면 그런 이들에게는 누구라도 함부로 대하거나 험담을 하지 않게 됩니다. 모든 문제와 장애 및 불행이 우리 마음가짐에 달렸으니, 평소에 마음을 잘 챙기고 보살피면 순조롭게 정진해 나갈 수 있을 줄 압니다.

15.

이승과　저승까지　악행한 자는
슬픔이　끊임없이　사무치리라.
부정한　행위들을　되새기면서
후회와　한탄으로　자지러지리.

造憂後憂 行惡兩憂 彼憂惟懼 見罪心懅

The evil-doer grieves here and hereafter, he grieves in both the worlds. He laments and is afflicted, recollecting his own impure deeds.

잘 알려진 바와 같이, "선인선과(善因善果) 악인악과(惡因惡果)" 즉, 좋은 원인의 행위는 좋은 결과의 보답이 있고, 나쁜 동기의 행위는 나쁜 결과의 앙화가 있다는 인과와 업보의 법칙을 인용하여, 악행을 하는 이는 마침내 후회와 한탄스런 삶을 살게 될 것임을 깨우치는 말씀입니다. 누구든지 금생이나 내생을 막론하고, 나중에 후회하거나 한탄하지 않으려면 나쁜 생각과 말, 사악한 행동과 삶을 살지 않도록, 조심하고 삼가도록 노력하여야 하겠지요.

16.

금생과　내생까지　선행한 이는
즐거움　여기저기　누리게 되리.
올바른　행위들을　되새기면서
기쁨과　보람으로　흐뭇해하리.

造喜後喜 行善兩喜 彼喜惟歡 見福心安

The doer of good rejoices here and hereafter, he rejoices in both worlds. He rejoices and exults recollecting his own pure deeds.

바로 앞 구절에 대비되는 것으로써, 올바로 판단하여 바른 행위를 하도록 격려하고 권장하는 말씀입니다. 이는 지금 여기의 이 세상뿐만 아니라 다음 생에까지 이어지는 인연 업보의 세계를 보이며, 착하고 올바르게 살라는 엄중하고도 자상한 가르침입니다. 누구나 항상 인연 업과를 명심하고 유념하여 청정하고 올바르게 수행하며 열심히 성실하게 살아서 보람 있는 살림살이가 되도록 노력해야 하겠습니다.

17.

이승과　저승까지　악행자에겐
고통이　끊임없이　사무치리라.
나쁜 일　했던 기억　되새기면서
지옥에　간 것 보다　괴로워하리.

今悔後悔 爲惡兩悔 厥爲自殃 受罪熱惱

The evil-doer suffers here and hereafter, he suffers in both the worlds. The thought, "Evil have I done," torments him, and he suffers even more when gone to realms of woe.

나쁜 일을 한 사람은 그 과보로 금생이나 다음 생에 괴로워 할 것이, 장차 지옥이나 축생 혹은 아귀처럼 괴롭고 슬픈 세상에 태어남으로써 미래에 고통을 받기도 하겠지만, 그렇게 되기 전에 이미 나쁜 일을 했다는 양심적 죄책감에 더 큰 괴로움을 현실적으로 겪게 된다는 사실을 알리는 말씀입니다, 이는 건전한 상식인은 누구나 상상하고 짐작할 수 있을 줄 압니다. 악행을 하지 않도록 늘 조심하고 삼가야 하겠습니다.

18.

금생과　　내생까지　　선행자들은
기쁨을　　이곳저곳　　누리게 되리.
좋은 일　　했던 기억　　되새기면서
하늘에　　난 것 보다　　즐거워하리.

今歡後歡 爲善兩歡 厥爲自祐 受福悅豫

The doer of good delights here and hereafter, he delights in both worlds. The thought, "Good have I done," delights him, and he delights even more when gone to realms of bliss.

바로 앞 구절에 대비된 말씀으로, 좋은 일을 한 사람은 그 과보로 정토나 천상 등 축복의 공간에 태어나겠지만, 미래 세상에 가기 전에 이미 좋은 일 했다는 보람에 기쁨을 누리게 됨을 짐작할 수 있습니다. 좋은 일을 할 때에 그 과보를 예상하고 하거나, 나쁜 일도 그 과보 때문에 피하는 타산에 의한 행위보다, 좋은 일은 마땅히 하고 나쁜 일은 당연히 하지 않는 것이 자연스럽고, 이른바 무주상의 선행을 하는 것이 성숙한 자세이며 바람직한 생활이라고 할 수 있겠지요.

19.

아무리 성스러운 경을 외워도
행동이 뒤따르지 않는 사람은
남의 소 챙겨주는 목동과 같이
실제로 자기에겐 이룸 없어라.

雖誦習多義 放逸不從正 如牧數他牛 難獲沙門果

Much though recites the sacred texts, but acts not accordingly, that heedless man is like a cowherd who only counts the cow of others he does not partake of the blessings of a holy life.

아무리 경전을 많이 읽고 외워도 그 뜻을 알고 실천하지 않으면, 남의 소나 세어주는 목동처럼 스스로에게는 별 성취나 이익이 없다는 경책의 말씀입니다. 출가 수행자가 남의 삶에 도움을 준다며 시간과 정력을 허비하면서, 정작 자신의 삶에는 소홀하고 수행하지 않으면 마침내 출가의 본의와 목적도 이룰 수 없습니다. 자기의 수행에 충실하여 얻은 지혜와 자비심으로 다른 이들을 진정으로 도와줄 수 있음에 유념하여야 하겠습니다.

20.

적지만　　성스러운　　경을 외고도
가르침　　되새기며　　수행하면서
지혜로　　삼독 집착　　없애 나가면
성스런　　축복 생활　　누리게 되리.

時言少求 行道如法 除淫怒痴 覺正意解 見對不起
是佛弟子

Little though he recites the sacred texts, but puts the Teaching into practice, forsaking lust, hatred and delusion, with true wisdom and emancipated mind clinging to nothing of this or any other world--he indeed partakes of the blessings of a holy life.

바로 앞 구절의 대비되는 것으로써, 비록 경전을 많이 읽거나 공부함이 적어도 그 본래의 뜻을 파악하고 실천하며, 욕심과 성냄과 어리석음을 제거하는 수행자가 진정한 부처님의 제자라고 할 수 있다는 말씀입니다. 오늘의 현실에서도 경전을 읽고 공부하는 데에 많은 시간과 노력을 기울이지만 정작 그 내용에 따라 실천 수행하는 데는 소홀히 하는 경우를 봅니다. 간결하게 공부하고도 핵심교리를 알아서 실천에 노력하는 이들이 진정한 수행자임을 강조함이 짐작됩니다.

2장

늘 조심하기

放逸品 | 勤勉章 | Heedfulness

21.

언제나　　마음 깨침　　길이 사는 길
정신을　　못 차리면　　죽는 길이네
누구나　　조심하면　　죽지 않으며
의식이　　사라지면　　이미 죽은 몸.

戒爲甘露道 放逸爲死徑 不貪則不死 失道爲自喪

Heedfulness is the path to the Deathless.. Heedlessness is the path to the death. The heedful die not. The heedless are as if dead already.

누구나 항상 깨어 있고, 방심하거나 방일하지 말라는 가르침입니다. 빨리어 본에는 마음챙김에 주목하였고 한문본에는 폭 넓게 계행을 강조하고 있습니다. 모두가 바라는 바, 죽음이 없는 영원한 삶은 마음을 챙기고 정신을 차려서 올바로 수행정진하면 가능하겠지만, 정신을 못차리고 방일한다면 영생은커녕 이미 죽은 목숨이나 다름이 없다는 경책입니다. 출가수행자는 물론, 일반인들도, 항상 정신 차려 마음을 챙기고 유념해야 할 것입니다.

22.

정신을　집중함이　중요한 것을
분명히　이해하면　현자가 되리
현자는　주의함을　기뻐하면서
성인이　머무신 곳　즐길 수 있네.

慧知守道勝 從不爲放逸 不貪致歡喜 從是得道樂

Clearly understanding the excellence of the heedfulness, the wise exult therin and enjoy the resort of the Noble One.

마음을 챙기며 정신을 집중함이 죽음이 없는 데에 이르는 길이므로, 현명한 사람은 그 길을 통해 깨달음의 세계에 머물고 있는 성인들이 계신 그곳을 즐길 수 있다는 말씀입니다. 얼빠진, 넋을 잃은, 정신 나간 사람의 삶은 별 가치와 의미가 없는 즉, 죽은 사람의 삶을 사는 것과 같다고 봅니다. 항상 주의하고 유념해야 할 가르침입니다. 늘 마음을 가다듬고 고요히 선정 수행에 정진하면 진리의 기쁨과 행복을 누릴 수 있습니다.

23.

언제나　명상하는　슬기로운 분
꾸준히　고요하게　마음 챙기며
얽매임　벗어나는　해탈의 자유
열반의　즐거움을　홀로 누리네.

常當惟念道 自强守正行 健者得度世 吉祥無有上

The wise ones, ever meditative and steadfast persevering, alone experience Nibbana, the incomparable freedom from bondage.

지혜로운 사람은 항상 명상적이며 올바른 수행상태를 유지해 나갑니다. 그러한 사람만이 열반적정 즉, 어느 것과도 비교할 수 없는 절대자유를 누릴 수 있다는 말씀입니다. 도는 참선 수행을 통해 이룰 수 있으며, 모든 망상과 번뇌가 사라진 열반의 경지는 그를 체험한 사람만이 누릴 수 있는 것입니다. 위없는 해탈 행복을 누리고 세상을 구제하려면, 마음을 평정하게 하며 맑고 밝게 하여 지혜와 자비심이 충만하게 하여야 할 줄 압니다.

24.

언제나 조심하고 자제하면서
의롭고 바른 마음 챙겨 가는 분
마음이 깨어있고 활달하면서
행동은 깨끗하여 영광 커지네.

正念常興起 行淨惡易滅 自制以法壽 不犯善名增

Ever grows the glory of him who is energetic, mindful and pure in conduct, discerning and self-controlled, righteous and heedful.

항상 진지하게 생각하며 열심히 일하는 사람, 스스로 자제하는 능력을 갖추고 조심하며 올바르게 살아가는 사람, 이런 이들에 대한 영광 즉, 칭찬과 존경은 점점 커지게 된다는 말씀입니다. 어떤 일이나 진정성을 갖고 정성껏 온 힘을 다해 노력하며, 옳고 바른 마음으로 스스로 조절능력을 갖추어 성실히 살아가는 이에 대한 평가는 한때의 인기나 명예처럼 쉽게 사라지지 않고, 그 뜻깊고 값진 업적과 유산은 역사에 길이길이 남을 것입니다.

25.

언제나 정진하며 마음 챙기고
지혜로 단련하여 주인 되는 분
홍수와 큰바람도 어쩔 수 없는
섬처럼 의연하여 흔들림 없네.

發行不放逸 約以自調心 慧能作定明 不返冥淵中

By effort and heedfulness, discipline and self-mastery, let the wise one make for himself an island which no flood can overwhelm.

지혜로운 사람은 수행과 일을 할 때에 거기에 전념하여 성실히 노력하며, 스스로 자신을 단련하고 자기 몸과 마음을 자재하여 어떠한 풍파에도 안정될 수 있다는 말씀입니다. 현인은 자율적이며 능동적으로 움직이고, 모든 일에 남을 탓하지 않으며 책임감을 갖습니다. 슬기로운 사람은 아무리 도전과 시련이 크고 난관에 부딪칠지라도 의연하고 꿋꿋하게 정진하며, 주체적이고 자립적인 살림살이는 험난한 폭풍과 세파에도 끄떡없는 세상 바다의 섬과 같다고 할 수 있습니다.

26.

바보와　　욱심 많고　　게으른 이는
함부로　　정신없이　　날뛰겠지만
지혜가　　있는 분은　　마음 챙김을
최상의　　보배처럼　　지켜 나가네.

愚人意難解 貪亂好爭訟 上智常重愼 護斯爲寶尊

The foolish and ignorant indulge in heedlessness, but the wise one keeps his heedfulness as his best treasure.

어리석은 사람은 정신없이 멋대로 살아가지만, 지혜로운 사람은 항상 조심하며 필요하고 의미 있는 일에 집중하고 전념한다는 말씀입니다. 어리석은 사람과 슬기로운 사람의 큰 차이는 정신 차림 또는 마음가짐의 차이라고도 볼 수 있습니다. 아무 생각 없이 무책임하게 되는대로 아무렇게 사는 사람과 생각이 깊고 올바르며 신중하게 사는 사람의 살림살이 결과는 인과응보와 인연업보로서 확실하게 차이를 보이며 분명하게 나타날 것입니다.

27.

방심과　탐욕으로　날뛰지 않고
감각적　기쁨에도　빠지지 않아
오로지　마음챙김　명상을 하면
커다란　지혜 이뤄　행복 누리리.

莫貪莫好諍 亦莫嗜欲樂 思心不放逸 可以獲大安

Do not give way to heedlessness. Do not indulge in sensual pleasures. Only the heedful and meditative attain great happiness.

방심하고 욕심내어 문란하게 지내거나 감각적 쾌락에 빠져서 방탕하게 생활하지 않고, 항상 마음을 챙기며 명상 수행을 하여야 큰 행복을 이루고 누릴 수 있다는 말씀입니다. 큰 행복이란 마음으로 만족하는데 있는 것이지, 어떤 물질적이고 감각적인 것으로 이룰 수 없음을 깨우치는 가르침으로 항상 유념하여야 할 것입니다. 참선 수행하는 이들은 법희와 선열로 가장 큰 행복을 누릴 수 있겠지요.

28.

높은 산　봉우리서　그 아래 보듯
마음을　챙기면서　게으름 버려
드높은　지혜의 탑　오른 성인은
슬픔과　어리석음　내려다보네.

放逸如自禁 能却之爲賢 已昇智慧閣 去危爲卽安
明智觀於愚 譬如山如地

Just as one upon the summit of a mountain beholds the grounding, even so when the wise man casts away heedlessness by heedfulness and ascends the high tower of wisdom, this sorrowless sage beholds the sorrowing and foolish multitude.

산의 정상에서 그 아래 계곡을 보는 것처럼, 현인은 항상 정신을 차려 지혜의 탑 위에 올라서 모든 슬픔이나 어리석음을 내려다본다는 말씀입니다. 등산의 비유처럼, 정신 집중과 마음 수련을 통해 지혜의 산 정상 위에 오른 성인 및 현인의 경지는 어리석은 사람은 알 수 없을 것입니다. 비록 힘들고 어려워도 수행을 통해서 지혜를 성취해야만 그 노력의 결과인 행복을 누릴 수 있는 점에 유념하여, 큰 수행 성취의 보람을 누리기 위해서는 항상 정신 차려 정진하며 분발해야 하겠지요.

29.

준마가 허약한 말 앞서 달리듯
지혜의 수행자도 그와 같으니
남들은 잠을 자도 홀로 깨어나
언제나 마음챙김 부지런하리.

不自放逸 從是多寤 羸馬比良 棄惡爲賢

Heedful among the heedless, wide-awake among the sleepy, the wise man advances like a swift horse leaving behind a weak jade.

방심하는 사람들 가운데서 마음을 챙기고 집중하는 이는, 잠자는 사람들 가운데에서 깨어있는 이와 같으며, 그런 사람을 나약한 말들이 제대로 달리지 못할 때에 빠르게 앞서 달리는 준마로 비유한 말씀입니다. 해탈과 자유 및 행복의 추구라는 고귀한 인생의 목표를 향해 나아가면서 유약하고 게으르며 방심하여 나중에 후회하지 않으려면, 항상 정신 차리고 마음을 챙겨 부지런히 정진하여야 하겠습니다. 그래야 목적 성취를 위한 노력과 수행 과정에 보람이 클 것입니다.

30.

마음을　보살피며　애쓴 결과로
신들의　중심이 된　인드라처럼
언제나　마음챙김　칭찬되지만
방심은　언제라도　경멸되느니.

不殺而得稱 放逸致毁謗 不逸摩竭人 緣諍得生天

By heedfulness did Indra becomes the overlord of the gods. Heedfuness is ever praised, and heedlessness ever despised.

마음을 챙기고 정신을 집중함이 얼마나 중요하고 칭찬 받는지를, 신들의 왕 또는 중심으로 알려진 인드라(인도 신화에서 신들을 지배하는 신)가 그 지위에 나아갈 수 있었음이 마음 챙김이었다는 예로서 설명하는 말씀입니다. 수행자는 물론 일반인들도 항상 마음을 챙기고 집중하며 깨어 있는 자세로 정진하고 살아감으로써 인간들 속에서 모범적인 중심 역할을 한다면 마땅히 칭찬과 존경을 받을 수 있겠지요.

31.

출가한　수행자는　마음 챙기며,
방심과　방종함을　멀리하면서,
작거나　큰 족쇄를　살라 없애는
불처럼　번뇌 태워　자유 누리네.

比丘謹愼樂 放逸多憂愆 結使所纏裏 爲火燒已盡

The monk who delights in heedfulness and with fear at heedlessness advances like fire, burning all fetters small and large.

출가수행자는 모름지기 참선 명상 같은 마음공부하기에 부지런하며 정진을 기뻐하면서 방심하거나 방종하기를 두려워하고 멀리하면, 자연히 크고 작은 족쇄처럼 수행을 방해하는 장애와 번뇌에 구속되지 않고 자유와 적정의 안락을 누릴 수 있다는 말씀입니다. 누구나 마음가짐에 조심하고 수행정진의 불로써 탐착과 얽매임의 마장을 불사르면 마침내 해탈과 열반의 기쁨을 누릴 수 있습니다.

32.

계 받아　지키면서　마음 챙기고,
오로지　게으름을　멀리하면은,
번뇌와　얽매임들　떨치고 나가
열반에　이르름도　멀지 않으리.

守戒福致喜 犯戒有懼心 能斷三界漏 此乃近泥洹

The monk who delights in heedfulness and with fear at heedlessness will not fall. He is close to Nibbana.

누구나 조심하여 계행을 잘 지키고 방일하지 않음이, 번뇌와 윤회를 벗어나 해탈 열반에 가까이 가는 길이라는 말씀입니다. 본래 열반의 길을 찾아 나선 출가 수행자를 중심으로 마음 챙기는 공부를 강조하였지만, 이는 재가 불자를 포함하여 모든 사람들에게도 적용될 수 있는 것으로써, 나쁜 생각과 행동을 멀리하고, 올바른 삶을 살아가며, 마음을 맑고 밝게 수행해 나간다면, 이는 마침내 모두 열반에 도달하는 길이라고 할 수 있습니다.

3장

마음 챙기기

心意品 | 心理章 | The Mind

33.

궁수가 화살대를 꼿꼿이 하듯
신중한 수행자는 마음을 챙겨
날뛰고 변덕스런 망념을 잡고
고요히 올바르게 지켜나가네.

心多爲輕躁 難持難調護 智者能自正 如匠搦箭直

Just as fletcher straightens an arrow shaft, even so the discerning man straightens his mind -so fickle and unsteady, so difficult to guard and control.

수행하는 것을 화살 만듦과 활쏘기에 비유하여 마음을 잘 조절하여야 한다는 말씀입니다. 활을 잘 쏘아 과녁에 맞추려면, 활과 화살을 올바르게 잘 다루어야 하며, 화살이 곧고 활줄이 팽팽하여야 잘 날아갈 줄 압니다. 수행자도 잡념과 망상이 생기고 변덕스러울 수 있겠지만, 마음을 잘 챙기고 다스려서 올바로 정진해 가듯이, 누구라도 각자 추구하는 바의 삶의 목적을 명중시키려는 마음공부와 부단한 정진이 필요할 줄 압니다.

34.

물 밖의　땅위에로　던져진 고기
살려고　퍼덕이며　괴로워하듯
마장에　빠진 마음　그와 같으니
서둘러　벗어나서　평안 누리라.

如魚在旱地 以離於深淵 心識極惶懼 魔衆而奔馳

As fish when pulled out of water and cast on land throbs and quivers, even so is this mind agitated. Hence should one abandon the realm of Mara.

물고기가 물 밖으로 끌어내어져 땅 위에 버려진 위급한 상태를 비유하여, 수행자도 수행의 분위기를 벗어나면 불안하고 두려워질 것을 가리키며 조심하라는 말씀입니다. 만약 부득이 그러한 번뇌와 마장의 상황에 처하게 되면, 곧 그곳을 떠나 적정하고 평안한 수행의 세계로 돌이키는 결단이 필요합니다. 만약 뜻밖에 겪게 되는 마장을 당하게 되더라도 용감히 극복하려는 원력이 확고하여야겠지요.

35.

참으로　　놀라워라　　마음 다루기!
정말로　　어려워라　　마음 다잡기!
날뛰는　　생각들을　　휘어잡으며
마음을　　길들이면　　편안하리라.

輕躁難持 惟欲是從 制意爲善 自調則寧

Wonderful, indeed, it is to subdue the mind, so difficult to subdue, ever swift, and seizing whatever it desires. A tamed mind brings happiness.

마음을 자제할 수 있어야 행복할 수 있다는 말씀입니다. 자기의 욕망을 이길 수 있는 사람은, 백만대군과 싸워 승리했더라도 자신의 욕망을 이기지 못하는 장군보다 더 큰 승리자로 평가하며 영웅시하는 말이 있습니다. 잡념과 망상으로 잠시도 안정되지 못하고 날뛰는 마음을 잘 조복하여, 고요하고 순정한 상태를 유지하며 지혜와 자비를 발휘할 수 있는 사람이 정말 훌륭한 인물입니다. 마음을 잘 다스리고 길들이는 수행이 행복을 만드는 길이라고 할 수 있습니다.

36.

살피기 어렵고도 아주 오묘한
마음을 지키도록 수련시키세.
날뛰며 흩어지는 망념을 잡아
지켜진 그 자리엔 행복이 가득

意微難見 隨欲而行 慧常自護 能守則安

Let the discerning man guard the mind, so difficult to detect and extremely subtle, seizing whatever it desires. A guarded mind brings happiness.

마음은 지극히 미묘하여 그 변화를 점검하기도 어렵지만, 망상과 욕망을 휘어잡고 선정을 수행하는 이가 행복할 수 있다는 말씀입니다. 마음을 잘 보호하고 보존하면 행복이 깃들겠지만, 마음을 함부로 내버려 두고 잡아들이지 못한다면 불행을 맞을 것도 짐작됩니다. 수행자는 물론, 누구라도 살아나가는 데 조심하며 유념하여, 안정된 본래의 마음을 잘 지키고 올바로 지녀서 행복이 깃들고 머물 수 있도록 하여야겠지요.

37.

굴 같은　가슴 속에　머물면서도
혼자서　멀리까지　돌아다니는
그 마음　조복 받고　자제한 사람
마군의　시련에도　자유 누리네.

獨行遠逝 覆藏無形 損意近道 魔繫乃解

Dwelling in the cave [of heart] the mind, without form, wanders far and alone. Those who subdue this mind are liberated from the bonds of Mara.

가슴속에 있다고 하지만, 형체도 없이 잡념과 망상에 따라 한없이 어디에고 돌아다니는 마음을 통제할 수 있는 이가 자유와 해탈을 누릴 수 있다는 말씀입니다. 이 마음을 잘 잡들이 하여서 침착하고 고요하게 자제할 수 있는 사람은 온갖 번뇌와 마장의 얽매임, 나아가 생사의 윤회로부터도 해탈과 자유를 누릴 수 있습니다. 모든 것이 마음의 조화이니, 마음을 자유자재하는 사람은 그 생활의 주체자로서 창조적이며 걸림이 없는 행복한 삶을 살 수 있습니다.

38.

마음이　　확고하지　　않은 사람과
훌륭한　　가르침도　　모르는 사람
믿음이　　흔들리는　　사람에게는
지혜가　　완전하게　　될 수 없느니.

心無住息 亦不知法 迷於世事 無有正智

Wisdom never becomes perfect in one whose mind is not steadfast, who knows not the Good Teaching and whose faith wavers.

마음이 불안정하고 믿음이 깊지 못하며 불조의 가르침을 알지 못하는 사람에게 완전하고 진정한 지혜는 기대할 수 없다는 말씀입니다. 바꾸어 말하자면, 완전하고 진정한 지혜를 이루려면, 마음을 안정하고 믿음을 깊게 하며 불법을 잘 이해하여야 함을 강조한 가르침입니다. 불조의 가르침을 잘 믿고 알아서 계행을 착실히 하고 선정 수행에 정진하여 삼학을 원만히 하여야만 완전한 지혜를 성취할 수 있습니다.

39.

마음이　　고요하고　　안정되신 분
적선과　　감복됨을　　초월하신 분
언제나　　깨어 계신　　부처님에겐
어떠한　　두려움도　　있을 수 없네.

念無適止 不絕無邊 福能遏惡 覺者爲賢

There is no fear for an awakened one, whose mind is not sodden [by lust] nor afflicted [by hate], and who has gone beyond both merit and demerit.

깨친 분 즉, 부처님께는 어떤 두려움도 있을 수 없으니, 일체의 분별망상과 복을 짓겠다는 유위법도 초월하셨기 때문입니다. 어두움 속에서는 두려움이 느껴지겠지만, 어두움이 사라진 밝은 상태에서는 두려움이 있을 수 없듯이, 두려움은 무명 업식에서 비롯되는데, 그것들이 사라진 바, 두려움 자체가 소멸된 분에게는 아무런 무서움과 거리낌이 없는 큰 지혜와 대자유를 누리게 될 뿐입니다.

40.

이 몸은　단지같이　약한 줄 알며
마음은　튼튼하게　보호하여서
지혜의　보검으로　마군 무찔러
거기에　집착없이　승리 지키라.

觀身如空瓶 安心如丘城 以慧與魔戰 守勝勿復失

Realizing that this body is as fragile as a clay pot, and fortifying this mind like a well-fortified city, fight out Mara with the sward of wisdom. Then, guarding the conquest, remain unattached.

이 몸은 진흙으로 구워 만든 단지처럼 깨지기 쉬움을 알고, 이 마음은 견고한 성벽 같이 튼튼히 하여, 지혜의 칼로서 마군을 패퇴시키고, 그 승리를 잘 지킴으로서 거듭된 도전을 계속 잘 막아내야 하지만, 거기에도 집착함이 없이 관리하는 데에 방심하거나 나태하지 말고 정진해 나가야 한다는 말씀입니다. 약한 몸이라도 건강을 잘 챙기고, 마음은 잘 관리하여 망상과 잡념 등의 마군을 물리쳐야 합니다. 한때의 성공으로 방심하면 다시 위태로우니, 거기에도 집착하지 말고 꾸준히 정진해야 합니다.

41.

슬프다! 이 몸뚱이 오래지 않아
죽어서 흙 속으로 돌아가리라.
의식과 생명 없어 버려진 상태
통나무 쓸모없어 버려짐 같네.

是身不久 還歸於地 神識已離 骨幹獨存

Ere long, alas! This body will lie upon the earth, unheeded and lifeless, like a useless log.

이 몸은 사대로 인연 따라 모였다가 인연 따라 흩어지게 되어 있고, 마침내 언젠가는 늙고 병들어 죽음에 이르게 되면, 의식과 생명이 없이 죽은 송장은 아마 쓸데 없는 통나무처럼 버려지리라는 말씀입니다. 수행자는 무상을 깨닫고 수행 정진하여 영원한 해탈 열반을 성취하여야 할 줄 압니다. 젊고 건강할 때에 도를 이루지 못하면, 늙고 죽음에 이르러 후회와 한탄이 크게 될 터이니, 분발하여 수행 정진하여야 하겠습니다.

42.

적이라　　쉬지않고　　해를 끼치며
미워함　　끊임없이　　그치지 않는
잘못된　　마음가짐　　바꾸지 않아
마침내　　자기에게　　더 큰 해되네.

心豫造處 往來無端 念無邪僻 自爲招惡

Whatever harm an enemy may do to an enemy, or a hater to a hater, an ill-directed mind inflicts on oneself a greater harm.

적에게 복수하려고 괴롭히고 해를 끼치는 일을 하거나, 미워하는 사람을 끊임없이 미워하는 것은, 근본문제가 해결되지도 않으면서, 그 과정에서 자신도 불편하고 더 큰 괴로움을 겪게 됨을 지적하는 말씀입니다. 완전한 해결방법은 그 방향을 바꾸는 것이니, 공격보다는 방어를, 미워하거나 괴롭히기보다는 용서하고 사랑하여야만 상대와의 관계도 변하고 자신도 안정되며 평화로울 수 있게 되겠지요.

43.

어머니　아버지와　어느 친척도
참으로　자기보다　잘할 수 없네.
스스로　올바르게　마음 챙겨서
언제나　바른 길로　나가야하네.

是意自造 非父母爲 可勉向正 爲福勿回

Neither mother, father, nor any other relative can do one greater good than one's own well-directed mind.

각자의 살림살이에는, 아무리 자기를 낳고 길러준 부모나 친척들이라도 스스로 잘 다듬어진 마음을 갖고 올바르게 수행하며 살아가는 이보다 더 잘해 줄 수 없다는 말씀입니다. 한마디로 자기 인생은 자기가 살아가는 것이지 누가 대신해 줄 수도 없으며, 더 잘 살 수 있게 해줄 수도 없음은 엄연한 진실입니다. 삶의 주체로서 각자의 마음은 각자에게 달렸으니, 스스로 잘못 생각하고 행동한 뒤에 남을 탓하지 말고, 올바른 마음으로 자립하고 자유자재하는 성숙한 삶을 살아나가야겠지요.

4장

꽃 빛과 향기

華香品 | 花草章 | Flowers

44.

뉘라서 이 세상과 하늘의 세계
사람과 신까지도 극복할텐가!
뉘라서 꽃장식의 전문가처럼
올바른 지혜의 길 완성하겠나!

孰能擇地 捨鑑取天 誰設法句 如擇善華

Who shall overcome this earth, this realm of Yama and this sphere of men and gods? Who shall bring to perfection the well-taught path of wisdom as an expert garland-maker would his floral design?

이 땅과 하늘 등의 모든 우주를 망라하여 윤회의 세계를 넘어서 해탈 열반을 성취할 자 누구인가? 꽃다발이나 화환 등등 꽃으로 장식을 잘하는 꽃집의 전문 숙련자처럼, 붓다와 조사들의 지혜를 성취하는 가르침을 실제로 아름답게 완성할 자 누구인가? 묻습니다. 이 물음에 대하여 스스로 자기라고 대답을 할 수 있는 용기를 갖고 수행해나가야 하겠습니다. 불조의 가르침대로 수행하면 마침내 큰 지혜와 해탈 열반을 이룰 수 있다는 신심과 원력으로, 각자 열심히 정진해 나가야겠습니다.

45.

진실한 수도자는 이 땅과 하늘
사람과 신들까지 극복하리라.
성실한 수도자는 꽃 명인처럼
올바른 지혜의 길 완성하리라.

學者擇地 捨鑑取天 善說法句 能採德華

A striver-on-the-path shall overcome this earth, this realm of Yama, and this sphere of men and gods. The striver-on-the-path shall bring to perfection the well-taught path of wisdom, as expert garland-maker would his floral design.

열심히 정진하는 수도자 즉, 정성껏 도를 닦는 사람은 하늘과 땅, 신과 인간의 세계들 모두를 극복 제도할 것이며, 꽃을 잘 다루는 꽃장식 전문가처럼, 부처님이 가르치신 지혜의 길을 멋있게 완성할 것이라는 말씀입니다. 훌륭한 수도자의 과감한 수행을 본받아, 불편과 유혹 등의 난관에 부딪혀도 물러서거나 피해가지 않고 성실히 정진하면, 마침내 지혜와 해탈의 도를 완성할 것입니다. 확신과 원력을 갖고 분발하여 용맹정진해 나가면 성취의 보람이 따를 줄 압니다.

46.

이 몸을　거품같이　알아차리고
신기루　같은 속성　꿰뚫어 보아
꽃 씌운　마군 화살　꺾어 버리면
죽음의　저승길도　초월하리라.

觀身如沫 幻法野馬 斷魔華敷 不覩死生

Realizing that this body is like froth, penetrating its mirage-like nature, and plucking out Mara's flower-tipped arrows of sensuality, go beyond sight of the king of Death!

이 몸이 물거품이나 아지랑이와 같이 덧없음을 모르고 애지중지하며, 감각의 유혹에 따라 움직이기 쉬운데, 이는 수도를 방해하려는 마군이 독화살의 촉을 꽃으로 감싸서 그 위험을 모르게 속이는 술수에 걸려 넘어가는 것과 같다고 비유하면서, 그 본질과 속성을 알아차려서, 업력에 따른 죽음을 극복하고 영원한 행복의 길로 가는 수행을 하라고 권장하는 말씀입니다. 무상과 무아를 깨닫고 열반과 적정의 세계로 인도하는 이 가르침에 유념하여, 수행 정진하면 해탈을 이룰 줄 압니다.

47.

엄청 큰　홍수 사태　밀려 들어와
잠자는　마을 집을　쓸어 가듯이
감각의　꽃만 따는　어리석은 이
죽음에　정신없이　쓸려 가리라.

如有採花 專意不散 村睡水漂 爲死所牽

As mighty flood sweep away the sleeping village, so death carries away the person of distracted mind who only plucks the flower (of pleasure).

홍수와 사태로 집들이 매몰되거나 파손되며, 죽거나 다치는 피해가 발생되듯이, 감각의 꽃을 따는 데 정신을 잃어 그 위험을 모르고 휩쓸려 가면, 죽음의 강물에 떠내려가는 것과 같다는 깨우침의 말씀입니다. 설사 아무리 위험한 상황에 처하더라도, 항상 깨어 있고 마음을 챙겨, 감각의 유혹 등의 위험을 예상하고 미리 대처하여, 수행의 장애를 극복하면, 지혜와 해탈을 이루는 기쁨을 누릴 수 있습니다.

48.

불안한 마음으로 흔들리면서
감각의 즐거움에 빠져들어가
기쁨의 꽃만 꺾는 욕심꾸러기
마왕은 그런 사람 붙들어가네.

如有採花 專意不散 欲意無厭 爲窮所困

The Destroyer brings under his sway the person of distracted mind who, insatiate in sense desires, only plucks the flower (of pleasure).

마음이 안정되지 않아 항상 흔들리며, 감각적인 욕망에 빠져 허우적거리는 사람은 마군과의 싸움에서 지고 끌려간다는 경책의 말씀입니다. 수도자에게 수행 목적의 성취를 방해하고 파괴하는 마군은 결국 밖에 있는 것이 아니라 자기 마음속의 욕망과 유혹 및 방일과 나태에서 비롯되는 것이니, 마음을 안정하고 집중하여 정신을 차리고 헛된 유혹과 욕망을 절제하면서 정진하면 마군도 어쩔 수 없이 물러나고 사라지게 될 것입니다.

49.

벌 나비 들꽃에서 꿀을 거두며
꽃의 빛 향기 등을 해치지 않듯
성인은 마을에서 탁발하지만
주민들 살림살이 방해 안하네.

如蜂集華 不嬈色香 但取味去 仁入聚然

As a bee gathers honey from the flower without injuring its color or fragrance, even so the sage goes on his alms-round in the village.

벌은 꽃에서 꿀을 얻으면서 꽃을 상하거나 손해를 끼치지 않듯이, 출가 수행자도 마을에서 탁발을 하지만 주민들에게 손해를 끼치지 않는다는 말씀입니다. 자연의 이치처럼 인간의 관계에서도 상생 공영의 길을 가야지 어느 한쪽의 이익을 위하여 다른 쪽에 손해나 방해가 되지 않도록 상호 배려함을 강조한 가르침입니다. 누구나 항상 이 가르침의 뜻을 명심하고 유념하며, 일상생활 속에서 실행하여야 하겠습니다.

50.

남들의　잘못들은　찾지도 말고
이웃의　허물들은　보지도 마세.
오로지　자기자신　행동을 보며
하거나　아니한 일　살펴 챙기세.

不無觀彼 作與不作 常自省身 知正不正

Let none find fault with others; let none see the omissions and commissions of others. But let one see one's own acts, done and undone.

남들의 잘못이나 허물을 들춰내어 시비하지 말고, 자기 자신의 허물을 살피라는 말씀입니다. 남들이 잘하면 칭찬하고 잘못하면 충고하며 도와주는 것은 바람직하지만, 결함을 찾아 험담하거나 비난하는 일은 삼가며, 자기 자신에게 집중하여 성찰하고 충실하게 살아가도록 노력하여야만 하겠습니다. 그리하면 자기 자신의 수행은 깊어지고, 세상은 평안하고 원만하게 될 것입니다.

51.

말하긴 잘하면서 실천이 없는
부실한 수행자의 미사여구들
향기는 없으면서 빛깔만 고운
어여쁜 꽃과 같이 열매 없느니.

如可意華 色好無香 工語如是 不行無得

Like a beautiful flower full of color but without fragrance, even so fruitless are the fair words of one who does not practice them.

수행자를 꽃으로 비유하여, 겉보기는 좋아 보여도 향기 없는 꽃처럼, 말은 잘하면서 실천이 없는 이는 그 성취 결과를 얻기 어렵다는 경책의 말씀입니다. 설법은 잘하지만 스스로는 그대로 수행하여 성취한 향기를 주지 못하면 청중들로부터 공감의 효과를 기대하기 어려울 것입니다. 누구나 좋은 이야기 하는 만큼 그 내용을 실행으로 보여서 자신은 물론 다른 이에게 보람을 느끼게 하여야 하겠습니다.

52.

빛깔도 아름답고 향기도 좋은
어여쁜 꽃이 열매 맺음과 같이
말씀도 훌륭하고 실천도 잘한
진정한 수행자의 결과 좋으리.

如可意華 色美且香 工語有行 必得其福

Like a beautiful flower of color and also fragrant, even so, fruitful are the fair words of one who practice them.

보기도 아름답고 향기도 좋은 꽃처럼 수행을 잘한 사람의 훌륭한 이야기는 진정성을 느끼게 감동을 일으킨다는 말씀입니다. 불단에 꽃을 공양하는데, 이는 부처님의 가르침대로 수행을 잘하겠다는 마음의 표현이라고 볼 수 있습니다. 평소에 수행을 잘하고 있으면 그것이 법공양이며 부처님이 기뻐하실 것입니다. 불교를 공부하여 그 가르침대로 수행을 잘하면 스스로 결과를 이루는 보람이 있을 줄 압니다.

53.

어여쁜　여러 가지　꽃 더미에서
수많은　꽃장식을　만들 수 있듯
마침내　죽게 되는　사람이라도
수많은　좋은 업을　지을 수 있네.

多集衆妙華 結鬘爲步瑤 有情積善根 後世轉殊勝

As from a great heap of flowers many garlands can be made, even so should many good deeds be done by one born a mortal.

꽃장식 하는 사람이 여러 가지 꽃들을 모아 멋있는 장식품을 만들듯이, 누구나 자기 인생으로 주어진 시간 동안에 수많은 좋은 일을 할 수 있다는 말씀입니다. 인간의 운명은 누구에 의하여 결정되는 것이 아니라, 각자의 마음먹기에 따라 창조적으로 꾸려 갈 수 있으므로, 누구나 스스로 무한한 자유와 행복을 누릴 수 있는 지혜와 세상에 유익한 자비를 이룰 수 있는 수행에 정진하여 훌륭한 인생을 성취할 수 있습니다.

54.

꽃이나　전단 같은　향나무들의
향기는　역풍 때에　소용없지만
덕향은　역풍에도　막히지 않아
덕인의　훌륭함은　사방 울리네.

花香不逆風 芙蓉梅檀香 德香逆風薰 德人偏聞香

Not the sweet smell of flowers, not even the fragrance of sandal, tagara or jasmine blows against the wind. But the fragrance of virtuous blows against the wind. Truly, the virtuous man pervades all directions with the fragrance of his virtue.

아무리 좋은 꽃이나 향나무의 향기라도 바람이 불어오는 반대 방향에 있는 이에게는 느낌이 없는 반면, 도덕의 향기는 어떤 바람에도 상관이 없이 모든 방향으로 번져 나가듯이, 훌륭한 사람의 덕화 향기는 세상에 두루 퍼져 나간다는 말씀입니다. 물리적인 것은 아무리 좋아도 그 한계가 있지만, 형이상학적이고 정신적인 것은 시간과 공간을 초월하여 영향을 미치므로, 유위적인 선업에 치중하기보다는 무위적인 수행에 정진하여 노력함이 더 훌륭하고 바람직하다고 볼 수도 있겠습니다.

55.

샌들과 타가라와 푸른 연꽃 등
수많은 식물들의 향기보다도
도덕의 향기로움 더욱 뛰어나
언제나 멀리까지 감동을 주네.

栴檀多香 青蓮芳花 雖曰是眞 不如戒香

Of all the fragrances--sandal, tagara, blue lotus and jasmin-- the fragrance of virtue is by far the sweetest.

온갖 꽃들과 향나무들을 포함한 모든 향기들 가운데 도덕의 향기가 가장 감미롭게 멀리 미친다는 말씀입니다. 이는 외모나 코로 느끼는 물리적인 향기로움보다 도덕 즉, 차원 높은 본질적인 향기에 주목하도록 합니다. 이는 사람의 인격의 향기로서, 혼탁한 세상에 살면서도 연꽃처럼 고결하게 자기를 지키는 인물이거나, 세간에서도 계행을 하거나 보살행을 하는 불자의 삶에서 느껴볼 수 있습니다. 지혜와 자비의 향기가 가장 훌륭하다고 할 수 있으니, 수행의 향기가 세상을 맑히며 감동시킵니다.

56.

전단 등 좋은 향기 내는 나무들
냄새는 아련하기 그지없지만
수덕의 향기로움 가장 높아서
신들의 세계까지 감동시키네.

華香氣微 不可爲眞 持戒之香 到天殊勝

Faint is the fragrance of tagara and sandal, but excellent is the fragrance of the virtuous, wafting even amongst the gods.

좋기로 유명한 전단향나무 등의 향기는 일정한 장소에서 한때 감각적으로 좋을 뿐 곧 사라지고 말지만, 성자나 수행자 등의 도덕은 시간과 지역을 초월하여 존경을 받으며, 나아가 신들의 세계에까지 감동을 줄 수 있다는 말씀입니다. 사람이나 신들에게 감각적인 즐거움보다 정신적이고 도덕적인 영향을 줄 수 있는 계행과 참선 등의 차원 높은 수행 노력을 권장하는 것입니다. 영원히 가치 있고 의미 있는 일을 지향하여 수행 정진해 나가야 할 줄 압니다.

57.

언제나　깨어있고　마음 챙기며
완전한　지혜로써　자유로운 분
참으로　도덕 있는　훌륭한 분의
가는 길　마왕 결코　찾지 못하리.

戒具成就 行無放逸 定意度脫 長離魔道

Mara never finds the path of the truly virtuous, who abide in heedfulness and are freed by perfect knowledge.

마왕은 수행자가 도를 이루지 못하게 방해하는 자이지만, 수행자가 방심하지 않고 성실히 정진하면 수행자는 보이지도 않고 공격할 틈도 얻을 수 없다는 말씀입니다. 항상 마음을 잘 챙기는 지혜로운 사람은 마왕이 찾아 볼 수도 없으므로, 수행자가 정진에 철저하면 아무 지장 없이 도를 이룰 수 있습니다. 진정한 수행자는 저승사자도 찾아볼 수 없다고 합니다. 죽음도 걱정함이 없이 마음공부와 수행에 전념하면 생사를 초월할 수 있습니다.

58-59.

저 길가 시궁창의 쓰레기 더미
그 속에 향기롭게 피어난 연꽃
그처럼 눈먼 중생 무리 가운데
지혜로 빛을 내는 붓다의 제자

如作田溝 近于大道 中生蓮花 香潔可意 有生死然
凡夫處邊 慧者樂出 爲佛弟子

Upon a heap of rubbish in the road-side ditch blooms a lotus, fragrant and pleasing. Even so, on the rubbish heap of blinded mortals the disciple of the Supremely Enlightened One shines resplendent in wisdom.

연꽃은 시궁창 진흙 속에서 꽃을 피우지만 향기롭고 아름다워 사람들을 기쁘게 하듯이, 최고의 대각을 이루신 부처님의 제자들은 그 수행의 지혜로 어두운 세상을 밝히고 도덕의 향기를 펼친다는 말씀입니다. 부처님 제자로서는 출가승들은 물론, 재가불자도 포함된다고 생각하며, 혼탁한 세상에서 불교인으로서 훌륭히 수행하며 살아감은 사람들 속의 연꽃 같은 존재라고 할 수 있겠습니다.

5장

어리석은 이

愚闇品 | 愚癡章 | The Fool

60.

잠못든　사람에게　밤이 길듯이
지친 이　걷는 길은　멀기만 하듯
부처님　가르침을　모르는 이는
세상 길　살아가기　멀기만 하네.

不寐夜長 疲倦道長 愚生死長 莫知正法

Long is the night to the sleepless; long is the league to the weary. Long is worldly existence to fools who know not the Sublime Truth.

잠을 이루지 못하는 사람에게 밤은 길고, 지치고 힘없는 사람에게는 길이 멀게 느껴지듯이, 부처님의 가르침과 진리를 모르는 어리석은 사람에게는 세상 살아가기가 그처럼 힘들 것이라는 말씀입니다. 반면에 잠을 잘 자는 이에게는 밤이 짧고, 건강한 사람에게 걷는 길은 가깝게 여겨지듯이, 불교를 잘 알고 수행하며 살림살이를 살아가는 이는 보람과 기쁨이 클 줄 압니다. 불교 공부와 수행 정진으로 지혜롭고 활기차게 세상을 살아나가야 하겠습니다.

61.

훌륭한　길동무를　못 찾는다면
차라리　외롭지만　홀로 갈지니
실없고　어리석은　사람과 함께
구도와　수행정진　할 수 없느니.

學無明類 不得善友 寧獨守善 不與愚偕 自受大罪

Should a seeker not find a companion who is better or equal, let him resolutely pursue a solitary course; there is no fellowship with the fool.

수행의 길을 가는 데에 자기보다 낫거나 비슷한 인물, 이로운 도반을 찾을 수 없으면, 차라리 혼자 가기를 권하는 말씀입니다. 바보와 같은 사람과 함께 가면 정상적인 진행에 지장이 되거나 부담만 되고 아무 도움이 되지 않음을 깨우치는 것입니다. 수행자에게 그 성패를 좌우하는 것으로, 훌륭한 스승과 도반을 찾고 만날 수 있으면 다행스러운 일이라고 할 수 있지만, 그렇지 못하면 어설픈 이들과 어울리려 하기보다는 차라리 혼자서라도 용기를 내어 의연히 정진하여야 하겠습니다.

62.

바보는 걱정하며 생각하기를,
"재산과 자식들을 가졌다" 하네.
사실은 자기 몸도 제 것 아닌데
하물며 그 밖의 것 있다고 할까!

有子有財 愚唯汲汲 我且非我 何有子財

The fool worries, thinking, "I have sons, I have wealth." Indeed, when he himself is not his own, whence are sons, whence is wealth?

어리석은 사람은 자기가 자식과 재산들을 가졌다고 생각하고 집착하며 잃어버릴까 걱정하지만, 사실은 자기 몸도 자기 것이라고 할 수 없을 처지인데, 자식이나 재산은 더 말할 것도 없지 않겠는가를 깨우치는 말씀입니다. 불교의 기본 교리인 무상과 무아를 제대로 이해하면 어리석은 집착과 탐욕의 괴로움에서 벗어날 수 있겠지요. 부처님의 지혜를 배우고 체득하면 번뇌 망상을 깨치고 고통에서 해탈하여 열반적정의 안락을 누릴 수 있습니다.

63.

바보가　　바보인 줄　　알아차리면
적어도　　그 점만은　　기특하지만,
바보가　　스스로를　　지혜롭다면
정말로　　바보임을　　드러냄일세.

愚者自稱愚 常知善黠慧 愚人自稱智 是謂愚中甚

A fool who knows his foolishness is wise at least to that extent, but a fool who thinks himself wise is called a fool indeed.

바보로 알려진 사람이 스스로 바보인 줄 알면 그 점에서는 지혜롭다고 할 수 있지만, 스스로 지혜롭다고 생각한다면 이는 정말로 심각한 바보라는 말씀입니다. 이른바 "무지(無知)의 지(知)" 즉, 모르고 있다는 사실을 앎이 철학의 시작이라고 합니다. 진리를 추구하고 수행을 하는 이는 그 자신의 실상과 한계를 잘 알고 겸손하게 공부하며 정진하여 지혜를 이루어 나갈 수 있습니다. 반면에 어리석은 사람은 스스로 지혜롭다고 착각하고 방일하며 공부와 수행을 하지 않아 결국 불행하게 됩니다.

64.

바보가　현인 옆에　평생 지내며
조금도　참된 법을　알지 못함은,
수저가　음식 속에　드나들면서
그 맛을　모름과도　같다고 하리.

愚人盡形壽 承事明人智 亦不知眞法 如杓斟酌食

Though all his life a fool associates with a wise man, he no more comprehends the Truth than a spoon tastes the flavor of the soup.

비록 성인이나 현인 등 훌륭한 분들을 가까이 모시고 평생을 지내더라도 스스로 공부하고 수행하지 않는 어리석은 사람은 그분들과 같은 지혜를 결코 이루지 못함이, 숟갈과 젓가락이 국이나 반찬들 속에 들락거려도 그 음식 맛은 스스로 모르는 것 같다고 비유하며, 실제로 수행하여 스스로 체험할 것을 강조한 말씀입니다. 훌륭한 도인 곁에 있으면 그분을 본받아 스스로 노력하며 그 이상을 추구하려고 분발하여 정진하여야겠습니다.

65.

지혜가 있는 이는 성현들 곁에
잠시만 모시고도 알아차림이
사람의 혓바닥이 음식을 만나
그 맛을 느낌과도 같다고 하리.

智者須臾間 承事賢聖人 一一 知眞法 如舌了衆味

Though only a moment a discerning person associates with a wise man, quickly he comprehends the Truth, just as the tongue tastes the flavor of soup.

지혜가 있는 사람은 성현 등 훌륭한 분들을 잠시 가까이 모시고도 빨리 그분들의 가르침이나 경지를 터득함이, 음식을 분별하는 혀처럼 그 진가를 빨리 알아차리고 주체화한다는 말씀입니다. 대중들이 훌륭하다고 칭송하고 존경하는 분들 곁에서 보좌하거나 시중을 드는 이들은, 그분들이 왜 그런 평가를 받는지 이해하고 자신도 그와 같은 자질을 갖추려고 노력하며 정진하여야 하는데, 그렇지 못하면 나중에 후회와 아쉬움이 크게 됩니다.

66.

바보의　　행동들은　　분별이 없어
자신에　　해가 되는　　일들을 하네.
욕심에　　어리석게　　악행을 하여
그 결과　　받는 일은　　재앙이리라.

愚人施行 爲身招患 快心作惡 自致重殃

Fools of little wit are enemies unto themselves as they move about doing evil deeds, the fruits of which are bitter.

어리석은 사람들은 나쁜 일들을 하여 그 결과 앙화를 부름이, 자기를 공격하고 해치려는 적과 같다고 할 수 있다는 말씀입니다. 밖에 있는 적들은 분명하여 방어하려고 준비할 수 있지만, 안에 있는 적은 잘 모르고 대처하기 어려우며 더욱 위험하듯이, 어리석은 사람들은 자신을 잘못 판단하고 자기에게 잘못하여 결국 자기에게 손해를 끼치고 재앙을 가져다주며 후회와 자책을 하게 됩니다. 인연업과를 생각하고 항상 조심하며 수행 정진하도록 하여야겠습니다.

67.

누구나 잘못했다 이르는 것은
나중에 과보 받고 후회하는 일
눈물을 흘리면서 울어보아도
그 때는 돌이킬 수 없게 되는 일.

行爲不善 退見後悔 致涕流面 報由宿習

Ill done is that action doing which one repent later, and the fruit of which one, weeping, reaps with tears.

잘못했다는 것은 나중에 후회하며 눈물을 흘리게 되는 일들을 한 것이니, 그런 후회와 눈물을 흘리지 않도록 하려면, 어떤 일을 하려 할 때에 그 결과를 미리 살피고 잘 계획하여 준비하여야 한다는 말씀입니다. 누구나 항상 인과응보의 이치를 명심하고, 바라는 결과를 이루려면 그에 합당한 인연을 지어서 나중에 후회와 자책을 하지 않도록 유념하여야 하겠으며, 특히 수행자들은 그 목적 달성을 위하여 악업을 멀리하고 성실하게 정진하여야 할 줄 압니다.

68.

누구나 잘했다고 이르는 것은
나중에 업보로서 후회 없는 일
즐겁게 웃으면서 보람 느끼며
행복을 누리면서 기뻐하는 일.

行爲德善 進覩歡喜 應來受福 喜笑悅習

Well done is that action doing which one repents not later, and the fruit of which one reaps with delight and happiness.

잘했다고 하는 것은 기쁨과 보람을 느끼고 행복을 누릴 수 있는 일을 가리킨다는 말씀입니다. 단순하고 일시적인 보람과 행복이 아니라 궁극적이고 영원한 복락을 누리려면 어떤 일을 하여야 할까요? 생사의 윤회와 같은 근원적 고통을 벗어나 해탈 자재 및 영원한 열반 복락을 누리려면 붓다의 가르침을 따라 수행 정진하는 일 밖에 다른 길이 있겠는지요? 인생에서 가장 잘했다고 할 만한 일을 신중하게 찾아서, 그 일에 확신을 가지고 달성을 위한 결심을 하여 과감히 매진해야 하겠습니다.

69.

바보는 나쁜 일의 과보 받기 전
그 일을 좋아하고 즐기겠지만
악행의 결과로서 앙화가 오면
그때는 슬퍼하며 후회하리라.

過罪未熟 愚以恬淡 至其熟時 自受大罪

So long as an evil deed has not ripens the fool thinks it as sweet as honey. But when the evil deed ripens, the fool comes to grief.

어리석은 사람은 나쁜 일을 자행하면서 그 과보를 받기 전에는 그 일에 취하여 즐기지만, 그 업보를 받게 될 때에는 슬픔에 빠지리라는 말씀입니다. 과보는 인연에 따라 빨리 오기도 하고 늦게 오기도 하는데, 과보가 아직 없다고 방심하며 못된 짓을 하는 어리석은 이를 우인(愚人)이라고 하고, 과보를 미리 알아서 나쁜 과보를 짓지 않는 슬기로운 이를 지인(智人)이라고 할 수 있겠습니다. 불교 수행자는 지인일 줄 압니다.

70.

바보는　　달을 이어　　절식을 하며
어렵게　　고된 수행　　한다고 하나
그것은　　불교진리　　깨친 이와는
비교도　　안될 만큼　　가치 없느니.

從月至於月 愚者用飲食 彼不信於佛 十六不獲一

Month after month a fool may eat his food with the tip of a blade of grass, but he still is not worth a sixteenth part of those who have comprehended the Truth.

어리석은 사람은 수행한답시고 음식을 아주 적게 먹으며 고행을 하고, 겉으로 보기에는 수행자같이 보일지라도, 정작 불교를 바로 알고 수행하여 그 진리와 지혜를 얻은 이와 비교해 본다면, 수십 분의 일 정도도 될 수 없는 것으로 평가된다는 말씀입니다. 이는 피상적이고 형식적인 흉내만 내는 바보들을 경책하며 아울러, 실질적인 진정한 수행자를 드러내고 드높이는 것으로써, 누구나 이를 되새겨 보고 기억하며, 올바른 수행을 하도록 하여야겠습니다.

71.

우유가　한 순간에　상하지 않듯
나쁜 짓　과보 즉시　받지 않아도
재 속에　불이 있듯　멀지 않아서
언젠가　재앙 받고　낭패 보리라.

惡不卽時 如搆牛乳 罪在陰伺 如灰覆火

Truly, an evil deed committed does not immediately bear fruit, like milk that does not turn sour all at once. But smouldering, it follows the fool like fire covered by ashes.

나쁜 짓을 한 사람에게 곧바로 나쁜 과보가 나타나지 않는 것은 우유가 순간에 상하여 맛이 변하고 먹을 수 없게 되지 않거나, 재 속에 있던 불이 당장은 나타나지 않고 잠재해 있는 것과 같다는 말씀입니다. 다소의 시간이 지나면 불이 다시 일어나 앙화를 받게 되듯이 언젠가는 그 악행의 업보를 받게 됨을 깨우치는 것입니다. 슬기로운 사람은 어떤 행위의 결과를 미리 알아 사전에 그른 일들을 하지않고 올바른 일들을 할 줄 압니다.

72.

바보는　자기 머리　어지럽히고
내재한　가능성을　깨트리면서
자기를　파괴하는　길로 이끄는
그릇된　알음알이　키워나가네.

愚生念慮 至終無利 自招刀杖 報有印章

To his own ruin the fool gains knowledge, for it cleaves his head and destroy his innate goodness.

어리석은 사람은 생각하고 추구하기를, 자기에게 진정으로 이익이 되고 잘될 수 있는 가능성을 외면하며, 자기에게 손해가 되고 벌을 받을 수 있는 바의 나쁜 일을 하려 든다는 말씀입니다. 반대로 지혜로운 사람은 착하고 올바른 일을 하려하며 그에 필요한 지식과 정보를 얻고자 노력하여 마침내 바람직한 성취를 할 줄 압니다. 자기도 좋고 이웃과 세상에 이익과 도움이 되는 일을 하려는데 관심을 갖고 그 일을 이루기 위하여 진실한 자료를 얻고자 공부하고 수행하여야겠습니다.

73.

바보는　자격 없이　명성 쫓으며
수행자　가운데는　공양 받으려
절에선　권위 위해　다툼을 하고
집에선　영예 위해　질투를 하네.

愚人貪利養 求望名譽稱 在家自興嫉 常求他供養

The fool seeks undeserved reputation, precedence among monks, authority over monasteries, and honor among householders.

어리석은 사람은 자기 주제를 파악하지 못하고 분수에 넘치는 평가와 명예를 바라며, 물질적인 이익과 대접을 기대한다는 말씀입니다. 출가한 수행자로서 절에서는 어른 노릇하려고 행세하며 마을에서는 많은 공양받기를 원하면 사람들의 질시를 받게 됩니다. 슬기로운 사람은 항상 자기 본분을 살피고 겸손하며 분수 밖의 명예와 존경을 꺼려하고 공양 받기를 조심하여 자신의 수행에 지장이 없게 하고 남의 시기와 질투를 피합니다.

74.

재가와 출가 불자 가릴 것 없이
대소의 모든 일에 참견하면서
자기를 따르도록 하려는 바보
자기의 욕망 위해 아만 키우네.

勿猗此養 爲家捨罪 此非至意 用用何益 愚爲愚計想欲慢日用增

"Let both laymen and monks think that it was done by me, in every works, great and small, let them follow me" -such is the ambition of the fool; thus his desire and pride increase.

세간 출세간의 모든 어리석은 사람들은 모든 일을 자기가 다 할 것처럼 착각하며, 어떤 일들이나 자기의 지시에 따라 해 나가기를 바라는 데, 이는 자기의 허황된 야심으로 자신의 아만과 욕망만 키운다는 말씀입니다. 과거의 어떤 일도 그 동기와 과정 및 결과로 평가될 뿐만 아니라, 미래의 어떤 일도 각자의 합리적 판단에 따라 그 가능성이 결정됩니다. 이러한 사실은 특히 공직에 있는 이들이 유념하여 민주적이고 겸손하게 멸사봉공하도록 깨우친다고 하겠습니다.

75.

세상의　명리 위한　생사의 길과
열반을　추구하는　수행의 길을
불교의　수행자는　바로 알아서
본분에　합당하게　정진하기를.

異哉失利 泥洹不同 諦知是者 比丘佛子 不樂利養 閑居却意

One is the quest for worldly gain, and quite another is the path to Nirvana. Clearly understanding this, let not the monk, the disciple of the Buddha, be carried away by worldly acclaim, but develop detachment instead.

보통 일반인들은 한때의 세속적인 욕망과 환락을 추구하지만 이는 생사와 윤회의 길이며, 출가수행하는 불제자들은 영원한 행복인 열반을 추구하여 생사와 윤회로부터 해탈하는 길을 간다는 말씀입니다. 일반인들은 세상에서 어쩔 수 없이 그들의 욕망을 추구하게 되겠지만, 출가수행자들은 그러한 세속적 욕망과 집착을 버리고 붓다의 가르침에 따라 정진하여 해탈할 것을 강조한 것입니다. 자기 본분의 목적을 이루는데 충실하며, 나아가 정토 세상을 만드는데 노력하여야겠습니다.

6장

슬기로운 분

賢哲品 | 賢人章 | The Wise Man

76.

잘못을　　깨우치고　　꾸짖어 주는
훌륭한　　충고인을　　찾아 따르면
숨겨진　　보배 능력　　찾을 수 있고
수행과　　모든 일을　　성취하리라.

深觀善惡 心知畏忌 畏而不犯 終吉無憂 故世有福
念思紹行 福祿轉勝

Should one find a man who point out faults and who reproves, let him follow such a wise and sagacious person as one would a guide to hidden treasure. it is always better, and never worse, to cultivate such an association.

지혜로운 사람은 자기의 잘못을 깨우치고 경책하는 이를 존경하고 그 지적과 충고를 감사하게 생각하는데, 그처럼 훌륭한 충고자를 친구와 도반으로 삼으면 자신의 잠재적인 능력을 계발할 수 있고 성공할 수 있다는 말씀입니다. 현명한 인물을 찾아서 지도를 받고 따름이 누구에게나 필요하지만 특히, 수행자에게는 훌륭한 스승과 도반이 절대적으로 필요하고, 그러한 분들을 찾아서 가까이하며 탁마할 수 있다면 도를 이루는데 가장 효과적이라고 할 수 있습니다.

77.

깨우고　방비함에　노력하는 분
정말로　그런 인물　품귀하여라.
선인은　그런 사람　좋아하지만
악인은　싫어하고　미워하리라.

晝夜常精勤 牢持於禁戒 爲善友所敬 惡友所不念

Let him admonish, instruct and shield one from wrong he, indeed, is dear to the good and detestable to the evil.

스스로 성찰하고 불교를 열심히 공부하며 계행을 잘 지키고 수행에 성실한 사람은, 훌륭한 이들로부터는 호의와 존중을 받지만 사악한 이들로부터는 배척을 당하게 되기 쉽다는 말씀입니다. 그러나 누구든지 어떤 사람이 되어야 하고 어떤 길을 가야 하는지는 건전한 상식으로 판단해 보더라도 분명할 터이니, 이에 대한 시비와 선택의 여지가 없겠지요. 평범한 살림을 살아가는 이들이나 수행의 어려운 길을 가는 이들 모두 지혜롭게 판단하여 가치와 의미 깊은 삶을 살아야겠습니다.

78.

언제나　나쁜 이들　피해가면서
그릇된　인연들을　멀리할지니
정성껏　착한 벗과　어울리면서
훌륭한　인연들을　찾을지니라.

常避無義 不親愚人 思從賢友 狎附上士

Do not associate with evil companions; do not seek the fellowship of the evil. Associate with good friends; seek the fellowship of noble men.

수행이나 인생의 성패는 어떠한 사람들과 어울려 사느냐에 따라 좌우되므로, 좋은 친구와 훌륭한 인물을 가까이하고, 나쁜 인물들을 멀리하라는 말씀입니다. 이는 너무나 당연하고 분명한 진리이지만, 주어진 상황에서 상대를 어떻게 통찰하고 제대로 평가하여 올바른 판단과 선택을 하는지는 각자에 달렸으니, 신중하되 바른 판단이 서면 서슴없이 그 방향으로 나아가는 결단과 용기가 필요할 줄 압니다. 각자 인생을 스스로 선택하고 책임질 수밖에 없으니, 신중한 성찰과 결심이 필요합니다.

79.

누구나　진리의 법　사무쳐 알면
마음이　고요하여　복되게 사네.
지혜가　있는 분은　부처님 법을
언제나　받아들여　즐거우리라.

喜法臥安 心悅意情 聖人演法 慧常樂行

He who drinks deep the Dharma lives happily with a tranquil mind. The wise man ever delights in the Dharma made known by the Noble One (the Buddha).

부처님 법은 열반 즉, 번뇌의 불이 꺼진 바의 평온하고 안락한 곳으로 안내하는 것이므로, 그 법을 배우고 수행하는 사람은 마음이 고요하고 행복하리라는 말씀입니다. 지혜가 있는 사람은 성인 즉, 부처님의 가르침을 항상 공부하고 그에 따라 삶으로써 기쁨을 누립니다. 누구나 모두 성실히 불교를 공부하고 체험하면 법희선열 즉, 부처님 법을 즐기고 참선 수행하는 기쁨을 누릴 수 있습니다.

80.

궁인은　화살 곧게　뿔 잘 다루고
사공은　물에 따라　배 잘 다루네.
목수는　모양 따라　나무 다루고
현인은　자기 자신　조절 잘하네.

弓工調角 水人調船 材匠調木 智者調身

Irrigators regulate the waters; fletchers straighten the arrow shaft; carpenters shape the wood; the wise control themselves.

활 만드는 이는 활이 잘 날아가게 곧고 알맞게 그 재료를 쓰고, 뱃사공은 물길에 따라 배를 잘 다루며, 목수는 만들고자 하는 물건에 맞추어 나무를 잘 다듬듯이, 지혜로운 사람은 자기 자신을 잘 조절한다는 말씀입니다. 각 분야의 전문가들은 해당분야의 자료들을 잘 알고 능숙하게 가공함으로써 인정받듯이, 지혜롭고 훌륭한 인물이란 자기 자신을 잘 알고 상황에 따라 적응할 수 있는 자기조절 능력을 가진 이를 가리킨다고 할 수 있습니다.

81.

자연의 큰 바위가 의젓이 앉아
어떠한 바람에도 끄떡없듯이
지혜가 있는 이는 칭찬과 비난
어떠한 경우에도 의연하리라.

譬如厚石 風不能移 智者意重 毁譽不傾

Just as a solid rock is not shaken by the storm, even so the wise are not affected by praise or blame.

지혜로운 사람이 칭찬과 비난에 흔들리지 않고 의연히 평온을 유지함을, 폭풍이 아무리 불어와도 큰 바위는 움직이지 않음에 비유한 말씀입니다. 뿌리가 얕은 나무는 큰 바람에 뽑히기 쉽고, 샘이 깊지 않은 물은 가뭄에 쉽게 마르지만, 뿌리가 깊은 나무와 샘이 깊은 물은 바람과 가뭄에 별 영향을 받지 않는 것처럼, 지혜가 있고 인격의 깊이와 무게가 큰 사람은 남의 비평에 크게 흔들리지 않고 자중하며 소신껏 의연하게 갈 길을 가고 할 일을 합니다.

82.

지혜가 있는 이는 가르침 듣고
그대로 깨끗하게 마음을 맑혀
밝고도 평화롭게 안정되어서
저 깊은 호수처럼 고요하리라.

譬如深淵 澄靜淸明 慧人聞道 心淨歡然

On hearing the Teachings, the wise become perfectly purified, like a lake deep, clear and still.

맑고 깊은 호수가 고요하고 안정된 것처럼, 지혜로운 사람은 부처님의 가르침을 듣고 잘 실천 수행하여 마음을 맑게 하고 평화롭게 지낼 수 있다는 말씀입니다. 잡된 소리에 현혹되고 저속한 무리에 휩쓸려서 더럽고 시끄럽게 살아감을 얕고 조그만 못에 더러운 물이 흘러들어 혼탁하고 쉽게 흔들림에 비유한다면, 거룩한 부처님의 가르침을 듣고 배우며 그 길을 따라 수행 정진하여 청정하고 안락하게 사는 살림살이는 크고 깊은 호수의 물처럼 맑고 고요하며 안정됨과 대비될 줄 압니다.

83.

선인은　모든 것에　매이지 않고
덕인은　즐거움에　빠지지 않네
지인은　기쁨이나　슬픔을 만나
흥분과　우울함을　보이지 않네.

大人體無欲 在所昭然明 雖或遭苦樂 不高現其智

The good renounce (attachment for) everything. The virtuous do not prattle with a yearning for pleasures. The wise show no elation or depression when touched by happiness or sorrow.

착한 사람은 무엇에도 집착하지 않고, 어진 사람은 즐거움을 쫓는 일을 삼가며, 슬기로운 사람은 좋은 일을 만나거나 나쁜 일을 당할 때에도 경솔하게 즐거워 날뛰거나 슬퍼함을 드러내지 않는다는 말씀입니다. 큰 사람은 항상 허허롭고 여유있게 마음을 비우고 어디에 무슨 일이나 집착하거나 동요되지 않습니다. 모든 것을 포용하고 무슨 일에나 유연하게 대처하며 넉넉한 마음으로 살아감이 해탈의 길을 가며 자유를 누리는 방법입니다.

84.

자식과　재물이나　온 나라까지
조금도　탐착하지　않을뿐더러
성공에　연연하지　않는 사람이
도덕과　지혜 있고　올바른 사람.

大賢無世事 不願子財國 常守戒慧道 不貪邪富貴

He is indeed virtuous, wise and righteous who neither for his own sake nor for the sake of another (does any wrong) who does not crave for sons, wealth or kingdom, and does not desire success by unjust means.

지혜롭고 올바른 큰 인물은 속물들이 추구하는 바, 자식들이나 개인 재산의 축적 또는 국가 사회적인 지위와 명예 등에 관심을 두지 않으며, 모든 욕망을 채우기 위하여 수단을 가리지 않고 성공하려 들지도 않는다는 말씀입니다. 일반인들이 추구하는 목표에 초연하고, 그들과 다른 방향으로 의연히 나갈 수 있는 사람이 정말로 큰 인물일 줄 압니다. 높은 이상을 향해 큰 뜻을 세우고 과감히 정진해 나가는 이가 대장부입니다.

85.

소수의　　사람만이　　피안에 가서
열반의　　즐거움을　　누리려 하며
나머지　　대다수는　　차안 머물러
바쁘게　　생사 언덕　　오르내리네.

世皆沒淵 鮮克度岸 如或有人 欲度必奔

Few among men are those who cross to the farther shore. The rest, the bulk of men, only run up and down the hither bank.

고통이 따르는 욕망과 유혹 및 장애의 강을 건너서 평온하고 즐거운 열반의 피안에 이르는 사람은 아주 드문 반면, 대다수 사람들은 생사의 세계인 차안에 머물러 윤회의 업을 짓고 있다는 말씀입니다. 생사의 고통이 계속되는 이쪽 언덕에서 헤매며 자지러지려는지, 비록 어렵지만 수행으로 윤회의 강을 건너 저쪽 언덕에서 해탈의 즐거움을 누리려는지, 선택과 결정 및 정진 노력은 각자에 달렸습니다. 슬기로운 이들의 현명한 선택의 길은 분명하고 단호할 줄 압니다.

86.

진리를　가르쳐준　부처님 법을
정성껏　배우면서　실천하는 분
괴로운　생사의 강　윤회 건너서
열반과　해탈의 복　길이 누리리.

誠貪道者 覽受正教 此近彼岸 脫死爲上

But those who act according to the perfectly taught Dharma will cross the realm of Death, so difficult to cross.

붓다는 깨치신 진리를 중생들에게 온전히 가르치셔서, 그 법을 따르면 누구나 붓다가 될 수 있도록 하셨기로, 그를 잘 배우고 수행하면 생사의 강을 건너 열반 해탈의 피안에 이를 수 있다는 말씀입니다. 붓다가 되어 생사의 고통과 윤회를 벗어나는 해탈의 길을 가거나, 중생으로 어리석게 윤회의 고통에 헤매는 길을 가는 선택과 결정은 각자에 달렸습니다. 정성껏 공부하고 수행하여 법희선열과 해탈열반을 이룹시다.

87.

어두운 길 버리고 출가한 사문
밝은 길 찾아가게 격려할지니
어려운 길이지만 집착을 떠나
수행 길 고독함을 즐기게 하라.

斷五陰法 靜思智慧 不反入淵 棄猗其明

Abandoning the dark way, let the wise man cultivate the bright path. having gone from home to homelessness, let him yearn for the delight in detachment, so difficult to enjoy.

육신과 감정, 생각, 의지, 지식의 덩어리가 널려있는 어두운 세속의 길을 벗어나서, 힘들지만 애착의 집을 떠나 고독함을 즐길 수 있는 밝은 길을 가는 지혜로운 수행자를 치하하는 말씀입니다. 가기 편하고 어울리기 쉬운 생사윤회의 시끄럽고 혼잡한 분위기를 벗어나서 호젓한 출가수행자의 길은 외롭고 쓸쓸하지만, 진리를 찾는 기쁨과 해탈의 자유를 누릴 수 있는 열반의 길입니다. 그런 어려운 길을 가는 수행자들을 존중하고 성원함이 정말 큰 복을 짓는 일입니다.

88.

어떠한 것들에도 집착함 없이
감각적 즐거움을 포기하면서
출가한 수행자가 마음의 번뇌
깨끗이 밝히는 일 돕도록 하라.

抑制情欲 絕樂無爲 能自拯濟 使意爲慧

Giving up sensual pleasures, with no attachment, let the wise man cleanse himself of defilement of mind.

감각적인 욕망을 버리고 출가한 수행자가 육신의 출가에 그치지 않고 마음의 번뇌까지 모두 맑게 씻어내어 완전한 사문의 길을 가도록 협조하라는 말씀입니다. 여러 가지 형편상 비록 몸은 출가하지 못하는 사람도 마음으로는 출가정신을 갖고 세속적 탐욕과 애착을 버리고 열심히 수행하면 정말로 지혜로운 사람이라고 할 수 있습니다. 모든 불자의 마음에 애착과 번뇌가 없이 자유와 고요함을 누리도록 발원하고 협조해야 하겠습니다.

89.

언제나　나쁜 것들　벗어나면서
깨달음　이루는 길　온전히 가며
정성껏　바른 지혜　키우는 분은
이생에　열반도를　이뤘다 하리.

學取正智 意惟正道 一心受諦 不起爲樂 漏盡習除
是得度世

Those whose minds have reached full excellence in the factors of enlightenment, who, having renounced acquisitiveness, rejoice in not clinging to things -- rid of cankers, glowing with wisdom, they have attained Nirvana in this very life.

누구나 나쁜 일들을 피하고 생사윤회의 길을 벗어나, 붓다의 가르침과 진리를 따르고 깨달음의 길에서 드높은 지혜를 성취한 이들은 이미 금생에서 열반도를 이루었다고 할 수 있다는 말씀입니다. 깨달음과 열반도를 워낙 멀고 어렵게 생각하여 다음 생으로 미루려는 이들이 있지만, 금생에 온갖 세속적 욕망과 유혹 및 장애들을 떨치고 수행 정진에 노력하여 지혜를 이루고 깨달음을 얻으면 바로 그 순간이 열반도를 성취함과 다름이 없으니 분발하여야 하겠습니다.

7장

성스러운 분

羅漢品 | 聖人章 | The Perfected One

90.

끝까지　수행의 길　도달한 분은
이기적　번뇌 열정　사라지느니
어떠한　얽매임도　전혀 없으며
온전히　자유롭고　슬픔도 없네.

去離憂患 脫於一切 縛結已解 冷而無煖

The fever of passion exists not for him who has completed the journey, who is sorrowless and wholly set free, and has broken all ties.

수행 정진하여 마침내 도를 이룬 분은 모든 번뇌의 속박으로부터 벗어난 해탈을 누리며 어떠한 슬픔도 없고 욕망의 불이 꺼져 적정 열반을 누린다는 말씀입니다. 도를 이룬 분들이 열정을 보일 경우, 이는 자기를 위해서가 아니라 중생을 구원하기 위한 대승적 자비심의 발로라고 할 수 있을 것 같습니다. 개인을 위하여 더 이상 아무 할 일도 없고 열정도 없겠지만, 오직 보살의 서원으로 세상 사람들을 위한 대자비심을 발휘할 것입니다.

91.

집 떠나 수도하며 마음 챙기는
진실한 수행자는 애착이 없어
기러기 때에 따라 호수 떠나듯
생사의 집을 떠나 해탈 이루네.

心淨得念 無所貪樂 已度痴淵 如雁棄池

The mindful ones exert themselves. They are not attached to any home; like swans that abandon the lake, they leave home after home behind.

수행자는 언제나 안으로 자기에 집중하며 밖의 현상에는 관심을 두지 않아 어떤 상황에도 집착하거나 동요하지 않음이 비유컨대, 철 따라 이동하는 기러기나 백조와 같다는 말씀입니다. 수행자는 어느 곳에나 안주하지 않고 항상 인연에 따라 옮겨 다닙니다. 기러기와 백조에게는 호수나 강이 머무는 집이라면, 사람에게는 가정이나 사찰일 수 있겠고, 더 나아가 생사와 윤회의 업을 짓는 세상이라고도 볼 수 있습니다. 집착이 없는 데에 고통도 없고, 해탈과 자유를 누릴 수 있습니다.

92.

음식을 쌓아두지 않을뿐더러
모든 것 비우기를 수행하는 분
허공을 나는 자취 없는 새처럼
아무런 걸림 없이 자유 즐기네.

若人無所依 知彼所貴食 空及無相願 思惟以爲行
鳥飛虛空 而無足跡 如彼行人 言設無趣

Those who do not accumulate and are wise regarding food, whose object is the Void, the Unconditioned Freedom --their track cannot be traced, like that of birds in the air.

하늘을 날며 흔적이 없는 새처럼 수행자는 음식이나 의복 등을 비축해 두지 않음으로써 오히려 자유를 누린다는 말씀입니다. 출가수행자는 미래의 부족할 것을 염려하여 미리 소모품들을 많이 저장해 두거나 거기에 집착하지 않고, 이미 가진 것들도 없는 이들에게 나누며 비워가면서 모든 것에 애착하지 않고 걸림 없는 자유를 누립니다. 많이 쌓아두고 애착하며 간수하기를 걱정할지, 비워두고 얽매임 없이 자유를 즐길지는, 각자의 판단과 선택에 달렸습니다.

93.

음식을　애착하지　않을뿐더러
탐욕의　열정들이　사라진 이들
하늘에　자취없이　나는 새처럼
그들의　가는 길은　흔적이 없네.

如鳥飛虛空 而無有所礙 彼人獲無漏 空無相願定

He whose cankers are destroyed, and who is not attached to food, whose object is the Void, the Unconditioned Freedom --his path cannot be traced, like that of birds in the air.

허공의 새처럼 탐착에서 자유롭기를 수행자에게 거듭 강조하는 말씀입니다. 맛있고 기름진 음식, 화려한 옷이나 장식품들, 근사한 집이나 자동차 등, 많은 사람들이 신체의 장식과 편리에 관련한 것들의 소유와 관리에 모든 관심과 노력을 기울이고 있는 세상에서, 그 모든 것들에 관심도 없고 소유하거나 유지하려는 노력이 없이 수행에 힘쓰는 이들은 조촐한 생활이지만 마음의 안정과 자유를 누릴 수 있습니다. 이른바, '텅 빈 충만'과 자족의 기쁨을 누립니다.

94.

조련사　훈련 받은　날랜 말처럼
자만심　조복받아　자유 누리며
감각을　통제하는　수행자들은
하늘의　신들조차　공경하리라.

制根從正 如馬調御 捨驕慢習 爲天所敬

Even the gods hold dear the wise one, whose senses are subdued, like horses well trained by a charioteer, whose pride is destroyed and who is free from the cankers.

전차를 끌고 달리는 말이 훈련이 잘되어서 주인의 뜻대로 잘 움직여 주듯이, 우리의 감각기관들이 잘 통제되어 마음에 따라 그 작용을 잘하게 하는 수행자들은 하늘의 신들까지 존경하고 받든다는 말씀입니다. 보통 사람들은 자기감정의 본능적 선호에 끌려가며, 통제할 수 없게 될 경우에 불상사들이 발생하게 되는데, 수행자는 몸과 감정을 잘 조절하고 통제할 수 있어 도를 이룰 수 있습니다. 그런 사람이 진정한 대장부 또는 영웅이며, 모두가 존경하게 될 줄 압니다.

95.

큰사람 슬기로운 바른 몸가짐
듬직한 기둥처럼 의연히 서며
진흙 위 호수처럼 깨끗하면서
땅처럼 안정되어 흔들림 없네.

不怒如地 不動如山 眞人無垢 生死世絕

There is no more worldly existence for the wise one, who, like the earth, resents nothing, who is as firm as a high pillar and pure as a deep pool free from mud.

슬기로운 참사람 또는 훌륭한 대장부는 세상의 온갖 풍파에 흔들리지 않아 그 의연함이 높이 솟은 큰 기둥, 물이 맑고 깊은 호수, 부동의 대지 등과 비유하여 설명한 말씀입니다. 아무리 주변 상황이 복잡하고 혼탁하여 수많은 핍박과 장애가 있을지라도, 소신을 갖고 원칙과 정의에 따라 의연하게 올바른 길을 가는 수행자가 진정 대장부라고 할 수 있습니다. 비록 어렵겠지만 현명한 대인의 길에 함께 정진합시다.

96.

마음이　　고요하고　　언행도 조용
생활이　　조촐하여　　자유롭구나.
한가히　　여유롭게　　해탈 즐기는
현명한　　대장부의　　살림이어라.

心已休息 言行亦止 從正解脫 寂然歸滅

Calm is his thought, calm his speech and calm his deed, who, truly knowing, is wholly freed, perfectly tranquil and wise.

고요함! 이는 불교의 특성으로, 모든 고통과 번뇌가 사라진 열반의 상태는 고요한데, 생각과 말과 행동이 고요한 수행자는 그 고요함을 누린다는 말씀입니다. 수행자가 마음을 고요하게 하면, 언어와 행동도 고요하게 되어 생활과 주변의 환경까지도 조용하고 평화롭습니다. 그래서 마음이 평화로워야 세상이 평화롭게 된다는 이치를 알 수 있습니다. 참선 명상 수행으로 마음을 고요하게 하고 안정시키면 마음이 맑고 밝아져서 지혜가 나타나고 깨달음을 이루며, 자비심이 나타납니다.

97.

맹목적　　믿음 없고　　도리를 알아
좋거나　　나쁜 업연　　멀리하면서
일체의　　욕망들을　　벗어 던지는
그러한　　사람 일러　　뛰어난 사람.

棄欲無着 缺三界障 望意已絕 是謂上人

The man who is without blind faith, who knows the Uncreate, who has severed all links, destroyed all causes (for karma, good and evil)-- he, truly, is the most excellent of men.

개인적인 욕심이나 애착이 없고, 아무 비판 의식 없이 믿어버리는 맹목적 신앙도 갖지 않으며, 쓸데없는 연계도 없이 올바른 길을 의연하게 가는 사람을 상인(上人)이라고 부른다는 말씀입니다. 재물이나 권력, 지위와 명예 등, 무엇을 많이 갖고 욕망이 많으며, 삿된 대상이나 사상일지라도 무조건 믿고 따르는 인물은 상인이라 불릴 수 없겠지요. 올바른 사상을 갖고 건전한 신행을 하며, 이기적인 욕망이나 아만이 없는 이라야 상인의 삶을 살 수 있겠습니다.

98.

마을과　　들판이나　　산골이라도
아라한　　머물거나　　지나는 곳은
참으로　　거룩하고　　귀한 곳이라
누구나　　빠짐 없이　　축복 받으리.

在聚在野 平野高岸 應眞所過 莫不蒙祐

Inspiring, indeed, is that place where Arahats dwell, be it a village, a forest, a vale or a hill.

생사를 벗어난 도인인 아라한이 지나거나 머무는 곳은 성스러운 곳이라는 말씀입니다. 아라한은 한문으로 번역하여 응공(應供) 즉, 공양을 받을 만한 분이며, 응진(應眞) 즉, 진리에 상응한 분으로서 대중으로부터 존경과 공양의 대상입니다. 그런 분이 계신 곳은 마을이나 들판, 산중이나 강가를 막론하고 찾아가서 공양 올리고 가르침을 받을 수 있는 축복의 자리가 됩니다. 만약 아라한이 안 계시다면, 훌륭한 수행자라도 찾아뵙고 공양 올리며, 설법을 듣는 기회라도 가질 수 있으면 좋겠지요.

99.

세속의　사람들은　멀리하는 곳
숲속은　고요하고　시원하지만
오로지　탐욕 떠난　수행자만이
그곳을　한가롭게　즐길 수 있네.

彼樂空閑 衆人不能 快哉無望 無所欲求

Inspiring, are the forests in which worldlings find no pleasure. There the passionless will rejoice, for they seek no sensual pleasures.

숲 속의 고요함을 찬탄하며, 탈속한 수행자가 머물고 즐길 수 있다는 말씀입니다. 보통 사람들, 일반 대중은 마을에 모여 살며, 시장이나 은행, 영화관과 극장, 음악이나 미술전시장, 운동경기장이나 수영장, 음식점이나 술집 등등, 그들의 욕구를 채워 주는 시설들을 갖추고 즐기며 살아갑니다. 그러나 숲속이나 산중에는 그런 인공적 시설이 없고 불편하며 자연 속에서는 고요함만 가득하지만, 출가 수행자들은 이렇게 한적한 숲을 그들의 거처와 도량으로 삼기를 좋아합니다.

8장

천 가지 것들

述千品 | 千數章 | The Thousands

100.

천마디　번거로운　잔소리 보다
한마디　깨침의 말　귀하다 하리.
헛되고　쓸데없는　말하기보다
한마디　일깨우는　말을 할지니.

雖誦千言 句意不正 不如一要 聞可滅意

Better than a thousand useless words is one useful word, hearing which one attains peace.

글을 읽거나 말하는 데도 이른바, '양(量)보다 질(質)'이 중요함을 강조한 말씀입니다. 긴 시간 동안 많은 말을 하여도 그 내용이 별로 도움이 되지 않으면 시간이 아깝게 느껴지고, 반면에 짧은 시간에 몇 마디 하지 않아도 감동과 큰 영향을 주기도 합니다. 나아가 "침묵이 웅변보다 낫다" 또는 "웅변이 은이라면, 침묵은 금이다"라는 격언이 되새겨집니다. 많은 말이라도 허황되거나 상황에 맞지 않는 말은 안 한 것만 못하니, 적은 말이라도 진실되고 상황에 알맞은 말을 하도록 해야겠지요.

101.

천 문장 부질없이 외우기보다
한 구절 도 이루는 새김이 낫네.
덧없이 알음알이 키우려 말고
실답게 수행하려 노력할지니.

雖頌千章 不義何益 不如一義 聞行可度

Better than a thousand verses is one useful verse, hearing which one attain peace.

설사 여러 문장을 외워도 그 뜻을 음미하지 못한다면, 한 구절이나 게송을 외우더라도 그 뜻을 되새기며 수행이나 생활의 좌우명 삼아 실현하느니만 못하다는 말씀입니다. 단순히 문장을 외우는 행위 자체는 번거롭기만 하지 별 효과는 없을 것입니다. 많이 외우며 단순한 기억력의 증가보다 깊이 생각하고 음미하는 사유력과 창조력의 확장이 더 중요합니다. 많이 읽고 외우면서도 깊이 생각하고 그 뜻을 실현하려 노력하면 바람직하겠지요.

102.

천 마디 외우는데 애쓰기 보다
일구로 집중수행 도 이룸 낫네.
바보가 이해없이 경을 읽음은
'수박의 겉핥기'와 다름없느니.

雖多誦經 不解何益 解一法句 行可得道

Better than reciting a thousand meaningless verses is the reciting one verse of Dharma, hearing which one attains peace.

여러 가지의 길고 짧은 경전과 게송들을 뜻도 모르고 읽거나 외는 것보다, 실제로 수행에 도움이 되는 한마디의 법구를 듣고 열반을 이루는 것이 낫다는 말씀입니다. 단순히 그 독송하는 행위 자체로 만족하거나 거기에서 그치면 이는 의식(儀式) 행위에 머물게 되고, 수행하여 증득하게 하려는 그 본래의 뜻은 이루지 못하게 됩니다. 부질없이 긴 경전을 읽는 데에만 급급하지 말고, 깨침을 주며 수행을 돕는 한 마디 화두에도 주목하고 집중하여 수행함이 바람직하다고 봅니다.

103.

천명의　　적과 싸워　　이긴 이보다
자기를　　이긴 분이　　더 큰 승리자.
보이는　　외부 적을　　이기는 이도
안 뵈는　　내부 적엔　　승리 어렵네.

千千爲敵 一夫勝之 未若自勝 爲戰中上

Though one may conquer a thousand times a thousand men in battle, yet he indeed is the noblest victor who conquers himself.

자기 자신과의 싸움 즉, 자기 내면세계의 부정적 요인들을 극복하고 올바른 일을 할 수 있는 사람의 훌륭함이, 천여 명의 적들과 천 번 싸워 이긴 사람보다 낫다는 말씀입니다. 밖의 보이는 적은 쉽게 이길 수 있는 장군도 자기 내부의 보이지 않는 적은 이기기 어렵습니다. 자기 자신을 조절할 줄 아는 이가 정말로 훌륭하고 진정한 승리자임에 유념하여, 마음을 맑히고 밝히며 내재된 지혜와 능력을 발휘할 수 있는 대장부, 인생의 진정한 승리자가 되어야겠습니다.

104.

남들과　　싸워 이긴　　승리자 보다
자기를　　이긴 분이　　위대하니라.
올바른　　뜻 지키고　　몸을 살펴서
평생을　　다하도록　　자제할지니.

自勝最賢 故曰人王 護意調身 自損至終

Self-conquest is far better than the conquest of others.

남들과의 싸움에 이김보다 자기 자신과의 싸움에 이김이 더 훌륭하다는 말씀입니다. 실제 전쟁에서는 물론, 운동경기나 문화적인 겨룸 내지 정치 사회적인 경선 등등, 다른 이들과의 다양한 경쟁에서 승리하기도 쉽지 않지만, 그러한 외적인 경쟁에서의 승리자보다도 자기 자신과의 싸움 즉, 다양한 상황에서의 부정과 부당한 유혹을 제어하고 정도를 가며 본분을 지키는 이가 더 훌륭하다는 평가에 유념하여, 자기 극복과 관리에 충실하여야 하겠습니다.

105.

하늘의　　신들이나　　천신은 물론
마왕도　　자기승자　　못 이기리라.
아만이　　있는 이는　　공격하지만
무아의　　수행자는　　어쩔 수 없네.

雖曰尊天 神魔梵釋 皆莫能勝 自勝之人

Not even a god, an angel, Mara or Brahma can turn into defeat the victory of such a person who is self-subdued and ever restrained in conduct.

자기를 이기는 이는 하늘의 왕이나 신들과 천신들 및 마왕과 그 무리들도 이길 수 없다는 말씀입니다. 앞의 다양한 표현 모두 자기승자의 중요성을 강조해 보이는 가르침들이니, 어떤 한 구절이라도 명심하여 그 뜻을 항상 기억하고 자기 절제와 수행에 정진해 나가면 좋을 줄 압니다. 가장 가까운 자기 스스로와의 대결이 가장 쉬울 것 같으면서도 가장 어려움을 체험하고 실감하며, 방심하지 말아야 하겠습니다.

106.

다달이　천 번 제사　백년을 해도
수행자　한번 공양　비교 안 되네.
아무리　유위공덕　짓는다 해도
잠시의　무위수행　미칠 수 없네.

月千反祠 終身不輟 不如須臾 一心念法 一念造福
勝彼終身

Though month after month for a hundred years one should offer sacrifices by the thousands, yet if only for a moment one should worship those of perfected minds that honor is indeed better than a century of sacrifice.

바라문교 신자들처럼 자기들의 신에 많은 희생과 공양을 끊임없이 하여 죽을 때까지 수천 번을 한다고 해도 그 공덕은, 온전한 마음을 지닌 수행자에게 잠시 예배 공양함만 못하다는 말씀입니다. 진정한 수행자를 만나고 예배 공양함이 얼마나 훌륭한 일인가를 깨우쳐줍니다. 불교계 내에서도 불상에 온갖 공양의례를 하며 평생 복을 비는 것보다 도인 스님께 설법을 듣고 수행함이 오히려 가치가 있다고 볼 수 있습니다.

107.

백년을　　숲속에서　　불 공양해도
잠시의　　삼존공양　　비교 안 되리.
허황한　　외도 숭배　　오래함보다
잠시의　　삼보 참배　　더욱 훌륭해.

雖終百歲 奉事火祠 不如須臾 供養三尊 一供養福 勝彼百年

Though for a hundred years one should tend the sacrificial fire in the forest, yet if only for a moment one should worship those of perfected minds that worship is indeed better than a century of sacrifice.

숲속이나 산중에서 백년동안 신들에게 희생공양을 드려도, 한순간 진정한 수도자에게 경배하고 깨우침을 얻는 것만 못하다는 말씀입니다. 한평생을 단순히 형식적인 의례와 관행을 답습하기보다, 한순간이라도 스스로 공부하고 수행함이 더 가치 있는 일이며, 그러기 위해서는 훌륭한 스승을 찾아 가르침을 구하는 것이 바람직하다고 강조함을 명심하여 구도 수행에 정진하여야겠습니다.

108.

제물로 신들에게 복을 빎 보다
수행자 공양함이 더욱 수승해.
외도에 환상으로 기원함 보다
자각해 수행함이 무척 귀하네.

祭神以求福 從後望其報 四分未望一 不如禮賢者

Whatever gifts and oblations one seeking merit might offer in this world for a year, all that is not worth one fourth of merit gained by revering the Upright Ones, which is truly excellent.

한 해 동안 온갖 공물을 바치며 신에 제사를 지내고 복을 비는 공덕이 현인이나 훌륭한 수행자를 잠시 예경하고 가르침을 받는 것의 사분의 일 정도도 되지 않는다는 말씀입니다. 신에게 또는 불상에 복을 비는 것은 스스로의 운명과 행복을 스스로 추구함과 비교할 수 없으니, 그러려면, 부처님의 가르침을 잘 배우고 현명한 스승 즉, 훌륭한 스님을 찾아뵙는 것이 복을 비는 것보다 몇 배 낫다고 할 수 있습니다. 정작 그러한 훌륭한 분을 찾을 수 없다면, 경전이나 조사어록을 참고하면 되겠지요.

109.

어른들 공경함에 따르는 복은
미모 및 건강 장수 평안함이리.
평생을 고결하게 수행하는 분
노승을 공경함에 공덕 크리니.

能善行禮節 常敬長老者 四福自然增 色力壽而安

To one ever eager to revere and serve the elders, these four blessings accrue long life and beauty, happiness and power.

훌륭한 노스님들을 공경하고 가르침을 받아 수행하면, 건강하고 보기 좋으며 오래 살고 평안을 누릴 수 있는 네 가지 축복을 얻을 수 있다는 말씀입니다. 평생을 수행 정진하신 어른 스님들을 모실 수 있다면, 그러한 인연 자체가 다행스럽고 축복 받은 것이라 할 수 있습니다. 주위에 그러한 어른이 없거나, 있어도 모실 기회가 없으면 찾고 만들어야 하는데, 그런 분이 있어도 무심하고 소홀히 한다면 박복하고 불행한 소치라고 할 수 밖에 없겠지요.

110.

하루를 살더라도 계를 지키며
고요히 마음 닦는 수행 정진이
백년을 계행 없이 방일하면서
함부로 삶보다 더 가치 높거니.

若人壽百歲 遠正不持戒 不如生一日 守戒正意禪

Better it is to live one day virtuous and meditative than to live a hundred years immoral and uncontrolled.

하루를 살아도 계행을 지키며 참선 수행을 하는 살림이, 무도하게 백년을 사는 것보다 낫다는 말씀입니다. 잘 산다는 것은 도덕적으로 올바르고 마음이 평안하며 지혜롭게 사는 것을 가리키고, 잘 못 삶은 그 반대이겠지요. 그러므로 하루라도 계를 지키며 마음을 닦는 올바른 삶이, 백년을 무절제하게 함부로 사는 것보다 바람직하다는 가치관에 유념하고, 무의미하고 무가치하게 오래 살려고 하기보다, 짧으나마 뜻깊고 값진 삶을 살려고 노력하여야겠습니다.

111.

마음이 고요하게 깨어있으며
올바로 슬기롭게 사는 하루가
꿈같이 어리석게 백년 삶보다
뜻 깊고 바람직한 좋은 삶이리.

若人壽百歲 邪爲無有智 不如生一日 一心學正智

Better is to live one day wise and meditative than to live a hundred years foolish and uncontrolled.

참선 명상을 하며 지혜롭게 하루를 삶이 무절제하고 어리석게 백년을 사는 것보다 낫다는 말씀입니다. 어리석고 방탕하게 꿈을 꾸듯이 사는 백년의 삶보다 지혜롭게 깨어 있는 하루의 삶이 가치 있고 중요함을 일깨우고 있습니다. 세속적 탐욕과 집착으로 번뇌와 망상에 허덕이는 고통스러운 백년의 삶보다, 해탈 열반의 고요한 행복을 누리는 하루가 더 귀중함에 무슨 설명이 더 필요하겠습니까!

112.

힘차게　부지런히　애를 쓰면서
수행에　정진하는　하루 살림이
게을리　부질없게　헛짓하는 삶
덧없는　백년보다　낫다고 하리.

若人壽百歲 懈怠不精進 不如生一日 勉力行精進

Better it is to live one day strenuous and resolute than to live a hundred years sluggish and dissipated.

나약하고 게으르며 소극적인 삶과 활기차고 부지런히 열심히 사는 적극적인 삶을 대비하여, 하루를 살더라도 진취적이고 창조적인 수행의 삶을 사는 것이 낫다고 깨우치는 말씀입니다. 삶의 목적에 대한 동기와 의지가 건전하고 그를 이루려는 과정에 노력과 정진이 있으면 당연히 그 결과가 좋게 나타나게 되겠고, 반면에 목적의식도 없고 노력도 없이 게으르고 부실하게 산다면 거기엔 기대할 것이 없겠지요. 다행스럽게 맞은 귀한 인생에 하루라도 매 순간 최선을 다해 정진하여야겠습니다.

113.

세상의 흥망성쇠 아는 하루가
모르는 백년보다 낫다고 하리.
시간을 초월하여 실상을 보며
현상의 출몰들을 통찰할지니.

若人壽百歲 不知成敗事 不如生一日 見微知所忌

Better is to live one day seeing the rise and fall of things than to live a hundred years without ever seeing the rise and fall of things.

건전한 인생관을 가진 사람과 그렇지 못한 사람의 삶을 비교해 보이는 말씀입니다. 사람이 자기의 생사 시종 및 흥망성쇠의 인연과 진행을 알고 하루를 삶이, 아무 의식과 견해도 없이 되는대로 백년을 사는 것보다 중요하다고 강조합니다. 깨어 있는 하루를 살려는지, 꿈꾸듯 백년을 살려는지 그 가치와 의미에 대한 판단과 선택은 각자에 달렸겠지만, 서로 경책하고 탁마하며 아쉬움이 없는 삶을 살도록 하여야 하겠습니다.

114.

해탈의　　자유 누린　　하루 살림이
얽매인　　백년보다　　낫다고 하리.
생사의　　목마른 길　　어서 벗어나
열반의　　감로수를　　마셔 즐기리.

若人壽百歲 不見甘露道 不如生一日 服行甘露味

Better it is to live one day seeing the Deathless than to live a hundred years without ever seeing the Deathless.

보통 중생들이 태어나면 마침내 죽게 되고 업에 따라 윤회하며 생사의 반복을 한없이 되풀이하게 되는데, 죽음이 없는 해탈 열반의 보람을 누릴 수 있는 하루가 그렇지 못한 백년의 삶보다 더 낫다는 말씀입니다. 탐욕과 분노 등의 번뇌와 고통의 불길이 치성하여 타는 목마름에 허덕이는데, 무욕과 자비를 수행하여서 시원한 열반의 감로수를 마시는 보람을 누려야 하겠습니다.

115.

위없는　　진리 깨친　　하루 살림이
무지한　　백년보다　　귀한 줄 알리.
어둠 속　　백년 걸음　　고생길보다
법 밝은　　하룻길이　　보람 크리니.

若人壽百歲 不知大道義 不如生一日 學推佛法要

Better it is to live one day seeing the Supreme Truth than to live a hundred years without ever seeing the Supreme Truth.

하루를 살더라도 견성 성불의 대도를 알고 가는 최상의 삶이 그렇지 못한 어리석은 백년의 삶보다 낫다는 말씀입니다. 비록 어렵지만 과감한 도전을 하고 엄청난 시련을 거쳐서 최고의 정상에 올라 잠시라도 머물렀던 사람과, 아예 등정의 엄두도 못내고 등산을 포기하여 산기슭에서 오래도록 서성이던 사람의 경험세계는 얼마나 다를지 짐작할 수 있습니다. 마음을 집중하여 매 순간 진리의 길, 깨침의 등산길에 등정의 정성을 기울여 봅시다.

9장

나쁜 행동들

惡行品 | 邪惡章 | Evil

116.

착한일　　하는 데에　　부지런하고
악한일　　하지않게　　살펴야 하리.
좋은일　　하는 데에　　소홀하면은
나쁜 짓　　하는 데에　　빠지기 쉽네.

見善不從 反隨惡心 求福不正 反樂邪淫

Hasten to do good; restrain your mind from evil. He who is slow in doing good, his mind delights in evil.

인간의 속성과 습관에 대하여 관심을 일으키고, 늘 착한일과 좋은 일을 마음에 생각하며, 그 생각한 바를 부지런히 실천하는 사람은 악한 일과 나쁜 일을 생각하고 저지를 겨를이 없으리라는 말씀입니다. 착한 일과 좋은 일을 하는데 머뭇거리고 게을리 하면, 악한 일과 나쁜 짓에 끌려가기 쉬운 것이 현실입니다. 이를테면, 힘이 있는 이가 그 힘을 좋은 일에 잘 쓰면 훌륭한 인물이 되어 칭찬과 존경을 받게 되고, 반면에 그 힘을 나쁜 일에 쓰면 도적이 되어 비난과 경멸을 받게 됨을 봅니다.

117.

누군가 나쁜 일을 저질렀다면
다시는 되풀이를 못하게 하라.
악행에 거리낌을 못 느낀다면
괴로움 쌓는 일이 끊임없으리.

人雖爲惡行 亦不數數作 於彼意不樂 知惡之爲苦

Should a person commit evil, let him not do it again and again. Let him not find pleasure therein, for painful is the accumulation of evil.

만약 누가 나쁜 일을 하려 한다면, 그를 깨우쳐서 못하도록 하여 악업으로부터의 과보로 고통을 받지 않도록 거듭 충고하라는 말씀입니다. 누군가를 아끼고 사랑한다면 악한 일을 하지 않도록 잘 이끌어 줌이 도리일 줄 압니다. 불의의 실수라도 반복하여 나중에 후회하는 불행을 막아주는 것도 인연 있는 이들의 배려라고 할 수 있겠습니다. 누구라도 악의 구렁으로 빠져드는 이웃을 본다면 지혜와 자비심으로 구제하도록 노력하여야 하겠지요.

118.

누군가　착한 일을　이루었다면
그 일을　끊임없이　하도록 하리.
착한 일　하는 데엔　보람 있으며
거기에　즐거움을　느끼게 되리.

人能作其福 亦當數數造 於彼意須樂 善受其福報

Should a person do good, let him do it again and again, for blissful is the accumulation of good.

좋은 일을 한 사람을 보고는 계속 그 일을 해나가도록 칭찬하고 격려하며 마침내 그 결과로 행복을 누릴 수 있도록 하라는 말씀입니다. 남의 기쁨을 함께 기뻐하고 슬픔을 함께 슬퍼함이 자비의 본뜻이라고 하듯이, 누군가 나쁜 일을 계속하여 고통을 당하게 됨을 막고, 좋은 일을 끊임없이 하여 즐거움을 누릴 수 있도록 함도 자비심의 발로라고 할 수 있습니다. 남의 잘못을 슬퍼하고 잘한 일을 기뻐하는 열린 마음을 갖고 선의의 충고와 칭찬의 공덕을 쌓도록 하여야겠습니다.

119.

나쁜 일 하는 이도 때가 되어서
벌 받기 전까지는 함부로 하네.
그러나 죄가 익어 때가 되면서
고통의 재난 당해 후회하리라.

妖孼見福 其惡未熟 至其惡熟 自 受惡虐

It may be well with the evil-doer as long as the evil ripens not. But when it does ripen, then the evil-doer sees (the painful results of) his evil deeds.

인연 업보의 진행에 있어서, 업에 따라 그 과보가 빨리 나타나기도 하고 늦게 나타나기도 하는데, 나쁜 일을 저질러도 곧바로 그 과보가 보이지 않는다고 방심하며 참회하지 않는다면, 마침내 때가 되어 재앙을 당하고 후회하게 된다는 말씀입니다. 이를테면, 다른 사람을 해치거나 물건을 훔치고는, 곧바로 수사기관에 발각되지는 않아 당장은 무사히 지내고 있는 듯하지만, 언젠가는 발각될 것이며 소환이나 체포 및 구금되고 법의 심판을 받아 대가를 치르게 되는 경우를 봅니다.

120.

좋은 일　하는 분도　때에 따라서
괴로움　당할 경우　없지 않지만
언젠가　때가 되어　복을 받으며
보람과　즐거움을　누리게 되리.

禎祥見禍 其善未熟 至其善熟 必受其福

It maybe ill with the doer of good as long as the good ripens not. But when it does ripen, then the door of good sees (the pleasant results of) his good deeds.

착하게 살면서 당장은 곤궁하거나 괴로움을 당하더라도, 때가 되면 선행에 보람을 느끼고 행복을 누릴 수 있다는 말씀입니다. 이를테면, 남들은 돈을 벌거나 노는데 열중하는 동안, 학문과 연구나 실험을 하면서 가난과 불편에 시달리지만, 나중에 그 결과로 부자가 되거나 연구 성과와 공로를 인정받아서 보상을 누리는 경우를 봅니다. 수행자도 당장은 힘들고 외롭지만, 나중에는 도를 이루어 영원한 행복을 얻고 사회적 존경과 신뢰를 받으며 보람을 누리게 됩니다.

121.

바보는 상관없다 허세부리며
나쁜 일 저지르다 세월이 가면
동이에 물방울이 모여 넘치듯
언젠가 죄가 차면 벌 받으리라.

莫輕小惡 以爲無殃 水滴雖微 漸盈大器 凡罪充滿 從小積成

Think not lightly of evil, saying, "It will not come to me." Drop by drop is the water pot filled. Likewise, the fool, gathering it little by little, fills himself with evil.

처음에는 나쁜 일을 적게 하면서, 자기는 그 과보를 받지 않으리라고 방심하고 그 나쁜 짓을 계속하다가, 방울물이 모여 동이를 채우듯이, 나중에는 큰 벌을 받게 된다는 말씀입니다. 이를테면, 작은 병도 방심하고 키워서 나중에 고치기 어렵게 되어 고통 속에서 후회하고 마침내 사망하는 경우도 있습니다. 악은 미리 예방하여야 하고, 만일 발견되면 즉시 처치하여 재발 방지를 하여야지, 방치하면 그 악폐가 쌓여 파멸에 이르게 됨에 유념하고, 조그만 악의 제거에도 소홀히 하지 말아야겠습니다.

122.

지인은 작은 선행 소홀히 않고
꾸준히 노력하여 키워가면서
방울 물 모여 쌓여 그릇 채우듯
성의로 큰 공덕을 이뤄나가네.

莫輕小善 以爲無福 水滴雖微 漸盈大器 凡福充滿 從纖纖積

Think not lightly of good, saying, "It will not come to me." Drop by drop is water pot filled. Likewise, the wise man, gathering it little by little, fills himself with good.

슬기로운 이는 조그만 선행을 하면서 겸손하게 그 과보를 기대하지 않는다고 하지만, 그러한 선행을 계속해나가면 마침내 큰 공덕을 성취하고 큰 보람을 누린다는 말씀입니다. 누구나 주어진 현실여건과 자기 상황을 직시하여, 신념과 용기를 갖고 건전한 목적을 위해 차근차근 부지런히 수행 정진한다면, 당장은 크게 드러나지 않을 수도 있지만, 마침내 그 결과도 마땅히 좋을 것이고, 그 과정에서도 보람을 느낄 수 있음이 분명합니다.

123.

호위는　적으면서　재물 많은 이
위험한　여행길은　피하듯 하여
생명을　아끼면서　화를 면하듯
지혜가　있는 분은　악을 피하네.

伴少而貨多 商人怵惕懼 嗜欲賊害命 故慧不貪慾

Just as a trader with a small escort and great wealth would avoid a perilous route, or just as one desiring to live avoids poison, even so should one shun evil.

멀리 떠나는 대상이 재물은 많고 호위는 적으면 도적이 있으리라 짐작되는 위험한 길을 피해가듯이, 건강하게 살아가고자 하는 사람은 미리 중독되지 않으려고 악을 멀리하게 된다는 말씀입니다. 성급하게 빨리 가고자 하면 장애가 많고 하여 낭패되기 쉬우며, 문란하고 방탕하게 생활하면 온전한 건강과 평안을 얻을 수 없으므로, 슬기로운 사람은 미리 그 악독한 길을 가지 않고 올바른 길을 찾아서 차분히 걷습니다. 특히 수행자들은 좋은 도반을 찾아 정진하여야겠습니다.

124.

상처가　　없는 손은　　독을 만져도
그 손에　　스며들지　　못함과 같이
선량한　　사람에겐　　악일지라도
범하지　　않으므로　　손해가 없네.

有身無瘡疣 不爲毒所害 毒奈無瘡何 無惡所造作

If on the hand there is no wound, one may carry even poison in it. Poison does not affect one who is free from wounds. For him who does no evil, there is no ill.

독이라도 상처가 있어야 그 틈으로 스며드는데, 상처가 없는 손은 설사 독을 만져도 위험하지 않듯이, 악을 저지르지 않으면 병에 걸리지 않으리라는 말씀입니다. 벽에 틈이 생기지 않으면 바람이 들어올 수 없듯이, 수행자가 한눈을 팔거나 게으르지 않고 수행에 정진하면 마장이 없으며, 설사 혼탁한 세상에 나아가더라도 정념을 갖고 정진하면 오염되지 않고 수행 정진할 수 있습니다. 진흙 속에서도 연꽃이 피어나듯이...

125.

바람에　　거슬러서　　먼지 뿌리듯
훌륭한　　사람에게　　해를 끼치려
무참히　　올바른 뜻　거스른다면
그 화는　　바보에게　　돌아가리라.

加惡誣罔人 淸白猶不汚 愚殃反自及 如塵逆風坌

"Like fine dust thrown against the wind, evil falls back upon that fool who offends an inoffensive, pure and guiltless man."

슬기롭게 상황 파악을 잘하여서 올바른 방향으로 진행해야지, 어리석은 바보처럼 잘못 판단하여 역행하면 화를 당할 수 있다는 말씀입니다. 특히 허물없이 선량한 사람을 까닭 없이 해를 끼치려 하는 사람은 그 과보로 자기 자신에게 재앙을 부르는 것이, 불어오는 바람에 흙먼지를 뿌려서 스스로 뒤집어쓰는 경우와 같다고 깨우칩니다. 남을 시기 질투하고 무고로 음해하려는 악인의 어리석음을 지적하고 경책하는 말씀이니, 유념하고 조심해야 하겠습니다.

126.

일부는　죽은 뒤에　태 속에 나고
악인은　그 업으로　지옥에 나며
선인은　하늘나라　태어나지만
무위의　수행자는　열반에 가리.

有識墮胞胎 惡者入地獄 行善上昇天 無爲得泥洹

"Some are born in the womb; the wicked are born in hell; the devout go to heaven; the stainless pass into Nibbana."

사람답게 살았으면 사람으로 다시 태어나고, 짐승처럼 살았으면 짐승의 태 가운데 태어나며, 심한 악업을 지은 이는 지옥으로 가서 태어나고, 선업을 쌓은 이는 천상에 태어나지만, 무루의 수행을 한 이는 나고 죽음이 없는 열반을 누린다는 말씀입니다. 유위(有爲) 또는 유루(有漏)의 업을 지으면 그 업대로 태어나며 한없는 윤회를 거듭하겠지만, 무위 또는 무루의 수행자는 생사해탈을 이루고 자유자재할 수 있으니, 생사윤회의 길과 열반해탈의 길목에서 어느 길을 선택하여 가겠는지요?

127.

하늘과 바다 또는 산속까지도
이 세상 어디에나 악업 재앙은
피할 수 있는 곳이 전혀 없으니
악업을 안 지으면 편안하리라.

非空非海中 非隱山石間 莫能於此處 避免宿惡殃

"Neither in the sky nor in mid-ocean, nor by entering into mountain clefts, nowhere in the world is there a place where one may escape from the results of evil deeds."

악업을 지으면 피할 수 없이 언제 어디서라도 마침내 그 업보를 받게 되므로, 하늘과 바다나 산으로 도망쳐서 숨을 곳을 찾아 헤매도 결국 재앙을 만나게 될 것이니, 재앙을 만나지 않으려면 애초에 악업을 짓지 않음이 최선이라는 말씀입니다. 누구라도 인과의 도리를 벗어날 수 없으니, 스스로 악업을 짓거나 선업을 쌓을지를 잘 판단하고 선택하여 잘 살기를 권하는 이 가르침을 명심하고 모두 슬기롭게 살도록 노력하여야 하겠습니다.

128.

산이나　바다 또는　하늘까지도
온 누리　어느 곳을　찾아보아도
죽음을　피할 곳은　전혀 없으니
오로지　안전한 곳　열반뿐이리.

非空非海中 非入山石間 無有他方所 脫之不受死

"Neither in the sky nor in mid-ocean, nor by entering into mountain clefts, nowhere in the world is there a place where one will not be overcome by death."

누구나 하늘과 바다나 산 속으로 숨는 등, 어느 곳에 가더라도 죽음은 피할 수 없음을 깨우치는 말씀입니다. 태어난 몸은 아무리 버티어도 반드시 물리적으로 죽을 수밖에 없지만, 그 나고 죽는 윤회를 벗어날 수 있는 길은 오직 열반을 성취하는데 있으므로, 부처님과 조사님들이 이미 열반의 문은 열어 놓으셨으니, 다만 그 안으로 들어가기를 결심하고 수행함으로써 생사해탈 길에 정진하면 되겠습니다.

10장

폭력의 열매

刀杖品 | 懲罰章 | Violence

129.

모두가　폭력 앞엔　무서워하고
죽음을　두려워함　한결 같아라.
스스로　남의 입장　공감하면서
살생과　폭행들을　하지 말지니.

一切皆懼死 莫不畏杖痛 恕己可爲譬 勿殺勿行杖

"All tremble at violence; all fear death. Putting oneself in the place of another, one should not kill nor cause another to kill."

누구나 죽음을 무서워하고, 어떤 폭력도 두려워함은 보편적인 현상이며 인지상정이니, 남의 입장에서 역지사지하라는 말씀입니다. 자기가 무서워하고 겁내는 일은 다른 이도 똑같이 느낄 줄 알고, 남을 괴롭히거나 해치는 일, 나아가 죽이려는 일은 삼가고 피해야 한다는 경책입니다. 이 평범해 보이지만 가장 중요한 명제를 항상 명심하고 유념하여 남을 괴롭히거나 죽이려 하지 않을 뿐 아니라, 남을 두려움에서 구하고 살려내며 보호해주는 자비심을 내어야 하겠습니다.

130.

누구나 괴롭힘과 죽음 꺼리고
살기를 좋아함은 함께 느끼니
스스로 남의 입장 바꿔 보면서
죽임과 괴롭힘은 하지 말지니.

遍於諸方求 念心中間察 頗有斯等類 不愛己愛彼
以己喻彼命 是故不害人

"All tremble at violence; life is dear to all. Putting oneself in the place of another, one should not kill nor cause another to kill."

모두가 살기를 바라는 점을 강조하며, 자기와 다른 이들의 입장을 감안하여 남을 해치거나 죽이려 하지 말라는 말씀입니다. 모든 생명은 살기를 바라고 죽기를 두려워함은 보편적 현상이니, 자기가 꺼리는 일을 남에게 하지 말기를 바라는 바, 황금률의 하나라고 할 수 있습니다. 이러한 자명한 도리를 잘 지켜서, 자비심으로 다른 생명을 보살피는 일이 불자들의 기본 덕목이며, 수행자들이 솔선수범해야 할 필수적인 계행의 하나라고 할 수 있습니다.

131.

스스로 행복하길 바라면서도
행복을 추구하는 다른 사람을
억눌러 괴롭히는 무뢰한들은
자기의 행복마저 못 이루리라.

善樂於愛欲 以杖加群生 於中自求安 後世不得樂

"One who, while himself seeking happiness, oppresses with violence other beings who also desire happiness, will not attain happiness hereafter."

모든 살아있는 존재는 행복을 바라고 추구한다고 생각할 때에, 자신은 행복하기를 바라면서 남의 행복을 폭력으로 짓밟는 일을 하지 말라는 말씀입니다. 남의 행복을 해치는 사람은 인과의 업보로 자기의 행복도 이루기 어려울 것이므로, 남의 행복을 파괴하는 행위는 삼가야 하며, 다른 이의 행복을 돕는 일이 자신의 행복을 이루는 길임을 가르치고 있습니다. 나와 남이 하나라고 알고, 자기와 남 모두에게 이익되게 하는 바, 동체대비(同體大悲) 이념의 보살도 수행과 실현에 정진해야 하겠습니다.

132.

스스로 행복하려 하는 사람은
행복을 추구하는 다른 사람을
억눌러 해 끼치지 아니하리니
마침내 행복함을 이룰 수 있네.

人欲得歡樂 杖不加群生 於中自求樂 後世亦得樂

"One who, while himself seeking happiness, does not oppress with violence other beings who also desire happiness, will find happiness hereafter."

다른 사람의 행복을 폭력으로 억누르거나 해치지 않고 도와주는 사람은 자기의 행복을 이룰 수 있음을 가르치는 말씀입니다. 자신만을 생각하는 이기주의적인 사람은 자기의 이익과 행복을 이루기도 어렵지만, 남을 자기처럼 배려하고 보살피며 행복하도록 하는 사람은, 자기의 행복 또한 이루게 됨을 강조하는 것으로, 남을 이롭게 하고 행복하게 함이 곧 자기를 이롭게 하고 행복하게 함임을 알 수 있습니다. '자리이타(自利利他)'의 대승정신으로 뭇 생명들이 행복하도록 수행하여야 하겠지요.

133.

언제나　험한 말을　하지 말지니
나중에　메아리로　되돌아오리.
성내서　하는 말은　남을 해치고
마침내　복수로써　화를 당하리.

不當麤言 言當畏報 惡往禍來 刀杖歸軀

"Speak not harshly to anyone, for those thus spoken to might retort. Indeed, angry speech hurt, and retaliation may overtake you."

말을 함부로 하여 남에게 해를 끼치는 구업을 경계하는 가르침입니다. 언어생활에도 인과가 있는 만큼, 남에게 못된 말을 하면 그 결과로 당사자에게도 똑같은 또는 비슷한 과보를 받을 것이 분명할 것입니다. 만약 남을 이유 없이 모욕하거나 모함하든지 또는 사실과 달리 음해하려는 말을 한다면 사회법적으로도 제재와 처벌을 받을 수 있습니다. 욕설을 하거나 거짓말 또는 이간질하는 말들을 삼가고, 진실하고 유익한 말을 품위 있게 하는 언어생활을 하도록 유념해야겠습니다.

134.

종소리 은은하듯 착한 말하고
고요히 부질없는 말 않는다면
그대는 열반언덕 도달하여서
시비와 시끄러움 벗어나리라.

出言以善 如叩鐘磬 身無論議 度世卽易

"If, like a broken gong, you silence yourself, you have approached Nibbana, for vindictiveness is no more in you."

말을 할 경우는 착하고 부드럽게 하여, 듣는 이로 하여금 반갑고 다정하며 이익이 되도록 하고, 부질없는 말은 삼가며 되도록 침묵한다면, 세상의 시끄러움을 벗어나 고요한 열반에 다가가게 되리라는 말씀입니다. 말은 마음과 의지를 표현하는 것이니, 공부와 수행을 통해 마음을 평안하고 자비롭게 한다면 말도 올바르고 부드럽게 하여 남을 이롭게 하며 환영받는 언어생활을 할 수 있을 것입니다.

135.

목동이　회초리로　소를 몰듯이
늙음과　죽음 역시　윤회로 쫒네.
스스로　주인되어　자유 누리며
생사를　초월하여　해탈할지니.

譬人操杖 行牧食牛 老死猶然 亦養命去

"Just as a cowherd drives the cattle to pasture with a staff, so do old age and death drive the life force of beings (from existence to existence)."

태어나서는 늙고 병들어 죽는 보통의 살림살이 즉, 업에 따라 끊임없는 윤회의 진행을 소치는 목동이 소를 회초리로 이끌어 감과 비유하고, 그 윤회의 진행을 이끄는 촉매가 늙음과 죽음이라는 말씀입니다. 목동의 회초리에 의해 움직이는 소나 생노병사에 의해 윤회하는 인간이나 마침내 피동적 살림살이를 벗어나 해탈 자재를 누리는 길을 찾아가야 하겠지요. 생사 윤회의 길을 떠나, 해탈 열반의 길을 가려는 수행 의지와 원력을 갖고 실현되도록 노력해 나가야 하겠습니다.

136.

바보는　나쁜 일을　저지를 때에
그 행위　나쁜 것을　깨닫지 못해
불 만져　스스로가　화상 입듯이
재앙을　불러들여　괴로워하네.

愚惷作惡 不能自解 殃追自焚 罪成熾然

"When the fool commits evil deeds, he does not realize (their evil nature). The witless man is tormented by his own deeds, like one burnt by fire."

어리석은 사람은 나쁜 일을 하면서도 그 일이 나쁜 줄을 모르고 저질러, 나중에 그 과보로 괴로움을 당할 때에 후회를 하게 됨이, 불에 화상을 입게 될 줄도 모르고 불덩이를 만지듯 한다는 말씀입니다. 슬기로운 사람은 무슨 일을 할 때에 그 일을 잘 생각하고 올바로 진행하면서 그 결과를 예측할 수 있습니다. 설사 법을 모르고 죄를 저지르더라도 법에 따라서 벌을 받게 됨은 피할 수 없을 터이니, 하는 일의 성격과 목적 및 결과를 제대로 알고 행하여야 후회가 없게 됩니다.

137.

선량한 비무장인 폭행을 하고
공연히 괴롭히며 공격하면은
그 죄과 십 배로써 다음과 같은
큰 벌을 머지않아 받게 되느니.

毆杖良善 妄讒無罪 其殃十倍 災迅無赦

"He who inflict violence on those who are unarmed, and offends those who are inoffensive, will soon come upon one of these ten state"

방어할 능력이나 준비도 없는 약한 사람에게 아무런 까닭도 없이 폭력을 행사하고 괴롭히면 그 과보로 다음 구절에 이어서 열거하는 재앙을 곧 받으리라는 경책의 말씀입니다. 힘없고 순진한 사람을 도와주지는 못할 망정, 괴롭히고 해치는 폭력배는 그 죄에 상응하는 벌과 응징을 받음으로써 합당한 정의가 실현되리라는 것이라 할 수 있겠습니다. 계행을 지키고 마음을 닦아 자비를 실현해야 하겠습니다.

138-140.

매서운 통증이나 천재와 지변
육체의 부상들과 심한 난치병
정신의 혼란이나 관공서 제재
무거운 벌금이나 친척의 망실
재산의 상실이나 가옥의 화재
살아서 온갖 고통 시달리다가
죽어선 업보로써 지옥 보내져
온몸이 쪼개지는 고통 받으리.

生受酷痛 形骸毀折 自然惱病 失意恍惚 人所誣咎 或縣官厄 財産耗盡 親戚別離 舍宅所有 災火焚燒 死入地獄 如是爲十

"Sharp pain, or disaster, bodily injury, serious illness, or derangement of mind, trouble from the government, or grave charges, loss of relatives, or loss of wealth, or houses destroyed by ravaging fire, upon dissolution of the body that ignorant man is born in hell."

바로 앞 구절에서 언급한 열 가지 재앙에 대한 말씀으로, 개인의 몸이나 정신의 부상과 질병 및 재산 손실, 가정 내지 친척에게까지 미치는 고통스러운 천재 및 관재, 나아가 죽어서 지옥에 보내져 받는 극심한 고통 등등, 그 죄업의 규모와 질에 따라 크고 작은 다양한 벌을 받게 됨을 예로 들어 보여 줍니다. 만약 누군가 뜻하지 않은 재앙을 만나고, 그 원인을 알 수 없다면, 이는 아마 과거에 저질렀던 악업의 과보라고 생각할 수 있겠지요.

141.

벗거나 풀과 돌로 몸을 덮든지
오물을 바르거나 굶을지라도
삿되고 어리석어 헛짓 하면은
무엇도 깨달음에 도움 안 되리.

雖裸剪髮 被服草衣 沐浴踞石 奈痴結何

"Neither going about naked, nor matted locks, nor filth, nor fasting, nor lying on the ground, nor smearing oneself with ashes and dust, nor sitting on the heels (in penance) can purify a mortal who has not overcome doubt."

고행자들은 해탈을 위하여, 무덥거나 추울 때도 몸에 옷을 전혀 걸치지 않거나, 풀이나 돌멩이들로 옷을 만들어 입기도 하고, 혹은 더러운 재나 흙먼지를 몸에 바르기도 하며, 금식을 하거나 맨땅에 누워지내기도 하고 몸을 움직이지 않거나 비틀어 앉고, 거꾸로 서거나 등등의 다양하게 몸을 학대하며 육체의 욕망을 극복하려는 수행을 하지만. 마음의 욕망을 조복하지 못하면 육신을 아무리 괴롭혀도 심신을 정화하거나 깨달음을 이루고 해탈을 얻을 수 없다는 말씀입니다.

142.

아무리 잘 단장한 인물이라도
마음을 가라앉혀 자비로우면
거룩한 삶을 사는 수행자로서
출가해 홀로 사는 성자 아닐까.

自嚴以修法 滅損受淨行 杖不加群生 是沙門道人

"Even though he be well-attired, yet if he is poised, calm, controlled and established in holy life, having set aside violence towards all beings -- he, truly, is a holy man, a renunciate, a monk."

설사 옷을 잘 차려입고 몸을 단정히 하지만 그 마음을 침착하게 하고 자유자재로 통제할 수 있으며, 다른 이들을 괴롭히거나 해를 끼치지 않고 거룩한 종교생활을 하는 이는 세속을 떠나 홀로 수행하는 성자라고 할 만하다는 말씀입니다. 진정한 수행자 또는 성자의 진면목은 고행을 하는듯한 수행의 겉모습에 있지 않고, 정신적 내면세계의 정화와 성숙에 있다는 가르침이니 유념하여야 하겠습니다.

143.

채찍을　　피해 가는　　준마와 같이
드물게　　이 세상에　　훌륭한 분은
어떠한　　부정 혐의　　받지 않으며
겸손히　　자기 조절　　잘하는 인물.

世黨有人 能知慙愧 是名誘進 如策良馬

"Only rarely is there a man in this world who, restrained by modesty, avoids reproach, as a thoroughbred horse avoid the whip."

세상에는 드물게 훌륭한 인물이 있으니, 채찍을 피해 달리는 훌륭한 말과 같이, 항상 겸손하고 자제하며 남으로부터 어떤 나쁜 혐의나 비난을 받지 않는 사람을 일컫는다고 할 수 있다는 말씀입니다. 어떤 일을 하더라도 미리 살펴서 어떤 잘못도 저지르지 않고 올바르게 하며, 남의 불신과 혐의를 일으키지 않고 비난이나 질시를 받지 않는, 공정하고 진실하며 지혜로운 사람이 되기를 권장하면서, 그러기 위해서는 특히 하심하고 겸손하며, 절제된 생활을 하라는 권고에 유념하여야겠습니다.

144.

양마가　기수 뜻을　알아차리듯
수행자는　삼학 교의　알고 수행해
지혜와　자비 도덕　고루 갖추고
한없는　고통들을　해소하리라.

如策良馬 進退能遠 人有信戒定 意精進 受道慧成 便滅衆苦

"Like a thoroughbred horse touched by the whip, be strenuous, be filled with spiritual yearning. By faith and moral purity, by effort and meditation, by investigation of the truth, by being rich in knowledge and virtue, and by being mindful, destroy this unlimited suffering."

슬기로운 말처럼 수행에 정진을 민첩하게 잘하라는 말씀입니다. 최고급의 말은 기수의 뜻을 미리 알아차려서 바람직한 방향으로 잘 달려나가듯이, 훌륭한 수행자는 붓다의 가르침에 따라, 계정혜(戒定慧) 삼학(三學)의 교의를 잘 알고 실천을 잘하여, 모든 번뇌와 고통으로부터 해탈하고 열반을 성취할 수 있습니다. 지혜로운 수행자는 주체적인 판단으로 능동적인 정진을 하여 불조의 가르침과 기대에 부응하려 합니다.

145.

도선사　　물길 따라　　배를 이끌고

궁공은　　활 만들 때　　줄을 고르며

목수는　　설계 따라　　나무 다듬듯

현인은　　자기 몸을　　조절 잘하네.

弓工調絃 水人調船 材匠調木 智者調身

"Irrigators regulate the waters, fletchers straighten arrow shafts, carpenters shape wood, and the good control themselves."

배가 항구에 들어올 때에 안내하는 도선사는 그곳의 물길을 잘 알고, 활을 만드는 사람은 활줄을 곧고 휘거나 끊어지지 않게 하며, 목수는 만들고자 하는 물품에 맞추어 목재를 잘 다루고, 훌륭한 수도인은 자기 자신을 잘 조절한다는 말씀입니다. 각 분야의 대가들은 해당 분야의 전문적 지식과 조절 능력을 갖고 있는데, 훌륭한 수행자는 자기의 몸과 마음을 잘 통제하고 조절할 수 있는 인물을 가리키고 있습니다. 누구라도 각자 본분을 잘 알아서 합당한 책임을 잘 수행해 나가야 하겠습니다.

11장

늙은이 살림

老耗品 | 老衰章 | Old Age

146.

이 세상　모든 것이　불타는 속에
도대체　누가 웃고　즐거워하랴!
어둠에　갇혀 있는　어리석은 이
등불을　찾지 않고　어찌 살리오!

何喜何笑 世常熾然 深蔽幽冥 不如求錠

"When this world is ever ablaze, why this laughter, why this jubilation? Shrouded in darkness, will you not seek the light?"

철없는 어린 아이가 자기 집이 불타고 있는 줄도 모르고 그 안에서 즐겁게 웃으며 놀고 있는데, 저들을 어떻게든 구해내려는 어버이로서 걱정하는 말씀입니다. 캄캄한 어둠 속에서 길을 잃고 헤매는 바보들이 걱정만 하고 있지, 등불을 찾아 바른길을 찾아가려고 노력하지 않으니, 어떻게 하면 저들을 밝은 세상으로 이끌어낼 수 있을까요?! 불조의 입장에서는, 착각 속의 중생들을 깨우쳐 구제하려고 수행 방편의 자비를 제시하고 있습니다.

147.

덧없이　꾸려진 몸　실상을 보라.
인연에　의지하여　사대가 얽혀
모였다　흩어지며　늙고 병드니
무엇에　집착하고　안달을 하리!

見身形範 倚以爲安 多想致病 豈知非眞

"Behold this body--a painted image, a mass of heaped up sores, infirm, full of hankering--of which nothing is lasting or stable!"

각자가 자신의 몸을 철저하게 살펴본다면, 여러 가지 요소들이 모여서 이루어졌으며, 오래 유지하기 어려운 실상을 알 수 있다는 말씀입니다. 과학적으로 보아도 여러 가지 원소와 세포들의 집합이며, 신경과 감각기관을 통한 감정과 생각 및 인식 등으로 얽혀진 불안정한 덩어리로 언제 무너지거나 흩어질지 알 수 없습니다. 늙고 병들어 소멸할 몸뚱이에 애착하여도 소용없으니, 영원한 행복으로 안내하는 불조의 해탈 열반의 길에서 수행 정진하여야겠습니다.

148.

늙으며 쇠약해질 이 몸뚱이는
병들이 깃들이는 불안한 소굴.
언젠가 부패하여 흩어지면서
생명을 마감하고 주검이 되리.

老則色衰 所病自壞 形敗腐散 命終自然

"This body is worn out, a nest of diseases and very frail. This heap of corruption breaks to pieces, life indeed ends in death."

누구나 태어나서 몸을 받으면, 그때부터 먹이고 재우며 보살피느라 온갖 정성을 다 기울여도, 세월이 지나며 늙게 되고 병치레를 피할 수 없다는 말씀입니다. 몸이 병들어 부패되면 죽음이 찾아오고, 금생은 끝이 나지만 업보에 따라 다음 생이 시작되며 생로병사의 윤회가 계속됨이 엄연한 현실입니다. 이러한 사실을 깨달아서 거기에 애착하지 말고 해탈 자재의 길에서 수행 정진하여야겠습니다.

149.

황량한 가을벌판 표주박처럼
흩어진 하얀 뼈들 상상해 보라.
자신도 언젠가는 그렇게 될 줄
미루어 짐작하면 기쁠 수 있나?!

自死神徙 如御棄車 肉消骨散 身何加乎

"What delight is there for him who sees these white bones like gourds cast away in the autumn?"

인생 막장의 쓸쓸한 풍경을 연상시키는 말씀입니다. 이러한 비극적 종말을 상상해 보면서, 각자 어떻게 살아야 할까요? 늙음과 죽음은 무시한다고 없어지거나 피해 갈 수 있는 것이 아니니, 그것들을 마주보고 바로 알아 극복해 나가는 길을 찾아야 하겠지요. 그러한 삶이 진정으로 가치 있고 의미 있는 삶이며, 마침내 초극해 나가는 지혜를 얻을 수 있는 수행에 정진하여야겠지요. 죽음을 염두에 두지 않은 삶은 깊이 있는 삶이 아니라는 말씀에 유념하여야겠습니다.

150.

이 몸은 성곽같이 뼈로 틀 짜서
가죽을 둘러치고 피와 살 넣어
늙음과 죽음에다 아만과 성냄
시샘과 어리석음 채운듯하네.

身爲如城 骨幹肉塗 生至老死 但藏恚慢

“This city (body) is built of bones, plastered with flesh and blood; within are decay and death, pride and jealousy.”

우리 신체를 성이나 도시처럼 비유하여, 뼈와 피부로 그 틀을 짜서 그 안에 살과 피 등의 물질적인 요소와 더불어 늙고 병들어 죽음 및 아만과 시기 질투 등으로 채워져 있다는 말씀입니다. 어느 성이나 도시에도 다양한 사람들이 인연 따라 모여 살다가 흩어지듯이, 이 몸뚱이와 그 안의 정신적 요소들도 인연 따라 모여서 얽혀 있다가 언젠가는 또 사라져 버릴 존재임을 통찰하고, 거기에 집착 없이 수행하여 열반의 언덕으로 나아가야겠습니다.

151.

한 때는　　왕의 수레　　장엄하지만
언젠가　　노후하여　　부서지듯이
육신도　　노쇠하여　　무너지리니
영원한　　불법 배워　　해탈하리라.

老則形變 喩如故車 法能除苦 宜以力學

"Even gorgeous royal chariots wear out, and indeed this body too wears out. But the Dharma of Good does not age; thus the Good make it known to the good."

사람의 몸을 수레에 비유하여 무상과 무아를 깨우치는 말씀입니다. 왕이 타는 수레가 아무리 잘 꾸며졌어도 세월이 가면 언젠가는 낡아버리는 것과 같이, 요즈음 아무리 좋은 차도 언젠가는 폐차가 되듯이, 이 몸도 아무리 잘 났고 치장을 잘해도 마침내 늙고 병들어 죽음을 맞게 됨을 미리 살펴서, 영원한 열반 안락을 구하려면 실상을 깨우치는 불법을 잘 배우고 수행하기를 권고하는 가르침입니다.

152.

배우지 않는 이는 들소 같아서
육신은 살이 찌고 몸이 커가도
지혜는 못 자라나 어리석으니
공부와 수행만이 사람되는 길.

人之無聞 老若特牛 但長肌肥 無有智慧

“The man of little learning grows old like a bull. He grows only in bulk, but, his wisdom does not grow.”

사람으로서 배우지 않거나 학문이 적으면서, 불법이나 성현의 말씀을 듣고 깨우치지 않으면, 소나 말처럼 자라나고 늙더라도 지혜가 없게 되어 온전한 사람 구실을 할 수 없다는 말씀입니다. 겉모양이나 얼굴만 사람 같고 그 정신과 마음은 짐승 같은 것을 이른바, ‘인면수심(人面獸心)’이라고도 하는데, 사람이 사람다우려면 배우고 익혀서 지식과 지혜를 갖추고 용심과 처신을 사람답게 하여야 사람으로 인정과 대우를 받을 수 있을 줄 압니다.

153.

태어나　늙고 죽음　계속 이어져
윤회의　오고 감이　끝이 없어라!
업식이　머물 집을　연속 만들어
태중에　태어남을　거듭 하누나!

生死有無量 往來無端緒 求於屋舍者 數數受胞胎

"Through many a birth in samsara have I wandered in vain, seeking the builder of this house (of life). Repeated birth is indeed suffering!"

태어나면 늙고 병들어 죽게 되는 과정이 끊임없이 이어져, 금생에서 내생으로 윤회를 거듭하면서, 생사의 고통을 벗어나기 어려움을 깨닫게 하는 말씀입니다. 중생의 업보로써 다시 태어나기 위해 어떤 태중에 들어감 즉, 태를 업과 식이 태어날 집으로 보면, 그 집을 만든 것도, 그 집을 벗어나 다른 집으로 옮기는 것도, 모두 스스로 지은 인연이니, 스스로 책임을 질 뿐 아니라, 해탈 열반의 길로 감도 스스로의 결단에 달렸음을 각성하여야겠습니다.

154.

번뇌와　　고통의 집　　지은 이 알아
다시는　　윤회의 집　　짓지 않으리.
그 집의　　대들보와　　서까래까지
모두 다　　부수고서　　해탈하리라.

以觀此屋 更不造舍 梁棧已壞 臺閣崔折 心已離行
中間已滅

"O house-builder, you are seen! You will not build this house again. For your rafters are broken and your ridgepole shattered. My mind has reached the Unconditioned; I have attained the destruction of craving."

중생의 업과 식이 머물 집을 지음에 재목의 인연들로 틀을 짜고 엮어나가는데, 그 재료들을 부수어 없앰으로써 윤회의 사슬을 끊어 해탈할 수 있음을 보이는 말씀입니다. 목수와 집짓기의 관계 사정을 인간의 살림살이 속에서 파악하여, 목수와 같은 마음이 번뇌의 집짓기를 포기하고 걸림 없는 자유를 누릴 수 있는 수행의 집을 지어나감 즉, 모든 망상과 집착의 집을 버리고 무위 열반을 향한 수행의 길을 가도록 이끄는 가르침입니다.

155.

젊어서 도를 닦는 수행도 않고
부귀를 이루지도 못한 사람은
먹을 것 없는 연못 늙은 백로가
쓸쓸히 죽을 때를 기다림 같네.

不修梵行 又不富財 老如白鷺 守伺空池

"Those who in youth have not led the holy life, or have failed to acquire wealth, languish like old crane in a pond without fish."

젊은 사람이 출가하여 수행을 하지도 않고, 세상에 머물면서도 열심히 노력하여 재산이라도 모아 자선사업 등 좋은 일도 하지 못하고 실없이 늙게 된다면, 그 무력감과 허무함이 늙은 백로가 고기도 없는 연못에서 죽음을 맞는 것과 같다고 비유하여 깨우치는 말씀입니다. 농부도 봄과 여름에 열심히 씨 뿌리고 가꾸어야 가을에 수확을 하고 겨울을 잘 지낼 수 있음과 같이, 인생의 봄과 여름을 맞는 청소년들이 세간 출세간을 막론하고, 성실히 공부하고 수행하며 일하라는 경책입니다.

156.

젊어서 수행않고 방일하거나
자선을 행하지도 못한 사람은
헛나간 화살처럼 힘이 없어져
늙어서 한탄하며 아쉬워하리.

旣不守戒 又不積財 老羸氣竭 思故何逮

"Those who in youth have not led the holy life, or have failed to acquire wealth, lie sighing over the past, like won-out arrows (shot from) a bow."

한번 날아간 화살은 돌이킬 수 없는 것처럼, 청춘을 살아가는 젊은이들이 공부와 수행 또는 작업과 공덕을 쌓는 일에 소홀히 하면, 늙어서 후회한들 소용이 없다는 말씀입니다. 젊은이뿐만 아니라, 나이와 관계없이 모든 사람들이 시간을 허비하지 말고 열심히 수행하거나 생산적인 일에 노력하여 스스로는 물론 이웃과 사회에 기여하고 보람을 누릴 수 있어야 하겠습니다. 이미 늙은이들도 한탄만 하지 말고 분발하여 남은 세월을 의미 있게 보내도록 최선을 다해야 할 줄 압니다.

12장

자기 다스림

己身品 | 自身章 | The Self

157.

만약에　　자기 자신　　사랑한다면
언제나　　부지런히　　보살필지니
슬기가　　있는 이는　　한밤중에도
깨어서　　마음 챙김　　힘쓸지니라.

自愛身者 愼護所守 希望欲解 學正不寢

"If one holds oneself dear, one should diligently watch oneself. Let the wise man keep vigil during any of the three watches of the night."

누구나 자기 자신을 진정으로 사랑하는 이는, 그 사랑을 실제로 이루기 위하여 필요한 방법을 잘 알고 실천을 부지런히 하라는 말씀입니다. 참으로 자기를 아끼고 잘 가꾸어서 행복하게 하려면, 자기 자신에게 깊은 관심과 진지한 성찰이 필요합니다. 슬기로운 사람은 항상 자기를 보살피는데, 낮뿐만 아니라 밤에도 깨어있어 몸과 마음을 늘 챙김에 게으르지 않습니다. 항상 시간을 아끼고 방심하지 않으며 정성을 기울여야 진정한 자기실현을 완성하고 보람과 행복을 누릴 수 있습니다.

158.

스스로　학문 수행　하고 나서야
남들을　가르칠 수　있을 줄 알리.
참으로　슬기로운　지도자라면
남들이　따르는데　문제가 없네.

學當先求解 觀察別是非 受諦應誨彼 慧然不復惑

"One should first establish oneself in what is proper, then only should one instruct others. Thus the wise man will not be reproached."

자기 스스로 공부와 수행이 되지 않고서는 남을 제대로 지도할 수 없음을 일깨우는 말씀입니다. 남을 가르치는 스승이나 지도자가 되려면, 그 자질과 능력 즉, 지식과 올바른 판단력 및 설득력을 갖추어야 합니다. 그러려면 스스로 학문 공부와 수행을 통한 지혜와 자비심을 갖추어, 대상과 상황을 잘 이해하고 판단하여 합당한 제시와 인도를 할 수 있어야 하며, 그래야만 남들이 인정하고 승복할 것입니다. 사회 대중에게 지도자 역할을 하려고 하는 이는 명심하고 유념하여야 할 것입니다.

159.

다른 이 가르치려 하는 사람은
제 먼저 그 가르침 실천할지니
자기를 조절하며 관리 못하면
훌륭한 본보기가 될 수 없으리.

當之剋修 隨其教訓 己不被訓 焉能訓彼

"One should do what one teaches others to do; if one would train others, one should be well controlled oneself. Difficult, indeed, is self-control."

세상에서 스승이라고 불리며 신뢰를 받으려면, 그 가르침을 스스로 실현해 보이는 것이 필요하다는 말씀입니다. 자기는 그렇게 안 하면서 또는 못하면서 남에게만 요구하면 설득력이 없겠지요. 특히 자기조절 능력이 중요하다고 가르치면서, 스스로 자기조절이 안 됨을 보인다면 비판이나 역효과를 가져올 줄 압니다. 현실적으로 어렵지만, 말과 행동 또는 가르침과 삶이 일치하는 모범을 보여 줌이 가장 효과적인 교사의 교육방법일 것입니다.

160.

자신을 보살피고 잘 지키면서
자기의 살림살이 주인이 되라.
마음을 슬기롭게 조절하면서
스스로 책임지며 자유 누리라.

自己心爲師 不隨他爲師 自己爲師者 獲眞智人法

One truly is the protector of oneself; who else could the protector be? With oneself fully controlled, one gains a mastery that is hard to gain.

각자의 삶은 각자가 주인으로서 자각과 책임을 져야 한다는 말씀입니다. 자기 자신을 스스로 지키지 않으면 누가 대신 지켜 주겠습니까? 물론 어린이는 부모나 보호자가 필요하겠지만, 성인이라면 누구에 의지하고 부탁하려 하기보다는 자발적으로 독립하고 자율하려는 성숙한 의식이 필요하겠지요. 자기 자신을 스스로 자제하고 조절하며 자유를 누릴 수 있기를 모든 사람들이 바라면서도, 그러한 지혜와 힘을 얻기는 어려우니, 성실히 수행 정진으로 성취하여야겠습니다.

161.

악인은 어리석게 못된 짓 하고
괴로운 나쁜 과보 만드는 것이
보석을 갈아내는 금강석 같아
제 몸을 달리면서 후회하리라.

本我所造 後我自受 爲惡自更 如剛鑽珠

"The evil a witless man does by himself, born of himself and produced by himself, grinds him as a diamond grinds a hard gem."

악인의 어리석음을 보석을 갈고 깨트리는 금강석에 비유하여 깨우치는 말씀입니다. 인과의 법칙과 도리를 알면 나쁜 짓을 하지 않겠지만, 악인은 자기의 행위에 대한 결과를 생각하지 않고, 당장의 욕심과 분심으로 못된 일을 저질러 마침내 자기 자신을 파멸시키고 후회하는 사례를 봅니다. 경솔하고 천박하게 근시안적으로 하는 행동은 남에게 피해를 줄 뿐만 아니라, 결국 자기 자신도 해를 입는다는 사실에 유념하여 매사를 심사숙고하고 신중하게 처리해야 하겠습니다.

162.

칡넝쿨 나무 감아 조여 죽이듯
부정은 살림살이 얽어매어서
스스로 괴롭히고 죽게 만드니
오로지 적들이나 바라는 걸세.

人不持戒 滋饅如藤 逞情極欲 惡行日增

"Just as a jungle creeper strangles the tree on which it grows, even so, a man who is exceedingly depraved hams himself as only an enemy might wish."

계를 지키지 않고 악행을 저지르는 이는, 나무를 옥죄는 칡넝쿨 같이 마침내 그 죄악이 자신을 해치게 된다는 말씀입니다. 스스로 파멸의 길을 가는 것을 좋아할 존재는 적뿐일 것이라는 지적은, 바꾸어 말하면, 그에 관심을 갖고 잘되기를 바라는 이들에게는 실망과 걱정을 끼치는 것이라고 할 수 있습니다. 조그만 허물이라도 일찍부터 제거하며 키우지 말아야 장래의 우환과 피해 내지 파멸을 막을 수 있습니다. 악행을 막는 계행을 잘 지켜서 건전한 생활을 하여 나가야 하겠습니다.

163.

나쁜 일　하기 쉽고　편한 듯 하며
좋은 일　힘들면서　어렵겠다고,
바보는　착각하고　잘못하지만
현자는　어려운 길　살펴 나가네.

惡行危身 愚以爲易 善最安身 愚以爲難

"Easy to do are things that are bad and harmful to oneself. But exceedingly difficult to do are things that are good and beneficial."

쉽고 편하게 살려고 하면 이는 별 가치와 의미가 없이 사는 것이며, 비록 어렵고 힘이 들더라도 선업과 수행을 하면 이는 유익하고 보람 있는 삶임을 일깨우는 말씀입니다. 대부분 수행을 통해 영원한 행복을 얻을 수 있기 바라면서도, 힘들고 어렵다고 속단하며 포기하는 경우가 많지만, 지혜 있는 이들은 설사 어렵고 힘들더라도 신심과 용기를 내어 시도하며 포기하지 않습니다. 평지나 쉽게 걸으려는 사람과 높은 산의 정상을 오르려는 사람의 원력을 비교해 보면 짐작할 수 있겠지요.

164.

누구나 어리석게 사견을 갖고
성인의 가르침을 왜곡하면서
시기와 비난함을 일삼는 이는
악업의 씨 뿌려서 고통 받으리.

如眞人敎 以道活身 愚者嫉之 見而爲惡 行惡得惡 如種苦種

"Whoever, on account of perverted views, scorns the Teaching of the Perfected Ones, the Noble and Righteous Ones-- that fool, like the bamboo, produces fruits only for self-destruction."

부처님과 같은 성인의 말씀을 이해하지 못하고, 또는 사견과 악의로 왜곡하고 비난하는 어리석은 이는 자신을 망치며 그 과보로 고통을 당하리라는 말씀입니다. 인과의 원리로 보아, 삿된 소견과 악행의 대가는 당연히 괴로운 과보를 받게 되겠지요. 좋은 씨를 뿌리고 가꾸어야지, 나쁜 씨를 뿌리고 가꾼다면 그 열매와 수확은 어떠할지 짐작되지 않겠습니까? 순수한 마음과 바른 견해로 거룩한 분들의 가르침과 진리를 잘 배우고 나눌 수 있어야 하겠습니다.

165.

스스로 죄를 지어 벌 받게 되고
스스로 선행하여 복 받느니라.
선과 악 어느 것도 자기의 책임
누구도 대신할 수 없는 줄 알라.

惡自受罪 善自受福 亦各須熟 彼不相代

"By oneself is evil done; by oneself is one defiled. By oneself is evil left undone; by oneself is one made pure. Purity and impurity depend on oneself; no one can purify another."

선인선과(善因善果) 악인악과(惡因惡果) 응보(應報)의 이치를 강조하며, 각자의 행복과 불행도 각자의 업보라고 깨우치고, 누구도 그 과보를 대신해 줄 수 없다는 말씀입니다. 각자가 바라는 바를 이루기 위하여, 행복을 누리기 위하여 스스로 준비하고 분발하여야 하겠지요. 사회적인 문제는 구조적이고 체제적인 것으로써 개인은 어쩔 수 없고 집단적으로만 해결이 가능하다고 말하는 이도 있지만, 그러한 집단적 변화를 이끌어내도 개인적 노력들의 집합이라고 보면, 스스로 솔선수범하여야겠습니다.

166.

아무리 남을 위해 일 많이 하나
자기를 위해서도 소홀히 말고
자신도 이익 되는 일을 위해서
좋은 뜻 수행 의무 열심히 하리.

凡用必豫慮 勿以損所務 如是意日修 事務不失時

"Let one not neglect one's own welfare for the sake of another, however great. Clearly understanding one's own welfare, let one be intent upon the good."

남을 위한다고 대부분 자기의 시간과 정력을 소비하면서, 자기 자신을 위해서는 성찰과 노력을 하지 않는 이를 경책하는 말씀입니다. 자기가 올바로 수행하여야 거기에서 지혜와 자비의 힘이 생기고 남을 돕는 일을 제대로 할 수 있는데, 자기 자신에게는 부실하면서 남을 돕는다고 나서기만 하면 실제로는 남을 제대로 도울 수도 없을 줄 압니다. 자리이타 즉, 자기도 이롭고 남도 이롭게 하는 대승불교의 보살행을 하여야만 하겠습니다.

13장

이세상 살림

世俗品 | 世間章 | The World

167.

천하고　속된 길을　따르지 말고
언제나　부지런히　수행할지니
삿되고　어리석은　소견 버리고
세상을　쓸데없이　헤매지 말라.

不親卑漏法 不與放逸會 不種邪見根 不於世長惡

"Follow not the vulgar way; live not in heedlessness; hold not false views; linger not long in worldly existence."

출가수행자는 물론, 재가불자들도 해탈의 길로 가기를 권장하는 말씀입니다. 세속적 욕망의 길로 가서 그 업보로 고통과 윤회의 길을 가겠는지, 출세간적 수행의 길로 가서 열반과 자유의 길로 갈 것인지 각자가 선택하고 추구할 바입니다. 삿된 소견을 갖고 함부로 사는 게으른 이들과 어울려 실없이 헤매며 귀한 살림살이를 그르치려 하지 말고, 건전한 생각과 올바른 뜻을 가진 이들과 함께 부지런히 수행하여 영원히 행복한 도를 이루는 데 유념하여야 하겠습니다.

168.

깨어나 마음 챙겨 일어나가라!
올바른 살림살이 가꿔나가라.
정성껏 부지런히 바른 삶 살면
이 세상 다음 세상 모두 좋으리.

隨時不興慢 快習於善法 善法善安寐 今世亦後世

"Arise! Do not be heedless! Lead a righteous life. The righteous live happily both in this world and the next."

올바로 잘 살면 금생은 물론 다음 생까지 평안하고 행복하리라며, 발심 수행을 권장하는 말씀입니다. 멍청하게 쓸데없는 일에 한눈팔고 마땅히 해야 하는 일에는 소홀하며 게으른 사람은 나중에 후회하고 자책하게 될 것이며, 늘 깨어있는 마음으로 올바른 일에 집중하여 성실히 노력하는 이는 마침내 성취의 보람을 누리게 될 것이 분명합니다. 그 행위의 과보는 금생에는 물론, 미래의 생에도 이어질 것도 짐작할 수 있습니다.

169.

올바른　살림살이　정성껏 하고
삿되고　못된 살림　하지 말지니
참으로　옳고 바른　살림살이는
온 세상　길이길이　행복하리라.

樂法樂學行 愼莫行惡法 能善行法者 今世亦後世

"Lead a righteous life; lead not a base life. The righteous live happily both in this world and the next."

올바른 선법을 행하면 그 결과 좋은 업보를 미래세까지 누릴 수 있다는 말씀입니다, 각자가 이 세상이나 저 세상이나 스스로 만들어나가는 것이니, 현명한 사람은 항상 주어진 상황을 정확하게 판단하고 슬기롭게 올바른 길과 하여야할 바를 선택하여, 성실하게 추진할 줄 압니다. 각자 금생은 물론 다음 생을 내다보고, 거듭 각성하고 분발하여야겠습니다.

170.

세상을 물거품과 아지랑이로
덧없게 보는 이는 초연하리라.
염라도 보지 못해 어쩔 수 없고
편안히 피안에서 쉴 수 있으리.

當觀水上泡 亦觀幻野馬 如是觀世者 亦不見死王

"One who looks upon the world as a bubble and a mirage, him the King of Death sees not."

세상을 허망하게 보는 사람은 거기에 애착하지 않고 선법을 수행하여 생사를 해탈할 수 있다는 말씀입니다. 세상을 착각하여 환상에 빠져서 탐욕과 어리석음으로 악업을 행하면, 그 결과 업보로써 죽으면 염라대왕의 심판으로 지옥에 보내져 고통을 받겠지만, 진리를 찾고 청정한 수행의 삶을 살면, 죽어서도 염라대왕이 볼 수 없는 경지로 나아가 자유와 해탈의 복을 누릴 수 있음을 제시하는 것입니다. 수행을 잘하여 도를 이룬 사람은 죽음의 왕도 그를 어쩌지 못하고 존경할 줄 압니다.

171.

제 몸이　　왕이 타는　　꽃가마처럼
귀하고　　아름답게　　보일지라도
바보는　　애착하고　　얽매이지만
지인은　　집착않고　　벗어나리라.

如是當觀身 如王雜色車 愚者所染著 智者遠離之

"Come! Behold this world, which is like a decorated royal chariot. Here fools flounder, but the wise have no attachment to it."

세상을 보고 인식하는 안목과 태도를 깨우치는 말씀입니다. 어리석은 사람은 세상과 자기의 몸을 아름답게 보고 애착하여 얽매이지만, 지혜로운 사람은 그것들을 무상하고 보잘 것 없는 것으로 보며 그를 벗어나 영원한 진리의 세상과 법신을 추구합니다. 꿈속에서 부귀영화를 누리다가도 꿈을 깨면 허망하듯이, 꿈같은 세상과 몸뚱이에 대한 환상과 착각을 깨쳐서, 실상의 세계를 보고 세속의 번뇌와 망상을 벗어나 고요하고 평안함을 누릴 수 있어야 하겠습니다.

172.

지난 날 게으르고 잘못했어도
지금은 뉘우치고 올바로 하면
구름이 개인 뒤의 보름달같이
세상을 밝혀 주는 빛이 되리라.

人前爲過 後止不犯 是照世間 如月雲消

"He who having been heedless is heedless no more, illuminates this world like the moon freed from clouds."

설사 과거에 함부로 살아서 잘못이 많았었던 사람도, 지금은 개과천선하여 올바르게 살아간다면, 이는 구름 속에 있던 달이 그 밖으로 나온 것처럼, 세상을 밝혀 주는 인물이 될 수 있다는 말씀입니다. 보통 수행을 "도 닦는다"라고 하는데, 과거의 어리석음과 탐욕 등으로 말미암아 더럽혀진 몸과 마음의 때를 씻고, 맑고 밝은 본래의 성품과 모습을 되찾는 바의 '닦음'을 강조합니다. 누구나 잘못된 과거에서 벗어나 현재와 미래에 올바르게 잘 살면, 칭찬과 존경을 받을 수 있습니다.

173.

지난날 어리석어 허물 많아도
그 뒤에 선행으로 없애버리면
하늘에 구름 없어 밝은 달처럼
세상을 비춰주는 인물 되리라.

人前爲過 以善滅之 是照世間 如月雲消

"He who by good deeds covers the evil he has done, illuminates this world like the moon free from clouds."

여기에서는 잘못을 더 이상 저지르지 않는 소극적 차원이 아니라, 올바르고 훌륭한 삶으로서 과거를 극복 정리하고 개선하는 적극적인 의지를 갖고 혁신하는 노력을 하기를 강조하는 말씀입니다. 자신의 허물을 참회하며 개혁을 추구하는 진취적이고 역동적인 사람은 혼돈의 세상에 빛과 소금 같은 존재와 역할을 할 수 있으므로, 적극적이고 능동적인 생활 자세를 가져야 하겠습니다.

174.

세상은　어둠 깊고　욕망 가득해
그곳을　꿰뚫어 볼　현자는 적네.
그물을　탈출하여　나는 새처럼
해탈을　누리는 분　매우 드무네.

癡覆天下 貪令不見 邪疑却道 若愚行是

"Blind is this world; here only a few possess insight. Only a few, like birds escaping from a net, go to the realms of bliss."

어리석음과 탐욕이 지배하는 세상은 어둡고 불편하기가 제대로 보지 못하는 장님의 생활 같은데, 그 암흑 속에서 실상을 통찰하고 얽매임을 벗어날 수 있는 슬기롭게 눈뜬 이들은 극소수로 적음을 지적하는 말씀입니다. 장님이 상황을 바로 볼 수 있는 시력을 갖추거나, 그물 속에 갇힌 새가 탈출하는 것과 같이, 세상의 어둠과 얽매임으로부터 해탈하여 자유와 행복을 누릴 수 있는 도를 추구하는 수행자는 혜안을 얻고 자재할 수 있습니다.

175.

기러기　그물 뚫고　높이 날듯이
사람은　법력으로　허공을 가네.
현자는　마군들의　장애를 넘어
세상을　올바르게　이끌어 가네.

如雁將群 避羅高翔 明人導世 度脫邪衆

"Swans fly on the path of the sun; men pass through the air by psychic power; the wise are led away from the world after vanquishing Mara and his host."

새들이 그물을 벗어나 하늘을 날듯이 사람은 탐욕과 유혹을 벗어나는 수행을 통해 해탈을 이룬다는 말씀입니다. 그러한 혜안과 법력을 갖춘 인물이라야 탐욕과 무지 등으로 얽매인 중생들을 잘 이끌어 제도할 수 있습니다. 수행을 통해 지혜를 성취하여서 자기 스스로의 해탈은 물론, 세상의 고통 받는 뭇 생명들을 구제하는 자비심도 갖추어야 함을 일깨우고 있습니다.

176.

진실의 법 어긋나는 거짓말쟁이
업보를 믿지 않고 함부로 살아
나쁜 짓 저지르고 죽은 뒤에는
한없는 괴로움 속 헤맬지니라.

一法脫過 謂妄語人 不免後世 靡惡不更

"For a liar who has violated the one (of truthfulness), who holds in scorn the hereafter, there is no evil that he cannot do."

만약 잘못된 판단으로 거짓말을 하게 되면, 뉘우치고 더 이상 남을 속이지 말아야 하지만, 악인은 그것이 습관이 되고, 남들의 경멸 속에 양심이 사라져서, 다른 악한 일들도 거리낌 없이 자행하게 되어, 그 과보로 죽어서 다음 생에는 온갖 고통을 당하리라는 경책의 말씀입니다. "바늘도둑이 소도둑 된다."는 속담처럼, 처음에는 별것 아니라고 생각하여 그 나쁜 버릇을 버리지 않으면, 점점 그 속에 빠져서 헤어나기 어렵게 되므로, 조그만 거짓말도 삼가야 할 줄 압니다.

177.

바보는　　천상가는　　복 닦지 않고
베푸는　　남에게도　　칭찬 않지만
지혜가　　있는 이는　　보시행하며
피안에　　이르는 길　　닦아 가느니.

愚不修天行 亦不譽布施 信施造善者 從是到彼岸

"Truly, misers fare not to heavenly realms; nor, indeed, do fools praise generosity. But the wise man rejoices in giving, and by that alone does he become happy hereafter."

어리석은 이는 천상에 날 수 있다는 보시행을 자신도 하지 않을 뿐만 아니라, 다른 이의 보시행도 좋게 말하지 않는 반면에, 슬기로운 이는 보시행을 잘하면서, 천상에 가려고도 하지 않을 뿐만 아니라, 지혜를 완성하여 업보에 의한 윤회를 벗어나 영원한 행복과 자유를 누리는 해탈 자재를 추구한다는 말씀입니다. 보시행 즉, 남에게 베풂에 있어서, 물건을 주는 재보시뿐만 아니라, 법 즉, 진리를 가르쳐주고, 불안한 마음을 편안하게 해주는 법보시와 무외시도 행하여야겠습니다.

178.

지상의 제일 높은 벼슬 살거나
천상에 올라가는 복을 짓거나
세상의 부러움을 사는 일보다
수행자 되는 일이 뛰어나느니.

夫求爵位財 尊貴升天福 辯慧世間悍 斯聞爲第一

"Better than sole sovereignty over the earth, better than going to heaven, better than lordship over all the worlds is the supramundane Fruition of Stream Entrance."

세상에서 오욕락의 대상 즉, 큰 재물이나 아름다운 성적 반려, 맛있는 음식과 높은 명예 및 편안한 수면 등의 확보 내지 권력과 지위를 얻음, 나아가 천상의 복을 누림보다 더 좋은 일은, 탈속한 출가 수행자가 되는 것이라는 말씀입니다. 각자의 주체적인 세계관과 인생관 및 가치관이 있겠지만, 세속 중생적 가치보다 초월적 수행가치를 드러내며, 세상의 주인보다 자기의 주인이 되기가 더 어렵고 귀하다는 종교 정신세계에 탐험을 격려하기 위한 경책을 되새겨 볼 필요가 있습니다.

14장

깨달으신 분

佛陀品 | 世尊章 | The Buddha

179.

부처님　　지혜 세계　　제한이 없고
무위의　　자유자재　　자취도 없네.
절대적　　승리자인　　그분의 자리
무엇도　　더럽힐 수　　결코 없으리.

已勝不受惡 一切勝世間 叡智廓無疆 開蒙令八道

"By what track can you trace that trackless Buddha of limitless range that whose victory nothing can undo, whom none of the vanquished defilements can ever pursue?"

부처님의 위없이 높고 크나크신 경지를 드러낸 말씀입니다. 그 가없는 무제한 무진장의 세계, 허공같이 걸림 없는 자유자재의 경지엔 어떤 자취도 보이지 않으며, 모든 것을 이기신 절대적 승자에게 누가 감히 도전하거나 더럽힐 수 있겠습니까! 모든 욕망을 이기어 성냄과 어리석음이 사라지고, 일체의 유혹을 극복하여 안팎으로 거리낌과 두려움이 없으며, 열반적정과 해탈 자재를 이루신 그분에게는 어떠한 찬사도 충분하지 않을 것입니다.

180.

미혹의　그물 찢어　자유 누리고

애욕이　고갈되어　유혹 없느니

위 없는　큰 깨달음　지혜 성취와

가신 길　따르기가　아득하여라.

決網無罣礙 愛盡無所積 佛智深無極 未踐迹令踐

"By what track can you trace that trackless Buddha of limitless range, in whom exists no longer the entangling and embroiling craving that perpetuates becoming?"

거룩한 부처님의 위대한 경지를 드러내 보이는 말씀입니다. 범부들이 얽매이는 그물과 같은 세속적 인연들, 애욕과 시기 질투 등의 갈등과 불화 같은 것들로부터 자유로운 상태, 깊고 높은 완전한 지혜와 중생을 위한 대자대비의 구제원력 경지는 온전히 헤아리기 어려운 것으로 보입니다. 아무튼 수행자들은 그분의 가르침대로 수행하여 불퇴전의 용맹정진으로 그분의 경지에 다가가는 데 최선을 다해야겠습니다.

181.

세속을　멀리 떠나　출가한 현인
참선과　청빈으로　수행하는 분.
이들은　부처님과　신들이 모두
기뻐해　칭찬하며　보살피리라.

勇健立一心 出家日夜滅 根絕無欲意 學正念清明

"Those wise ones who are devoted to meditation and who delight in the calm of renunciation--such mindful ones, Supreme Buddhas, even the gods hold dear."

세상의 욕망을 떠나 수도하려고 출가한 이들을 찬탄하는 말씀입니다. 참선 명상 수행에 전념하여 마음을 챙기고 고요하게 하며, 검소하고 청빈한 생활을 하는 수행자들은 부처님과 여러 신들이 기뻐하며 보살펴 주시리라는 말씀입니다. 그들에게 의지하고 배우며 공양하는 것이 재가불자들의 도리라고 할 수 있겠지요. 아울러, 사정상 부득이 몸은 출가할 수 없어도, 마음으로라도 발심 수행하며 정결하게 생활하는 이들 역시 부처님과 신들이 기뻐하고 보살피리라 짐작됩니다.

182.

윤회에　사람으로　나기 어렵고
마침내　죽을 인생　살기 어렵네.
세상에　부처님이　나기 어렵고
불교를　듣는 인연　또한 어렵네.

得生人道難 生壽亦難得 世間有佛難 佛法難得聞

"Hard is it to be born a man; hard is the life of mortals. Hard is it to gain the opportunity of hearing the Sublime Truth and hard to encounter is the arising of the Buddhas."

인간으로 태어나고 불법을 만나는 희귀한 인연에 대한 경각의 말씀입니다. 생사 윤회하는 가운데서 사람이 되기 어렵고, 불법을 만나기 어려우며, 성불하기 어려움은 두루 알려져 있습니다. 이미 사람으로 태어났으니 이 얼마나 다행스러우며, 불교를 듣고 수행할 수 있으면 또 얼마나 귀한 일입니까? 이렇게 드물고 어려운 인연을 만난 사실을 깨닫고, 성불을 위해 수행 정진한다면 얼마나 행복한 존재입니까! 그 복을 누리며 보람을 이루어야겠습니다.

183.

모든 악　짓지 말며　계를 지키고
모든 선　이루면서　자비로우며
마음을　맑게 하라　일깨우심은
붓다들　한결같은　가르침일세!

諸惡莫作 諸善奉行 自淨其意 是諸佛敎

"To avoid all evil. to cultivate good, and to cleanse one's mind-- this is the teaching of the Buddhas."

'모든 악을 짓지 말고 많은 선행을 하며 자기의 뜻을 맑힘'이 모든 부처님의 가르침이라는 말씀입니다. 이 구절은, 예로부터 가장 많이 알려졌고 또 인용되어 왔습니다. 중국의 시인 백낙천이 조과 선사에게 불법의 대의를 묻고는, 이 구절로 대답한 스님에게 "이는 삼척동자도 아는 것"이라고 하자, "삼척동자도 알기는 쉽겠지만, 팔십 노인도 행하기는 어렵다"는 스님의 말씀에, 낙천이 크게 깨달았다는 일화가 두루 알려져 있습니다. '지행합일'의 강조에도 유념하여야겠습니다.

184.

참음이　힘들지만　가장 큰 수행

마음의　고요함이　가장 큰 보람

집 떠나　불법 따라　수행하는 분

다른 이　해침 없고　억압 않으리.

忍爲最自守 泥洹佛稱上 捨家不犯戒 息心無所害

"Enduring patience is the highest austerity. 'Nirvana is supreme,' say the Buddhas. He is not a true monk who harms another, nor a true renunciate who oppresses others."

인욕행이 가장 힘들지만 가장 훌륭한 수행이며, 열반이 가장 뛰어난 것이라는 붓다의 평가를 전하는 말씀입니다. 아울러, 남을 해치고 괴롭히는 이는 진정한 출가수행자가 아니라는 경책입니다. 모든 것을 버리고 출가한 수행자로서, 동료 도반이나 세상 사람들을 막론하고 누구에게나 억압 혹은 위해를 가하여 불편하게 하거나 부담이 되지 않도록 하며, 만약 남들이 부당하게 대하고 괴롭힐지라도 잘 참아내고, 미워하거나 원망하지 않으며 용서하면서 의연하게 정진할 수 있어야 하겠습니다.

185.

헐뜯고 괴롭히지 않을뿐더러
계율을 지키면서 소식을 하고
고요히 은거하며 참선을 함이
불교를 실천하는 수행자 살림.

不嬈亦不惱 如戒一切時 少食捨身貪 有行幽隱處
意諦以有黠 是能奉佛教

"Not despising, not harming, restraint according to the code of monastic discipline, moderation in food, dwelling in solitude, devotion to meditation-- this is the teaching of the Buddhas,"

불교를 받들어 행하는 수행자의 살림에 대한 말씀입니다. 출가수행자는 모름지기, 계율을 잘 지켜, 남에게 함부로 말하거나 괴롭히는 일이 없이 올바른 언행을 하며, 음식은 건강유지에 필요한 만큼만 적당히 먹고, 참선 명상을 하며 조용하고 조촐한 살림살이를 살아야 함을 일깨우는 가르침입니다. 잘 먹고 많이 자며, 세상일에 분주하게 관여하여 남과 시비하고 경쟁하는 등의 세속적인 욕망을 떠나, 고요한 도량에서 내적인 수행과 영성생활을 함이 바람직하다고 인도하는 것입니다.

186.

보물들　　비 내리듯　　쏟아져 와도

만족을　　모르는 게　　범인의 탐욕

약간의　　기쁨 뒤에　　큰 고통 옴을

깨달아　　아는 분이　　현인이라네.

天雨七寶 欲猶無厭 樂少苦多 覺者爲賢

"There is no satisfying sensual desires, even with a rain of gold coins. For sensual pleasures give little satisfaction and much pain. Having understood this, the wise man finds no delight even in heavenly pleasures."

어리석은 사람들은 엄청나게 많은 재물과 감각적 쾌락의 대상을 갖고도 그에 만족하지 못하며 끊임없이 추구하다가 파멸을 당하지만, 현명한 사람은 그러한 것들을 좋아하지 않으며 삼가하므로써 자신을 잘 지켜나간다는 말씀입니다. 어리석은 욕심으로 한때의 쾌락을 추구하다가 두고두고 후회와 고통을 불러오는 경우가 많은데, 주어진 형편에 만족하고 지나친 욕심을 내지 않음이 현명한 처신입니다.

187.

하늘의 쾌락조차 멀리하면서
탐욕을 자제함이 현인의 지혜
위없는 부처님의 참 제자들은
애착을 부숨으로 기쁨 삼느니.

雖有天欲 慧捨無貪 樂離恩愛 爲佛弟子

"The wise man finds no delight even in heavenly pleasures, The disciple of the Supreme Buddha delights in the destruction of craving."

천상의 쾌락까지도 좋아하지 않으며 의연하게 살아가는 이가 세상의 현인이라면, 모든 탐욕과 애착을 극복하고 수행 정진하는 이가 불제자라는 말씀입니다. 세상 사람들은 금생에 세속적인 복을 누리려고 할 뿐 아니라, 다음 생은 하늘에 태어나 천복을 즐기려는 윤회의 업보를 받기 위하여 애쓰기 쉬운데, 불제자들은 그 윤회로부터 벗어나 해탈 자재를 누리려는 수행을 지향합니다. 한때의 복락을 위하여 살 것인지, 영원한 행복을 추구하고 수행할 것인지 숙고할 일입니다.

188.

실없이 두려움에 떠는 사람은
산이나 개울이나 나무에게나
귀신들 사당에도 의지하면서
제사를 지내면서 복을 비누나!

或多自歸 山川樹神 廟立圖像 祭祠求福

"Driven only by fear, do men go for refuge to many places--to hill, woods, groves, trees and shrines,"

어리석은 사람들은 어떤 두려움이 생기면 산천이나 귀신을 모시는 사당에 제사를 지내면서 구원을 청한다는 말씀입니다. 이른바, 굿이나 푸닥거리를 하며, 병이 나아지거나 악귀가 물러가기를 바라며, 개인이나 가정의 소원이 이루어지기를 비는 풍경을 볼 수 있습니다. 혹시 그렇게 재물과 시간을 소비하며 정성을 들여서 소망이 이루어지면 다행이겠지만, 그렇지 못할 때에는 누구를 탓하고 원망할까요?.

189.

잡다한　　속신들엔　　매달려봐도
진정한　　보호 구원　　받을 수 없고
참으로　　괴로움을　　벗게 해주는
훌륭한　　귀의처가　　되지 않으리.

自歸如是 非吉非上 彼不能來 度我衆苦

"Such, indeed, is no safe refuge; such is not the refuge supreme. Not by resorting to such a refuge is one released from all suffering."

잡신들에 의지하여 소원성취와 복을 비는 방법은 효과적이지 않고 바람직하지 않다는 말씀입니다. 각자의 종교 및 신앙생활은 인연과 상황에 따라 스스로 판단하고 선택하여 꾸려가겠지만, 건전한 상식을 가진 이들은, 과거 역사를 통해 인류문화의 발전과정을 보며 현명한 결정과 선택을 할 줄 압니다. 슬기로운 이들은 자신의 고통들을 근본적으로 해결하고 진정한 보람을 누릴 수 있는 길의 탐구와 모색을 진지하게 하겠지요.

190.

붓다와 가르침과 승가를 믿고
돌아가 의지하며 수행하면은
반드시 높고 바른 지혜 얻어서
고통을 벗어나며 행복하리니.

如有自歸 佛法聖衆 道德四諦 必見正慧

"He who has gone for refuge to the Buddha, his Teaching and his Order, penetrates with transcendental wisdom the Four Noble Truths."

불법승 삼보 즉, 붓다와 담마와 상가에 귀의하여 사성제와 같은 가르침에 따라 수행하면 올바른 지혜를 얻을 수 있다는 말씀입니다. 인생과 세계의 진리와 실상을 깨달으신 부처님, 그분의 가르침과 그분을 따르는 제자들 공동체에 의지하여 살아가면, 마침내 성불하여 생사 고통의 윤회를 벗어나 해탈하고 영원한 열반의 행복을 누릴 수 있을 줄 압니다. 사람으로 태어나 불법을 만나서 그를 수행하는 고귀한 인연을 가질 수 있다면, 그보다 더 다행한 일은 없을 것입니다.

191.

삶에는 괴로움이 가득하지만
그 까닭 찾아보면 집착함이라.
괴로움 사라져서 고요한 경지
이르는 여덟 가지 길이 있느니.

生死極苦 從諦得道 度世八道 斯除衆苦

"The Four Noble Truths--suffering, the cause of suffering, the cessation of suffering, and the Noble Eightfold Path leading to the cessation of suffering."

사성제 즉, '네 가지 성스러운 진리'에 대한 말씀입니다. 누구나 태어나면 늙고 병들어 죽게 되고, 원하는 것을 얻지 못하거나 몸의 건강에 문제가 생기는 경우를 포함하여, 살아가는 데 온갖 걱정과 근심 및 괴로움을 겪게 됨이 '고성제'이며, 그 고통의 원인들 가운데 근본적인 것은 집착으로서 '집성제', 고통이 사라진 바의 평온하고 안락한 열반의 경지가 '멸성제', 그렇게 되는 길이 '도성제'로써 '여덟 가지 바른 길'을 가리키는 것입니다.

192.

불법승 삼보에게 의지하면은
충분히 안전하고 행복하리니
누구나 삼보 품에 안긴 이들은
모두 다 온갖 고통 벗어나리라.

自歸三尊 最吉最上 唯獨有是 度 一切苦

"This indeed is the safe refuge, this is the refuge supreme. Having gone to such a refuge, one is released from all suffering."

삼보 또는 삼존 즉, 거룩한 부처님과 그분의 가르침 및 그분을 따르려는 수행공동체에 귀의함이 가장 바람직한 것임을 환기시키는 말씀입니다. 불교를 잘 믿고 배우며 수행하면 마침내 큰 깨침을 얻고 성불하여, 모든 고통에서 벗어나고 해탈 자재의 영원한 행복을 누릴 수 있음을 강조하고, 일깨우며 안내하는 것이니, 이렇게 친절하고 자비스러운 권고를 듣고 발심할 수 있음은 가장 큰 인연이며 다행입니다.

193.

거룩한　부처님은　가장 희귀해
온 누리　어디에도　나기 어렵네.
부처님　나신 곳의　뭇 생명들은
정말로　행복하기　그지없어라.

明人難値 亦不比有 其所生處 族親蒙慶

"Hard to find is the thoroughbred man (the Buddha); he is not born everywhere. Where such a wise man is born, that clan thrives happily."

부처님 같이 거룩하신 분은 어느 곳에서나 쉽게 뵐 수 없으며, 그렇게 훌륭한 분이 태어난 곳은 매우 특별한 곳이라고 할 수 있다는 말씀입니다. 석가모니 부처님의 전신이었던 호명보살이 도솔천 내원궁에서 지구상에 태어날 곳을 찾아보다가 인도의 카필라성에 나시기로 한 것은, 그곳이 가장 좋은 곳임을 가리키는 것이라고 할 수 있습니다. 석가종족에 태어남으로써 그 영예가 주어졌고, 그 민족은 기뻐하며 다행스럽게 큰 복을 누릴 수 있었습니다.

194.

붓다가　　출현하심　　가장 큰 축복
가르침　　듣고 봄은　　가장 큰 행복
그 분을　　따르려는　　무리 안에서
조화를　　이뤄감도　　보람이어라.

諸佛興快 說經道快 衆聚和快 和則常安

"Blessed is the birth of the Buddha; blessed is the enunciation of the sacred Teaching; blessed is the harmony in the Order, and blessed is the spiritual pursuit of the united truth-seekers."

부처님이 이 땅에 태어나심은 우리 모두의 축복이고, 그분의 가르침을 들을 수 있음은 큰 행복이며, 그분을 따라 도를 이루려는 수행공동체의 화합과 안정 또한 다행이라는 말씀입니다. 거룩한 부처님과 그 가르침 및 그 수행집단 즉, 세상에 고귀한 보배로운 존재로서의 삼보를 찬탄하는 것입니다. 삼보에 귀의하여 불교를 배우고 수행하여 도를 이루어 영원한 행복을 누릴 수 있는 길이 열려 있으니 발심하여 정진하면 될 줄 압니다.

195.

붓다와　참된 제자　거룩한 분들
걸림돌　뛰어넘어　진리 보고서
세상의　괴로움과　슬픔 벗어나
열반의　저 언덕에　이르셨도다.

見諦淨無穢 已度五道淵 佛出照世間 爲除衆憂苦

"He who reveres those worthy of reverence, the Buddha and his disciples, who have transcended all obstacles and passed beyond the reach of sorrow and lamentation."

세상의 공경을 받아 마땅한 붓다와 그의 진정한 제자들은 온갖 장애와 유혹을 극복하고 영원한 진리를 깨달아서, 모든 괴로움과 슬픔들이 미치지 못하는 경지에 이르셨으니 그분들을 찬탄하고 공경함은 다른 무엇보다도 가치 있고 의미 있는 일이라는 말씀입니다. 삼보에 귀의하고 공경하면 그 자체가 훌륭한 공덕을 쌓는 것이며, 배우고 수행하면 가장 바람직한 일이라고 할 수 있겠지요.

196.

붓다와　　비구처럼　　도를 이루어
마음이　　평화롭고　　걱정 없는 분
그 분들　　의지하며　　공양하는 이
그 공덕　　무엇에도　　견줄 수 없네.

士如中正 志道不慳 利在斯人 自歸佛者

"He who reveres such peaceful and fearless ones, his merit none can compute by any measure."

도를 이루신 붓다와 그의 제자들처럼 마음이 고요하고 두려움이 없는 열반의 경지에 이른 분들을 찬탄하며, 아울러 그런 분들을 공경 예배 공양하는 이들의 공덕도 헤아릴 수 없을 만큼 크다는 말씀입니다. 출가 수행자는 물론, 재가불자 또는 신심 있는 이들의 삼보공경과 발심공덕을 기리며, 모두가 그 성불 열반의 길로 나아가 스스로 도를 이루기를 발원하고 수행하여야 하겠습니다.

15장

즐거움 누림

安樂品 | 幸福章 | Happiness

197.

미움이　타오르는　세상 속에서
태연히　친절한 분　행복하여라.
성내고　원망하는　사람 속에서
자비를　베푸는 분　안락하여라.

我生已安 不慍於怨 衆人有怨 我行無怨

"Happy indeed we live, friendly amidst the hostile. Amidst hostile men we dwell free from hatred."

참으로 행복한 삶을 사는 이는 적대감을 보이는 사람들 속에서도 그들과 똑같이 적개심을 내어 대하지 않고, 자비심을 내어 친절하게 대하는 사람이라는 말씀입니다. 남을 미워하면서 행복할 수는 없습니다. 세속의 사람들은 대부분 자기의 감정을 잘 조절하지 못하고, 누가 성을 내면 같이 분노하기 쉽지만, 수행을 하여 마음을 스스로 통제할 수 있는 이는 자비심으로 용서하고, 안정을 유지하며 자유자재하게 자유와 평화의 안락을 누릴 수 있습니다.

198.

애착 병　고통 심한　세상 속에서
담담히　걸림 없는　살림 즐거워.
병고에　시달리는　인간 속에서
애착을　벗어난 분　자유 누리네.

我生已安 不病於病 衆人有病 我行無病

"Happy indeed we live, unafflicted amidst the afflicted (by craving). Amidst afflicted men we dwell free from affliction,"

병과 같이 애착에 얽매어 괴로움을 겪는 사람이 많은 세상에 살면서, 애착을 버리고 담담하게 살아가는 사람의 자유로운 즐거움을 알려주는 말씀입니다. 신체에 병이 들면 몸이 괴롭듯이, 애착이 심하면 마음에 병이 되어 그 괴로움이 더욱 심하게 되지요. 그런 사람들 속에서 담담하게 애착을 버리고 걸림이 없이 살아가는 사람, 수행자의 즐거움을 누리도록 안내하고 격려하는 가르침입니다.

199.

탐욕에　　끌려가는　　사람 속에서
욕심을　　내지 않고　　자유로운 분
한없이　　근심하는　　사람 속에서
조금도　　걱정 않고　　복을 누리네.

我生已安 不慼於憂 衆人有憂 我行無憂

"Happy indeed we live, free from avarice amidst the avaricious. Amidst avaricious men we dwell free from avarice."

대부분이 탐욕에 빠져 헤어나지 못하고, 무작정 욕망의 무리에 휩쓸려 가는 흐름 속에서, 욕심을 자제하고 자유를 누리는 이들은 행복한 분들임을 찬탄하는 말씀입니다. 살아가면서 탐욕의 노예가 되느냐, 자유자재한 주인이 되느냐는 각자의 의지와 노력에 달렸습니다. 욕망의 그늘에서 괴로움을 당하느냐 무욕의 수행에서 평안을 누리느냐는 각자의 선택과 결단에 달렸으니, 진정한 즐거움과 행복을 누리는 수행자가 되어 그를 체험하여야 하겠습니다.

200.

아무것　갖지 않은　조촐한 살림
무소유　넉넉함을　즐기는 분은
무엇을　함이 없이　자유 누림에
빛나는　하늘 신도　견줄 수 없네.

我生已安 淸淨無爲 以樂爲食 如光音天

"Happy indeed we live, we who possess nothing. Feeders on joy we shall be, like the Radiant Gods."

대부분의 중생들이 탐욕심으로 무엇이든 많이 가지려 하고, 필요 이상으로 쌓아두려 하며, 가진 것들을 지켜나가려고 걱정을 하는데, 꼭 필요한 만큼만 가지려 하고, 좀 모자라도 만족하며 조촐하게 살려는 청빈의 뜻을 갖고, 여유가 있으면 없는 이들과 나누려 하는 수행자의 살림살이는 하늘의 광음천과 비유할 만큼 여유로움이 있다는 말씀입니다. 그러한 이들의 삶은 진흙 속에서 피어나는 연꽃 같은 존재라고도 할 수 있겠지요.

201.

이기면　상대에게　원망을 낳고
져서는　아쉬움에　괴로워하네.
겨루고　다투려는　뜻 없는 분엔
승리와　패배 모두　걸림이 없네.

勝則生怨 負則自鄙 去勝負心 無諍自安

"Victory begets enmity; the defeated dwell in pain. Happily the peaceful live, discarding both victory and defeat."

크고 작은 모든 싸움에서, 승리한 쪽은 진 쪽으로부터 원망과 적의를 일으키게 되며, 패배한 쪽은 자책으로 괴로워하게 되지만, 진정으로 마음이 평화롭게 사는 이들에게는 승리와 패배 모두에 집착하거나 괘념하지 않는 행복이 있다는 말씀입니다. 어리석은 이들은 경쟁심을 내거나 욕심과 분노가 있어서 싸움을 하며, 모두가 피해를 입고 서로 원망하게 되기 쉽지만, 슬기로운 이들은 경쟁이나 승패를 초월하여 자비심으로 양보하고 화합하며 마음을 고요하고 평화롭게 하는 행복을 누립니다.

202.

애욕의 뜨거움은 비할 바 없고
분노의 위독함은 가장 심하며
육체는 병과 같은 걱정덩어리
열반의 평화만이 축복이어라.

熱無過婬 毒無過怒 苦無過身 樂無過滅

"There is no fire like lust and no crime like hatred, There is no ill like the aggregates (of existence) and no bliss higher than the peace (of Nirvana)."

애욕의 뜨거운 번뇌를 불에, 분노의 위해를 독에, 몸의 불편을 병에 비유하며, 모든 번뇌와 걱정의 괴로움이 사라진 열반의 평온한 경지를 강조하고 일깨우는 말씀입니다. 모든 것을 불태우는 화재, 생명을 죽이는 독, 항상 보살펴야 하는 병처럼, 애욕과 분노 및 육신의 근본적인 괴로움을 해소하여 열반적정의 영원한 기쁨과 보람을 누리도록 인도하는 것입니다. 팔정도 등의 수행을 통해 열반의 길로 나아가기를 권장합니다.

203.

병중에　　굶주림이　　가장 심하고
인연에　　따라 생긴　　모든 게 고통.
현상을　　진실하게　　알아차려서
열반을　　이루는 게　　가장 큰 축복.

餓爲大病 行爲最苦 已諦知此 泥洹最安

"Hunger is the worst disease, conditioned things the worst suffering. Knowing this as it really is, the wise realize Nirvana, the highest bliss."

배고프고 목말라 허덕이는 것 자체가 가장 큰 병이요, 신체를 포함하여, 인연을 따라 모였다가 흩어지는 온갖 물건들의 무상함이 다 고통인데, 그 실상과 본성을 깨달으면 열반을 이루고 붓다가 되는 것이니, 지혜로운 이들은 열반을 추구하여 가장 큰 축복을 누릴 수 있다는 말씀입니다. 보통 사람들이 몸의 건강에는 예민하게 신경을 쓰면서도 정신 건강에는 소홀한 실정인데, 몸의 굶주림은 음식으로 해결할 수 있듯이, 정신의 문제들은 마음의 수행으로 해결할 수 있음을 알아야겠습니다.

204.

병 없고　건강함이　가장 이롭고

만족이　무엇보다　가장 큰 부자.

믿음이　있는 이가　제일 좋은 벗

열반을　성취함이　가장 큰 축복.

無病最利　知足最富 厚爲最友 泥洹最樂

"Health is the precious gain and contentment the greatest wealth. A trustworthy person is the best kinsman, Nirvana is the highest bliss."

병 없이 건강함이 가장 필요하고, 가진 것이 적어도 그에 만족하면 가장 큰 부자와 다름없으며, 가장 믿을 수 있는 이가 가장 훌륭한 친구이고, 모든 행복 가운데 열반이 가장 큰 축복이라는 말씀입니다. 병이 들지 않도록 미리 몸과 마음을 보살펴 건강을 챙기고, 꼭 필요한 만큼만 가지면 만족하고 더 욕심을 내지 않으며, 친구들에게는 잘 베풀고 믿음을 쌓아서 서로 신뢰할 수 있으면 가장 좋은 벗이라고 할 수 있고, 모든 기쁨 가운데 열반이 가장 뛰어남을 강조한 것입니다.

205.

외로이　　고요한 길　　홀로 걸으며
열반의　　평화 향기　　즐기는 분은
티 없이　　허물 벗고　　괴로움 넘어
진리를　　맛보면서　　보람 누리리.

解知念待味 思將休息義 無熱無饑想 當服於法味

"Having savored the taste of solitude and peace (of Nirvana), pain-free and stainless he becomes, drinking deep the taste of the bliss of truth."

출가수행자의 살림살이에 대한 말씀입니다. 고독하지만 타오르는 번뇌의 고통을 벗어나 청량한 열반 적멸의 경지에 나아가려는 출가 사문의 수행 생활은 진리를 추구하면서 사무치는 기쁨과 보람을 누리는 것이 특징입니다. 이는 말과 글로 온전히 설명할 수 없는 수행 체험의 상태입니다. 눈을 뜨면 보이는 그 진실의 세계를 눈을 감은 채로 상상만 하는 것은 어리석은 자의 안일하고 비겁한 소행입니다.

206.

거룩한　　스승 뵘은　　가장 기쁜 일

성인과　　함께 삶은　　더욱 복되리.

저속한　　바보들을　　만나지 않고

떨어져　　사는 것도　　또한 복이리.

見聖人快 得依附快 得離愚人 爲善獨快

"Good it is to see the Noble Ones; to live with them is ever blissful. One will always be happy by not encountering fools."

부처님을 뵘은 다행한 일이요, 모시고 살 수 있음은 가장 큰 복이겠지만, 그분은 이미 가셨으니, 그분의 거룩한 길을 따라가는 제자라도 뵙거나 함께 살 수 있다면 현실적으로 그 또한 좋은 일이요 축복받음이라고 할 수 있으며, 반면에 어리석거나 사악한 이를 만나지 않고 멀리 떨어져 살 수 있음도 또한 복이라는 말씀입니다. 훌륭한 스승과 좋은 도반을 만나고 함께 살 수 있기를 추구하며 정성을 다해야겠습니다.

207.

바보와　　함께 감은　　괴롭고 슬퍼
원수와　　함께함과　　다르지 않네.
누구나　　슬기로운　　분과 사귀면
친척과　　함께함의　　즐거움 있네.

與愚同居難 猶與怨同處 當選擇共居 如與親親會

"Indeed, he who moves in the company of fools grieves for long. Association with fools is ever painful, like partnership with an enemy. But association with the wise is happy, like meeting one's own kinsman."

어리석은 사람과 함께 사는 괴로움과 슬기로운 사람과 더불어 사는 즐거움을 대조적으로 보인 말씀입니다. 바보를 원수와 같이, 현인을 친척과 같이, 삶의 불편과 평안을 지적하며, 어리석은 이나 삿된 악인들을 멀리하고, 지혜인과 선우를 가까이하여야 공부와 수행의 도를 이룰 수 있음을 강조하는 것으로, 선지식과 도반의 중요성을 새삼 되새기게 하는 대목입니다. 어리석은 이도 자비심으로 보살펴야 하겠지만 아직 지혜와 능력을 갖추지 못하였으면, 우선 수행에 정진하여야겠습니다.

208.

참으로 배움 크고 계행 훌륭한
선지식 섬기면서 수행하리니.
하늘의 별 속에서 달같은 사람
착하고 거룩한 분 따라야되리.

是故事多聞 并及持戒者 如是人中上 如月在衆星

"Therefore, follow the Noble One, who is steadfast, wise, learned, dutiful and devout. One should follow only such a man, who is truly good and discerning, even as the moon follows the path of the stars,"

어리석은 사람과 어울리면 도에 장애가 될 뿐이고 수행에 진전이 없을 것이므로, 학덕과 지혜를 갖춘 현인을 찾아 따르라는 말씀입니다. 어두운 밤에 빛나는 별들, 그 가운데 으뜸인 달과 같은 성현을 따르기를 권장하는 것입니다. 어리석음을 어둠, 지혜를 밝음으로 비유하여, 어둠 속에서 헤매지 말고 밝은 빛을 따라가야 도를 이루고 해탈의 뜻을 이룰 수 있음을 강조한 줄 압니다. 알면서도 행하지 않으면 후회가 클 것이 분명합니다.

16장

사랑과 좋음

愛好品 | 快樂章 | Affection

209.

어설픈　유혹따라　정신을 잃고
해야 할　마음공부　소홀히 하면
한때의　즐거움에　철없이 빠져
영원한　해탈 자유　못 누리리라.

違道則自順 順道則自違 捨義取所好 是謂順愛欲

"Giving himself to things to be shunned and not exerting where exertion is needed, a seeker after pleasures, having given up his true welfare, envies those intent upon theirs."

바깥의 세상으로부터 일어나는 저속한 유혹에 이끌려서, 내면의 세계를 가꾸는 수행에 소홀하여 자기의 참된 성품을 져버리고 번뇌에 빠지면, 일시적인 쾌락에 취하다가 곧 괴로움을 느끼고 원망하게 되지만, 영원한 열반의 해탈과 자유의 기회도 잃고 후회할 것임을 경계하는 말씀입니다. 일어나는 인연들에 대한 정확한 상황 판단력과 절제력으로 올바른 방향과 길을 찾아 나서야만 탐욕 등으로 전개되는 윤회의 고통을 벗어나게 됩니다.

210.

사랑과 미움 모두 집착 말지니
모두 다 얽매이면 괴로움 되리.
애인을 만난다면 이별 어렵고
미운 이 피함 또한 쉽지 않으니.

不當趣所愛 亦莫有不愛 愛之不見憂 不愛亦見憂

"Seek no intimacy with the beloved and also not with the unloved, for not to see the beloved and to see the unloved, both are painful."

모든 것에 애착함이 괴로움의 원인이 되니, 사랑하는 사람을 만나면 헤어지기 괴롭고, 미워하거나 싫어하는 사람을 만남도 괴로운 일임을 미리 알아서, 아예 그 괴로움의 원인을 만들지 않음이 현명하다는 말씀입니다. 분명하고 엄연한 사실이며, 누구나 공감하는 상식이지만, 늘 마주하는 현실입니다. 불덩이가 뜨거운 줄 알면 함부로 움켜쥐지 않으며, 만약 만질 수밖에 없는 경우에는 곧바로 그것을 놓아버리리니, 그러함이 슬기로운 이의 처신이라 할 수 있겠지요.

211.

괴로운　사랑 이별　미리 피하려
차라리　사랑에는　빠지지 않네.
사랑과　미움까지　없는 분들은
아무런　걸림 없이　자유 누리리.

是以莫造愛 愛憎惡所由 已除結縛者 無愛無所憎

"Therefore, hold nothing dear, for separation from the dear is painful. There are no bonds for those who have nothing beloved or unloved."

슬기로운 사람은 괴로워할 사랑의 이별은 아예 만들지도 말고, 미워할 원수도 만들지 않아서, 어떠한 얽매임과 걸림도 없게 한다는 말씀입니다. 그렇게 초연하게 살기가 쉽지 않은 현실에서, 만약에 사랑을 하더라도 너무 집착하지 않고, 미움과 성냄도 과도하게 하지 않게 하여, 편협하고 극단적인 감정에 사로잡히지 않도록 성숙한 자세로 마음을 비우며 인연 관계를 조절해 나가야 하겠습니다.

212.

근심은 환락에서 일어나지만
두려운 까닭 또한 환락이어라.
환락을 벗어난 분 근심도 없고
두려움 더불어서 사라지리라.

好樂生憂 好樂生畏 無所好樂 何憂何畏

"From endearment springs grief, from endearment springs fear. For him who is wholly free from endearment there is no grief, whence then fear."

무엇을 즐기고 사랑하는 것은 슬픔과 근심 걱정 및 두려움도 일으키는 원인이 되니, 무엇에나 탐닉하고 애착하지 않는 이에게는 걱정이나 무서움도 없게 된다는 말씀입니다. 걱정 근심의 원인으로서의 쾌락 탐닉과 애착을 제거하면 거기에 합당한 결과로써 근심과 두려움도 사라져 안락하게 될 것임을 강조하는 것입니다. 알고도 행하지 않음은 아무 소용이나 결과가 없습니다. 현실적으로 어렵겠지만, 포기하지 않고 열심히 실천 수행하는 이만이 그 보람을 누릴 수 있겠지요.

213.

슬픔은　애정에서　솟아 나오고
두려움　또한 애정　비롯되나니
애정에　자유롭고　지혜로운 분
그에겐　슬픔이나　두려움 없네.

愛喜生憂 愛喜生畏 無所愛喜 何憂何畏

"From affection springs grief, from affection springs fear. For him who is wholly free from affection there is no grief, whence then fear?"

보통은 사랑하다가 그 사랑이 오래가지 못하면 슬퍼하게 되고, 아울러 두려움이 생기기 마련이니, 애정과 집착을 초월하여 얽매임이 없이 자유로운 사람에겐 슬픔과 두려움이 없으리란 말씀입니다. 어떤 결과를 싫어하거나 두려워한다면, 그 원인을 없애는 것이 현명한 도리일 줄 압니다. 나중에 슬퍼하거나 두려워하지 않도록 합당하고 적절한 사랑을 하도록 유념하고 조심해야겠습니다.

214.

걱정은 애착에서 생겨 나오고
근심도 애착에서 비롯되나니
애착에 걸림없이 자유로운 분
그에겐 걱정이나 근심이 없네.

愛樂生憂 愛樂生畏 無所愛樂 何憂何畏

"From attachment springs from grief, from attachment springs fear. For him who is wholly free from attachment there is no grief, whence then fear?"

애착 즉, 좋아하고 즐기는 것에 집착하면, 그것이 무너지거나 사라질 때에 걱정하고 근심하게 되리니, 무엇에라도 애착하지 말아야 한다는 말씀입니다. 적당히 좋아하고 즐기다가 인연이 다되어 그치게 되면 담담히 그 상황을 받아들이면 되지만, 집착하여 무리하면 갈등과 번뇌가 일어나게 되고 원망하거나 미워하게 되어 괴로움이 커지게 되겠지요. 집착하지 않기가 어렵지만, 수행 삼아 노력해야겠습니다.

215.

슬픔은　　애욕에서　　샘솟아 나고
두려움　　또한 애욕　　비롯되나니
애욕을　　자제하고　　자유로운 분
그에겐　　슬픔이나　　두려움 없네.

愛欲生憂 愛欲生畏 無所愛欲 何憂何畏

"From lust springs grief, from lust springs fear. For him who is wholly free from affection there is no grief, whence then fear?"

슬픔과 두려움의 원인으로 애욕을 지적한 말씀입니다. 여기서 애욕은 특히 육체적인 측면 즉, 색욕 또는 성욕을 가리킵니다. 성욕은 이른바 오욕락의 하나로 가장 치열한 본능적 욕망이라고 할 수 있는데, 일반적인 부부간의 관계를 넘어서는 과도한 성욕으로 중독성을 보이는 것입니다. 그 색욕이 지나치면 수단과 방법을 가리지 않고 추구하여 상대에게 많은 부담과 불편을 끼치게 되며, 건전한 관계가 파탄을 맞기 쉬우니 항상 조심하여야 하겠지요.

216.

슬픔은 열망에서 싹터 나오고
두려움 또한 열망 비롯되나니
열망을 자제하고 자유로운 분
그에겐 슬픔이나 두려움 없네.

貪欲生憂 貪欲生畏 無所貪欲 何憂何畏

"From craving springs grief, from craving springs fear. For him who is wholly free from craving there is no grief, whence then fear?"

간절한 욕망과 그 대상에 집착을 하면 슬픔과 두려움이 생긴다는 말씀입니다. 무엇이나 너무나 강한 욕심을 열정으로 추구하거나, 원하는 것을 얻으면 그것을 지키며 조금도 양보하지 않으려 하고, 만약 잃으면 되찾으려는 데 안간힘을 쓰는 등, 편집광적인 사고와 태도 및 행동을 보이는 이들이 있습니다. 욕망이 뜻대로 안되면 슬퍼하거나, 뜻을 이루면 지속되지 않을까 걱정하고 두려워하는데, 그렇지 않으려면, 그를 극복하는 수행에 정진할 필요가 있습니다.

217.

본분에　맞추어서　책임을 지고
진리에　합당하게　살아가면서
도덕과　통찰력을　갖춘 사람을
세상의　사람들은　경애하느니.

貪法戒成 至誠知慚 行身近道 爲衆所愛

“People hold dear him who embodies virtue and insight, who is principled, has realized the truth, and who himself does what he ought to be doing.”

세상 사람들은, 출가수행자들은 물론 사회의 지도자도 자기의 본분을 잘 알고 그에 합당한 삶을 살아가는 분들을 신뢰하고 존중하리라는 말씀입니다. 윤리 도덕적인 처신과 행동, 지혜롭게 나름대로 진리에 맞는 원리 원칙을 세워서 지키고, 마땅히 해야 할 바 본분의 의무와 책임을 지며 성실하게 정진하는 분들을 대중은 경애하고 따를 줄 압니다. 아만을 없애고 허세를 부리지 않도록 반성하며 조심하여 진정한 도인이 되도록 노력하여야 하겠습니다.

218.

어떻게　　형언할 수　　없는 열반을
초월의　　의지로써　　추구하는 분
감각적　　쾌락 떠난　　수행자라면
윤회를　　거스르는　　해탈자일세.

欲態不出 思正乃語 心無貪愛 必截流渡

"One who is intent upon the Ineffable (Nirvana), dwells with mind inspired (by supramundane wisdom), and is no more bound by sense pleasures--such a man is called "One Bound Upstream."

언어 및 문자적 표현의 한계를 초월한 열반의 경지를 추구하는 진정한 수행자는 세속적 감각의 욕망을 극복하여 위없는 깨침의 지혜로 해탈을 이루게 됨을 일깨우는 말씀입니다. 한때의 육체적 쾌락에 빠지지 않고 영원한 즐거움과 위없는 행복을 구하고자 한다면, 투철한 신심과 원력으로 불퇴전의 용맹정진을 하여야 하고, 향상일로에 성의를 갖고 최선을 다해 나가야 하겠습니다.

219.

떠난 지　오래됐던　집안 식구가
멀리서　돌아오면　반가울지니
가족 및　친척들과　여러 친구들
모두가　다시 만남　기뻐하리라.

譬人久行 從遠吉還 親厚普安 歸來喜歡

"When, after a long absence, a man safely returns home from afar, his relatives, friends and well-wishers welcome him home on arrival."

긴 여행을 하고 오랜만에 고향 집에 돌아와서 가족과 친구들에게 환영 받음을 통해, 긴 수행 끝에 열반 피안에 이르는 기쁨을 비유로 알려주는 말씀입니다. 가족과 친지들의 환영과 해후의 기쁨은 이를 겪어본 이들에겐 특별할 것입니다. 누구나 마음의 고향은 있고, 그곳을 떠나 방랑하다가 돌아와 누리는 즐거움도 상상할 수 있을 것입니다. 각자 멀어진 고향을 찾아 돌아가는 여정처럼, 본성을 회복하는 수행에 정진하여야겠습니다.

220.

이 세상 살림살이 착하게 살면
그 인연 과보로써 복을 받아서
저세상 태어남의 즐거움들은
고향집 돌아가는 행복과 같네.

好行福者 從此到彼 自受福祚 如親來喜

"As kinsmen welcome a dear one on arrival, even so his own good deeds will welcome the doer of good who has gone from this world to the next."

다음 생으로 이어지는 바의 이번 생 살림을 잘 살아서 받는 행복이 귀향의 그것과 같으리라는 비유로, 인연 업과를 잘 인식하고 성실하게 살기를 권하는 말씀입니다. 출가수행자들에게는 끊임없는 생사윤회의 방랑에서 벗어나, 열반의 피안에 이르러 해탈 자유와 자재를 누릴 수 있도록 정진을 잘하도록 노력하라는 깨우침으로 볼 수 있겠습니다.

17장

성냄 다스림

忿怒品 | 瞋恚章 | Anger

221.

누구나　미워함과　성냄 버리고
아만과　장애 이겨　겸손할지니
마음과　몸뚱이에　집착 않으면
그에겐　괴로움이　오지 않으리.

捨恚離慢 避諸愛貪 不著名色 無爲滅苦

"One should give up anger, renounce pride, and overcome all fetters. Suffering never befalls him who clings not to mind and body and is detached."

대다수의 사람들은 아만과 자긍심을 갖고, 자기 기분에 맞지 않거나 바라는 것이 뜻대로 되지 않으면 화를 내고 남을 미워하면서 괴로움에 빠지는데, 자만에 빠지지 않고, 자기의 몸과 마음에 크게 집착하지 않는 이에게는 괴로움이 없다는 말씀입니다. 항상 겸손하게 마음을 열고 인연을 살펴서 분노 대신 용서와 자비심을 내도록 유념하여야겠습니다.

222.

전차를　잘 다루는　전사와 같이
분노를　잘 다루는　마음 수행자.
그 밖의　사람들은　근사하지만
참다운　자율자제　하지 못하네.

恚能自制 如止奔車 是爲善御 棄冥入明

"He who checks rising anger as a charioteer checks a rolling chariot, him I call a true charioteer. Others only hold the reins."

성냄은 가장 위험한 것이지만, 성을 내지 않거나 분노를 잘 조절하고 통제할 수 있는 이가 용감한 전사와 같은 강인한 능력자라며, 마음을 잘 다스리고 성내지 않는 이를 칭찬하는 말씀입니다. 부질없이 화를 내어 남에게 위해를 끼치면 모든 공덕을 깨트리고 잃어버리게 됩니다. 한 번의 분노로 뱀의 몸을 받았다는 옛사람의 이야기도 전해 옵니다. 성내지 않고 화를 잘 다스리려면, 평소에 마음 수련을 통하여 조절 능력을 갖추어야 합니다.

223.

참음은　　성냄 이겨　　마음 편하고
착함은　　악을 이겨　　복을 쌓느니.
베풂은　　아낌 넘어　　넉넉함 되고
진실은　　거짓 이겨　　믿음 세우네.

忍辱勝恚 善勝不善 勝者能施 至誠勝欺

"Overcome the angry by non-anger; overcome the wicked by goodness; overcome the miser by generosity; overcome the liar by truth."

화가 나면 기분대로 성내어서는 해결되지 않고 참거나 자비로움으로 용서함으로써 극복될 수 있으며, 악을 보고도 선으로 대하여야 그 악이 조복되고, 남이 인색하더라도 베풀어 줌으로써 마음이 넉넉해지며, 누가 거짓으로 대하더라도 진실로 임하면 그 거짓이 사라지고 믿음을 세울 수 있다는 말씀입니다. 알고도 행하기는 쉽지 않을지라도 수행으로 이루어 나가지 않으면 괴로운 악순환은 되풀이되겠기에, 선순환 방향으로 가는 것이 최선입니다.

224.

언제나 진실만을 말하려 하며
겸손히 양보하며 성내지 않고
구하지 않으면서 베푸는 사람
그렇게 어진 분은 하늘에 나리.

不欺不怒 意不求多 如是三事 死則生天

"Speak the truth; yield not to anger; when asked, give even if you only have a little. By these three means can one reach the presence of the gods."

남을 속이지 않고 성내지 않으며 베풀어 주는 사람은 그 공덕의 좋은 과보를 받으리라는 말씀입니다. 진실하게 말하고 부드럽게 대하며 가진 것을 형편대로 나누어 주는 생활을 습관화하면 좋겠습니다. 금생에 착하게 잘 살면 죽어서 다음 생을 맞을 때에도 그 삶의 연장선상에서 좋은 과보를 받을 것이 짐작됩니다. 남을 배려하고 살아감이 자기의 삶을 가치있고 보람되게 하는 길입니다.

225.

언제나　조심하여　몸을 가누고
생명을　아끼면서　돕는 사람은
슬픔과　괴로움을　겪지 않고서
열반의　저 언덕에　이를 수 있네.

常自攝身 慈心不殺 是生天上 到彼無憂

"Those sages who are inoffensive and ever restrained in body, go to the Deathless State, where, having gone, they grieve no more."

항상 몸조심하고 남에게 해를 끼치지 않으며, 자비심으로 살아가는 사람은 성인 즉, 부처님의 길을 가는 삶으로써 고통과 근심이 없는 피안의 세계에 이르리라는 말씀입니다. 탐욕과 분노를 억제하며, 몸과 마음을 잘 다스려서 남에게 위해를 주지 않을 뿐만 아니라, 뭇 생명들을 보살피며 구제하려는 대자비행을 실현하는 분은 붓다나 보살의 가르침을 실천하고 살려내는 것이며, 해탈 열반을 누릴 것임을 짐작할 수 있습니다.

226.

밤낮을　끊임없이　수행하면서
정신을　가다듬고　깨어 있는 분
열반을　향해 가는　구도자에겐
번뇌가　사라지고　행복하리니.

意常覺寤 明暮勤學 漏盡意解 可致泥洹

"Those who are ever vigilant, who discipline themselves day and night, and ever intent upon Nirvana--their defilements fade away,"

누구나 무슨 생각을 하고 시간을 어떻게 보내는지에 따라 그의 삶이 그 방향과 목적에 맞게 이루어지므로, 수행과 열반의 길로 가서 행복을 누리라는 말씀입니다. 번뇌를 일으키며 생사윤회의 길로 갈지, 수행을 통해 해탈 열반의 길로 갈지는 각자의 결정과 선택에 달려 있겠고, 얼마나 성실히 노력하느냐에 따라 그 결과도 달라질 수 있습니다. 건전한 구도의 길로 나아가 끊임없이 노력하여 자유와 행복을 누려야 하겠습니다.

227.

언제는　말없다고　비방하다가
말하면　말 많다고　비난하느니
조금만　말을 해도　또 비방하니
딱하네!　남 헐뜯는　그 못된 버릇!

人相毁謗 自古至今 旣毁多言 又毁訥忍 亦毁中和 世無不毁

"O Atula! Indeed, this is an ancient practice, not one only of today they blame those who remain silent, they blame those who speak much, they blame those who speak in moderation. There is none in this world who is not blame."

남을 비방하기 좋아하는 사람은, 침묵하는 이에겐 말 없다고, 말을 자주하는 이에겐 말 많다고, 말을 조금하는 이에게도 까닭없이, 아무에게나 무조건 트집을 잡고 시비하는 나쁜 버릇이 있는데, 이는 옛날이나 지금이나 사라지지 않고 있음을 탄식하는 말씀입니다. 말이 없거나 있거나 그런대로 좋게 보고 모두 긍정적으로 말하며, 남의 사정을 이해하고 인정하는 태도가 아쉬운 세상입니다. 항상 남을 존중하며 말다툼과 험담을 삼가야 하겠습니다.

228.

오로지 비난 또는 칭찬을 받는
그러한 인물들은 보기 드무네.
과거나 현재에나 미래에서도
도저히 있을 수가 없을 뿐이네.

欲意非聖 不能制中 一毁一譽 但爲利名

"There never was, there never will be, nor is there now, a person who is wholly blamed or wholly praised."

항상 전적으로 칭찬만 받거나 비난만 받는 이는 없다는 말씀입니다. 누구나 세상을 살아가다보면 많거나 적거나 잘잘못이 있기 마련이고, 칭찬을 받다가도 비판을 받거나, 비난을 받다가도 칭찬을 받을 수 있기로, 상황은 계속해서 바뀌고 인연에 따라 변화함은 불변의 진리라고 할 수 있습니다. 칭찬을 받을 때도 자만하지 말고, 비난을 받을 때도 좌절하지 않으며, 지나는 상황에 집착하지 말아야 할 줄 압니다. 오직 끊임없이 주어진 상황 속에서 최선을 다하여야겠지요.

229.

나날이　　공부하고　　수행하면서
현명한　　사람에게　　칭찬받는 분
도덕과　　바른 지식　　고루 갖추어
흠 없이　　훌륭하게　　살아가느니.

多聞能奉法 智慧常定意 如彼閻浮金 孰能說有瑕

"But the man whom the wise praise, after observing him day after day, is one of flawless character, wise, and endowed with knowledge and virtue."

매일 때때로 경전을 많이 읽고 선지식들의 법문을 자주 들으며, 부처님 가르침과 진리를 받들어, 지혜와 도덕을 갖추면, 현인들의 칭찬을 받을 수 있고, 잘못과 허물이 없게 된다는 말씀입니다. 학문과 수행에 부지런히 노력하며 성현의 가르침과 모범을 잘 따라서 인격을 갖추어 훌륭하게 살아가기를 권면하는 이 말씀을 마음에 새기고 꾸준히 정진해 나가야겠습니다.

230.

올바로 청정하게 수행 잘하여
순금의 주화같이 빛나는 인물
하늘의 신들조차 칭찬할지니
누구나 존중할 뿐 비난 없으리.

如阿難淨 莫而誣謗 諸天咨嗟 梵釋所稱

"Who can blame such a one, as worthy as a coin of refined gold? Even the gods praise him; by Brahma, too, is he praised."

부처님을 시봉하며 그 가르침을 잘 기억하고 청정하게 수행한 아난존자처럼 경전을 많이 읽고 여법하게 수행하는 이는 누구에게나 보배롭게 존경을 받으리니, 제석을 포함한 하늘의 신들도 칭찬하리라는 말씀입니다. 누가 감히 그러한 수행자를 비난하고 험담을 하겠습니까? 만약 훌륭한 수행자를 터무니없이 모함하거나 비방한다면, 설득력이 없어서 누구에게나 공감과 호응을 얻지 못할 것입니다.

231.

언제나　몸을 지켜　행동 삼가고
성내지　않는다면　덕이 쌓이네.
몸으로　악행 않고　선행을 하면
수행을　성취하여　도를 이루리.

常守護身 以護瞋恚 除身惡行 進修德行

"Let a man guard himself against irritability in bodily action; let him be controlled in deed. Abandoning bodily misconduct, let him practice good conduct in deed."

몸을 잘 절제하고 관리하여 함부로 행동하지 말고 성내는 일이 없도록 하라는 경계의 말씀입니다. 악한 행동을 하지 않고 착한 행동을 하면, 자기는 물론 세상이 바르고 평화롭게 될 수 있으려니, 마침내 공덕을 쌓고 수행을 이루어 큰 행복을 누릴 수 있을 것이 분명합니다. 출가자나 재가자나 본분에 합당한 계율을 받아 지니며 계행에 충실하면 몸으로 악업을 짓지 않고 평안을 누릴 수 있을 줄 압니다.

232.

언제나　　입을 지켜　　말을 삼가고
원한이　　안 생기는　　좋은 말 하며
나쁜 말　　피하면서　　옳은 말 하고
경전을　　되새기면　　수행 잘하리.

常守護口 以護瞋恚 除口惡言 誦習法言

"Let a man guard himself against irritability in speech; let him be controlled in speech. Abandoning verbal misconduct, let him practice good conduct in speech."

언제나 입조심하라는 가르침입니다. 입으로 음식 먹기도 적당히 할 뿐 아니라, 말하기를 삼가서, 스스로 성내어 말하지 말고, 남이 듣고 성이 나도록 하지 말아야 하겠지요. 거짓말, 험담이나 악담, 이간질은 물론, 실없는 말을 하지 않도록 하여야 합니다. 항상 진실하게 올바른 말을 하고, 격려나 덕담을 하며, 싸우는 사람을 화합시키는 말을 하고, 아첨이나 과장된 말을 피하여야겠습니다. 경전을 외우며 설법하는 등, 입으로 선업을 쌓으면, 연설도 잘하게 되고, 남에게 신망을 얻습니다.

233.

언제나 마음 지켜 고요히 하고
분노와 원망없이 생각하면서
정사와 정념 정진 집중한다면
수행을 성취하고 해탈하리니.

常守護心 以護瞋恚 除心惡念 思惟念道

"Let a man guard himself against irritability in thought; let him be controlled in mind. Abandoning mental misconduct, let him practice good conduct in thought."

언제나 마음을 잘 가다듬고 망상과 잡념이 없도록 하라는 말씀입니다. 마음을 잘못 다스리고 내버려두면, 못된 성질이 나서 화를 내거나 남을 괴롭히는 경우가 생깁니다. 마음을 잘 챙기고 들뜨지 않게 하며, 나쁜 생각이 나지 않도록 잘 조절하여 도를 닦는데 전념하도록 하여야겠습니다. 나쁜 생각이 일어나면, 나쁜 말을 하게 되고, 나쁜 행동을 하게 될 터이니, 꾸준히 마음챙김과 조절에 빈틈이 없어야 수행이 진전되며 살림살이가 건전하고 평화롭게 됩니다.

234.

언제나　몸과 입과　마음 지켜서
올바른　행동하고　말을 삼가며
성내지　아니하고　마음 잘 쓰면
스스로　절제하는　지혜인 되리.

節身愼言 守攝其心 捨恚行道 忍辱最强

"The wise are controlled in bodily action, controlled in speech and controlled in thought. They are truly well-controlled."

언제나 몸과 입과 뜻의 움직임 즉, 삼업을 올바르게 청정히 하라는 말씀입니다. 특히 성냄이 없도록 하라고 강조하면서, 삼업을 잘 통제하고 조절할 수 있는 이가 지혜를 갖춘 진정한 도인이며, 어떠한 어려운 상황에서도 흔들림이 없이 갈 길을 갈 수 있는 능력자라고 칭찬합니다. 실제로 마음을 맑고 고요하게 하며, 말을 필요한 만큼만 합당하게 하고, 행동을 올바르게 하려고 함이 곧 수행이니, 이를 제대로 실천하면 마침내 성불하여 해탈자재를 누릴 줄 압니다.

18장

깨끗지 않음

塵垢品 | 不潔章 | Impurity

235.

어느덧 늦가을의 잎사귀처럼
바람의 낙엽같이 죽음을 맞네.
이 세상 떠나려고 나서는 지금
저 세상 갈길 먼데 노자도 없네.

生無善行 死墮惡道 往疾無間 到無資用

"Like a withered leaf are you now; death's messengers await you. You stand on the eve of your departure, yet you have made no provision for your journey!"

공부와 수행을 하거나 자선 등의 성실한 인생을 살지 못한 사람이 늙거나 병들어서, 추풍낙엽처럼 죽음을 맞게되는 서글픈 정황을 제시하며, 게으르거나 헛된 삶을 살지 말라고 경책하는 말씀입니다. 누구나 죽음을 앞두고는 당황하며 두려움과 회한으로 괴로워하기 쉽습니다. 먼 길을 떠나면서 여비가 없는 사람의 아쉬움을 짐작해 본다면, 평소에 장래 상황에 대한 준비를 잘 해두어야 하겠지요. 평안하고 자유롭게 이생을 마감하고, 희망찬 다음 생을 기대할 수 있도록 하여야 할 줄 압니다.

236.

지혜를 이루려는 뜻을 세우고
의연히 자기실현 도를 닦으리.
해맑게 때를 씻고 새 옷 입은 뒤
열반의 부처님 땅 들어가리니.

當求知慧 以然意定 去垢勿垢 可離苦形

"Make an island for yourself! Strive hard and become wise! Rid of impurities and cleansed of stain, you shall enter the celestial abode of the Noble Ones."

번뇌와 고통의 바다 가운데에서 스스로 머물고 지킬 수 있는 섬이 되거나, 또는 어두운 밤길을 걸어가면서 스스로 등불이 되어 비추어 나가기를 가르치신 부처님의 유지를 따라, 속세의 탐욕을 떠나서 수도에 열심히 정진하면, 마침내 거룩한 붓다의 세계에 들어갈 수 있다는 권유와 격려의 말씀입니다. 누구에 의지하지 말고, 외롭지만 홀로라도 자신의 수행 길을 흔들림 없이 나아간다면 그 결과와 보람은 스스로 누리게 될 것입니다.

237.

어느덧　　이승 길 끝　　목숨이 다해
지하의　　염라왕이　　기다리는데
어두운　　저승길은　　쉴 곳도 없고
어떻게　　견뎌나갈　　준비도 없네!

生時臨終 死墮閻魔 往休無間 到無資用

"Your life has come to an end now; you are setting forth into the presence of Yama, the king of death. No resting place is there for you on the way, yet you have made no provision for your journey!"

아무런 준비 없이 죽음을 맞는 이의 난감한 상황을 보여주며, 평소에 그를 준비하라는 말씀입니다. 죽음을 관장한다는 염라대왕이 업경대를 통해 어떻게 살아왔는지를 살피고 평가하여 다음 길을 정해준다고 합니다. 훌륭히 잘 살아서 공덕을 많이 쌓은 이는 그 결과로써 좋은 곳으로 인도되고, 잘못 살아서 악덕을 키운 이는 그 결과의 앙화로 지옥에서 고통을 받거나 아귀 혹은 축생으로 태어나 고생을 하도록 한다고 전합니다. 평소에 올바르고 성실하게 살아야 됨을 명심하여야 하겠습니다.

238.

지혜를　　성취하려　　원력 키우고
과감히　　현자의 길　　홀로 떠나리.
번뇌의　　때를 씻고　　청정 이루어
다시는　　생사의 길　　안돌아오리.

當求知慧 以然意定 去垢勿污 生老不死

"Make an island for yourself! Strive hard and become wise! Rid of impurities and cleansed of stain, you shall not come again to birth and decay."

갈등과 욕정의 바다 가운데 스스로 머물고 쉴 수 있는 섬이 되거나, 또는 어두운 길을 걸어가면서 스스로 횃불을 밝히고 비추어 나가기를 가르치신 부처님의 유지를 따라, 탐욕에 얽매이지 않고 청정한 수행에 열심히 매진하면, 마침내 생사와 윤회의 세계를 벗어나 해탈자재를 누릴 수 있다는 말씀입니다. 누구나 이러한 가르침을 들어서 알고도 실천하지 않다가 죽음에 이르러 한탄하고 후회하게 될 어리석고 게으른 삶을 살아가지 말고 올바로 수행 정진해나가야겠지요.

239.

튼실한　　대장장이　　단련하듯이
현자는　　차근차근　　뜻을 이루어
번뇌의　　때를 씻고　　수행하여서
마침내　　저 언덕에　　도달하리니.

慧人以漸 安徐精進 洗滌心垢 如工錬金

"One by one, little by little, moment by moment, a wise man should remove his own impurities, as a smith removes the dross from silver."

대장장이가 잡철을 단련하여 순전한 강철을 만들듯이 현인은 자기를 수련하여 마음을 맑히고 지혜를 성취한다는 말씀입니다. 어떠한 큰 성취도 한 번에 쉽게 이루어지지 않고, 많은 인내와 노력의 결과이므로, 수행자도 슬기롭게 차근차근 정진하며 불퇴전의 노력으로 그 뜻을 이루기를 권고하는 것입니다. 이른바, 도를 닦는다는 것이 비록 어려운 줄 알면서도, 신념과 용기를 갖고 끊임없이 정진하는 이야말로 마침내 성취의 보람을 누릴 수 있습니다.

240.

쇠에서　생긴 녹이　쇠를 먹듯이
사람의　살림살이　그와 같으니
실없는　나쁜 생각　내버려 두면
그대로　행동하여　삶을 망치리.

惡生於心 還自壞形 如鐵生垢 反食其身

"Just as rust arising from iron eats away the base from which it arises, even so, their own deeds lead transgressors to states of woe."

쇠의 녹처럼 마음에 생긴 잡념 망상을 잘 제거하기를 권고하는 말씀입니다. 쇠에 녹이 생기지 않도록 예방관리를 하든지, 녹이 생기면 그를 보고 곧 없애버리면 큰 문제가 되지 않겠지만, 만약 그대로 방치해 둔다면 마침내 그 쇠를 못 쓰게 만들듯이, 사람의 마음에도 나쁜 생각이 일어나면 곧 없애버려야지 그렇지 않으면 그것이 말과 행동으로 발전하여 그의 인격과 삶을 망치게 됩니다. 마음을 항상 맑고 밝게 하며 잘 챙겨서 잡념을 일으키지 말고 좋은 생각과 자비심을 키워야겠습니다.

241.

경 읽지 않는다면 말이 거칠고
게으름 피우다간 집안 망하리.
제 몸을 안 가꾸면 보기 험하고
마음을 안 챙기면 낭패보리라.

不誦爲言垢 不勤爲家垢 不嚴爲色垢 放逸爲事垢

"Non-repetition is the ban of scriptures; neglect is the bane of a home; slovenliness is the ban of personal appearance, and heedlessness is the bane of a guard."

부처님의 말씀을 잘 활용하여야 언어생활이 맑고 건전하며, 일을 열심히 해야 가정 살림에 도움이 되고, 몸과 마음을 잘 챙겨 나가야 모양새가 보기 좋고 하는 일에 낭패보지 않으리라는 말씀입니다. 경전을 자주 읽고 그 뜻을 새겨야 지혜와 자비를 나누는 언어생활을 할 수 있고, 가정 살림도 수행처럼 부지런히 정성을 다해 일해야 신뢰와 화합을 이루고 여유롭게 살 수 있을 줄 압니다. 몸가짐도 단정히 하고 마음도 항상 챙겨서 매사에 집중하고 방일하지 말아야 하겠습니다.

242.

부정을　저지르면　수행자 수치
물건을　아낀다면　시주의 허물
저 모든　악행들은　언제 어디나
이승과　저승에도　과보 받으리.

慳爲惠施垢 不善爲行垢 今世亦後世 惡法爲常垢

"Unchastity is the taint in a woman; niggardliness is the taint in a giver. Taints, indeed, are all evil things, both in this world and the next."

부정을 저지름은 여성이 정숙하지 않은 허물이고, 나누어 주어야 함에 욕심을 내고 아까워 함은 거울의 때처럼 그 빛을 흐리게 되어, 금생은 물론 내생까지 모든 악행들은 그에 따른 과보를 받으리라는 말씀입니다. 불순한 마음으로 한때의 쾌락이나 일탈로 악행을 저지르며 방심하기 쉽지만, 그 과보는 언제라도 받게 되므로 항상 조심하고 행동을 삼가야 합니다. 이미 저지른 허물들이 있다면 반성하고 참회하며 초월의 노력을 하여야겠지요.

243.

저 모든　허물보다　가장 나쁜 것
허물의　뿌리되는　무명일지니.
무명을　밝혀내고　뿌리 없애면
저 모든　허물들도　사라지리라.

垢中之垢 莫甚於痴 學當斯惡 比丘無垢

"A worse taint than these is ignorance, the worst of all taints. Destroy this one taint and become taintless, O monk!"

여러 가지 허물들과 사악함 가운데 가장 나쁜 것은 무명 즉, 무지이니, 무명을 밝히고 지혜를 이루면 모든 허물이 해소된다는 말씀입니다. 모든 악의 근원이고 위험한 것 이른바, 삼독 즉, 탐애(욕심)와 진노(성냄)와 우치(어리석음)가 독처럼 무서운 것이지만, 그 가운데서도 어리석음이 근본이라고 할 수 있습니다. 이 무명을 밝히고 무지를 벗어나 지혜를 성취하면 곧 해탈의 기쁨을 누리려니, 누구나 분발하여서 정진하여야 하겠습니다.

244.

까마귀　검은 빛을　꺼리지 않듯
뒤에서　악행하고　얼굴 뻔뻔한
더럽게　썩은 인간　살아가는 길
부끄럼　모르면서　쉽게만 가네.

苟生無恥 如鳥長喙 强顔耐辱 名日穢生

"Easy is life for the shameless one who is as impudent as a crow, is backbiting and forward, arrogant and corrupt."

부패하고 무례한 인간은 양심을 버리고 악행을 하면서도 부끄러움을 모르고 함부로 가볍게 살아감을 지적하는 말씀입니다. 건방지고 무례한 사람은 도덕과 윤리의식이 없이, 남에게 피해를 주면서도 아랑곳하지 않고 뻔뻔하게 제멋대로 살아감으로써 사회를 어지럽히고 불화와 갈등을 일으킵니다. 인간성을 잃고 짐승같은 본능으로 천박하게 살아가는 이들을 깨우치고 바로 잡아주도록 지혜와 자비심을 발휘하여야 하겠습니다.

245.

백조가　　하얀 빛을　　지켜나가듯
양심을　　지키면서　　고결한 사람
겸손히　　염치 있게　　조촐한 생활
맑고도　　밝게 살아　　고귀하도다.

廉耻雖苦 義取清白 避辱不妄 名曰潔生

"Difficult is life for the modest one who always seeks purity, is detached and unassuming, clean in life, and discerning."

염치를 알고 양심을 지키며 청백하게 사는 사람의 어려움을 강조하는 말씀입니다. 되는대로 막 살아가기는 쉽지만, 주위의 탐욕스런 유혹과 불의에 동조하라는 부당한 협박에 굽히지 않고, 더러움을 피하여 조촐하게 살아가기가 어려운 세상. 그 어려움을 무릅쓰고, 스스로 의롭게 살아가기를 선택하여서 어렵겠지만 소신껏 용기 있게 살아가는 이들에게는 나름대로 보람과 축복이 있겠지요.

246.

참으로 어리석고 모자란 사람
생명을 해치거나 괴롭히면서
남의 것 훔치거나 거짓말 하고
간음을 좋아하니 불쌍하구나!

愚人好殺 言無誠實 不與而取 好犯人婦

"One who is ignorant destroys life, utters lies, takes what is not given, goes to another man's wife."

까닭 없이 아무 생명이나 거침없이 죽이거나 괴롭히는 것, 주지 않는 물건을 갖거나 훔치는 것, 거짓말을 하거나 악담을 하는 것, 남의 부부를 탐내어 간음하거나 더럽히는 것, 이것들은 공동체나 사회로부터 추방되어야 할 사악하고 비열한 무리임을 일깨우는 말씀입니다. 특히 출가수행자가 그러한 못된 짓을 저지르면 곧 신분과 자격을 박탈 당하고 승가에서 추방됩니다. 이러한 악행을 하지 않는 것이 곧 인간의 윤리 도덕의 기본입니다.

247.

술이나　마약처럼　정신 흐리는
위험한　음식들을　먹고 마시면
그러한　나쁜 업보　금생은 물론
내생의　자기 몸을　망치게 되리.

淫心犯戒 迷惑於酒 斯人世世 自掘身本

"One who is addicted to intoxicating drinks such a man digs up his own root even in this very world."

술이나 마약에 취하면 자기도 모르게 못된 짓을 할 수도 있고, 그러면서도 그 잘못을 모르게 되는 수도 많으므로, 어리석게 나쁜 짓을 하지 않으려면, 아예 정신을 흐리는 물질을 먹거나 마시지 않도록 미리 조심하고 신경을 가다듬어야 함을 강조하며, 만일 그렇지 못하면 몸을 망치게 됨을 경책하는 말씀입니다. 사람이 술을 먹다가 술이 사람을 먹게 된다는 말도 있습니다. 항상 맑은 정신으로 자제력을 갖고 음식 섭취를 알맞게 하여 몸과 마음의 건강을 지켜나가야 하겠습니다.

248.

착하고　어진 그대　유념할지니
삿되고　악한 것들　가까이 말게.
탐욕과　나쁜 것에　끌려간다면
고통과　후회 속에　멸망하리니.

人如覺是 不當念惡 愚近非法 久自燒滅

"Know this, O good man evil things are difficult to control. Let not greed and wickedness drag you to protracted misery."

선량하고 깨어 있는 이는 나쁜 생각을 하지 않아 생활이 건전하지만, 사악하고 어리석은 이는 그른 생각과 못된 짓을 하게 되고 마침내 자신을 파멸하며 불행하게 만들 것임을 지적한 말씀입니다. 탐욕과 원한 등 나쁜 것들의 유혹에 넘어가지 않기가 쉽지 않겠지만, 스스로 바른 마음을 잘 지켜서 외도나 일탈이 없이 올바른 길로 나아가야만 대의를 성취할 수 있지, 그렇지 않으면 일을 망치고 후회와 원망의 고통을 당하게 됩니다.

249.

사람들 믿음 따라 수행자에게
음식을 제공하며 선업을 쌓네.
만약에 이를 받는 수행자로서
만족치 않는다면 참선 못하리.

若身布施 浴揚名譽 會人虛飾 非入淨定

"People give according to their faith or regard. If one becomes discontented with the food and drink given by others, one does not attain meditative absorption, either by day or by night."

세상 사람들은 각자의 믿음에 따라 출가수행자들에게 음식을 제공하며 보시하여 공덕을 쌓는데, 만약 그 음식을 받는 수행자가 자기의 기대와 맞지 않는다고 불만을 가진다면, 그는 마음이 혼란스러워 참선에 집중할 수 없으리라는 말씀입니다. 수행자는 제공받는 어떤 음식이라도 많고 적거나, 좋고 나쁨을 가리지 말고 기쁨으로 감사하며 잘 받아들여야 마음이 안정되고 참선수행에 집중할 수 있을 줄 압니다.

250.

받은바　음식들에　만족하면서
욕심의　뿌리까지　뽑아내는 분
그러한　수행자는　마음 편하여
낮과 밤　한결 같이　참선 잘하리.

一切斷欲 截意根源 晝夜守一 必求定意

"But he in whom this (discontent) is fully destroyed, uprooted and extinct, he attains absorption both by day and by night."

탁발 걸식하는 출가수행자로서 제공받는 모든 음식에 불만을 갖지 않고, 모든 욕심의 근원을 제거한 이는 마음이 안정되어 참선 수행에 집중할 수 있어서 밤낮을 통하여 흐트러짐이 없이 정진하리라는 말씀입니다. 각자의 본분에 맞추어 용심을 하고 처신을 잘하여야 하는데, 출가수행자로서는 음식이나 의복 및 주거의 조건은 오직 수행하기 위한 도구로 알아, 검소하고 질박한 삶에 만족하고 감사하는 삶을 살아야 하겠습니다.

251.

음욕이 불 가운데 가장 뜨겁고
분노가 집착 중에 가장 힘세네.
무지가 얽매임에 가장 심하고
애착이 강 가운데 가장 세차네.

火莫熱於淫 捷莫疾於怒 網莫密於痴 愛流駛乎河

"There is no fire like lust; there is no grip like hatred; there is no net like delusion; there is no river like craving."

불 가운데 음욕같이 뜨거운 것이 없고, 공격 가운데 분노같이 빠른 것이 없으며, 그물 가운데 어리석음 같이 얽매는 것이 없고, 하천 가운데 애착처럼 깊게 흐르는 것이 없다며 비유로써 그 수준을 보이는 말씀입니다. 이른바 삼독 즉, 위험하기가 독과 같다는 탐욕과 진노와 우치 및 집착의 강도가 자연현상에 비교한다면, 화재와 홍수, 폭풍과 그물처럼 사람의 살림을 파괴하거나 구속함과 같다고 볼 수 있으니, 항상 유념하여 그들을 멀리 하여야겠지요.

252.

제 허물 보지 않고 있으면 감춰
혼자만 깨끗한 척 교만한 사람
남 허물 캐어내고 들춰내면서
부끄럼 무릅쓰고 뻔뻔히 사네.

善觀己瑕障 使己不露外 彼彼自有隙 如彼飛輕塵

"Easily seen is the fault of others, but one's own is difficult to see. Like chaff one winnows another's faults, but hides one's own, even as a crafty fowler hides behind sham branches,"

자기의 잘못이나 결점은 모르거나 알면서도 감추며 잘난 척하는 교활한 사람이 남의 허물은 잘 찾아내고 드러내어 시비하는 경우를 지적하며, 자기를 돌아보고 겸손하며 남의 결함에는 관대하기를 깨우치는 말씀입니다. 자기 인격을 도야하고 향상시키려는 이는 항상 자기의 결함과 부족함을 보완하는데 힘쓰며 남과 시비하기를 삼가하는데, 특히 출가수행자들은 자기 본분에 충실하여 하심하고 자비하며, 세인들과 다투거나 불화하지 않도록 노력해야 할 줄 압니다.

253.

언제나　남의 잘못　캐내는 사람
헐뜯고　시비하며　시끄러워도
자기의　잘못 몰라　키워나가서
마침내　그 허물로　망하게 되리.

若己稱無瑕 罪福俱并至 但見外人隙 恒懷危害心

"He who seeks another's faults, who is ever censorious-- his cankers glow. He is far from destruction of the cankers."

항상 부정적이고 비판적이며 다른 이의 잘못들을 찾는데 열심인 사람이 자기 자신의 허물은 키우는 경우가 적지 않은데, 그 암과 같은 병으로 그는 망할 것임을 경책하는 말씀입니다. 자기 자신의 자라나는 병을 돌아보지 않고 소홀히 하며 남의 허물에만 신경을 쓰다가는 마침내 인간관계의 갈등과 파탄을 가져오는 불행한 결과를 맞고 후회와 한탄을 하게 될 것입니다. 성현들은 자기에게는 엄격하고 남들에게는 관대하며, 소인배들은 자기에게는 관대하고 남에게는 엄중함을 보입니다.

254.

허공은　　비어 있고　　흔적이 없듯
탈속한　　수행자는　　걸림이 없네.
중생은　　업 놀음을　　즐기겠지만
붓다는　　해탈하여　　열반 누리네.

虛空無轍迹 沙門無外意 衆人盡樂惡 唯佛淨無穢

"There is no track in the sky, and no recluse outside(the Buddha's dispensation). Mankind delights in worldliness, but the Buddhas are free from worldliness."

세상 사람들은 무지하여 탐욕에 빠져 그를 즐기고 악업을 지어 그 업장이 많아서 고통과 불편을 겪지만, 출가수행자는 속사에 관심이 없고 악업을 짓지 않아 업장 없이 자유를 누릴 수 있는데, 오직 붓다만 아무 허물이 없이 맑고 밝아 열반의 즐거움을 누릴 수 있다는 말씀입니다. 부디 마음을 고요히 하고 탐욕과 진노를 비워서 허공처럼 걸림이 없는 자유로운 삶을 살 수 있어야 하겠습니다.

255.

허공은　비어 있고　흔적이 없듯
탈속한　수행자는　걸림이 없네.
세간은　모든 것이　변하여 가나
붓다는　집착 없이　무아 즐기네.

虛空無轍迹 沙門無外意 世間皆無常 佛無我所有

"There is no track in the sky, and no recluse outside(the Buddha's dispensation). There are no conditioned things that are eternal, and no instability in the Buddhas."

출가수행자는 세상의 무상함을 보고, 부처님이 가르치신 무아와 연기의 진리를 깨달아서, 세속의 유혹과 장애를 벗어나 걸림이 없이 정진해 나가기를 권하는 말씀입니다. 세상에서는 무상한 것을 영원한 것으로 착각하고, 실체 없는 자기와 자기의 것에 집착하여 탐욕심으로 소유하고자 하며, 악업을 짓고 그 과보로 윤회하는 고통을 당합니다. 모든 것이 인연따라 생겼다가 사라지는 것임을 알아서, 무엇에도 애착하지 않고 빈 마음으로 여유롭게 살면 자유와 행복을 누릴 수 있을 줄 압니다.

19장

올바른 살림

住法品 | 正義章 | The Just

256.

올바른 사람들은 깊이 생각해
함부로 이해 따라 판단 안하고
현명한 사람들은 치우침 없이
언제나 옳고 그름 모두 살피네.

好經道者 不競於利 有利無利 無欲不惑

"Not by passing arbitrary judgements does a man become just; a wise man is he who investigates both right and wrong."

사람들이 어떤 상황을 판단할 때에 대개 자기의 이해관계에 따라 옳고 그름을 결정하는 경우가 많고, 객관적이고 중립적으로 사실에 입각하여 공정한 판단을 하는 경우가 드문 현실에서, 올바르고 현명한 자세를 취할 것을 깨우치는 말씀입니다. 개인적인 이익을 고려하거나 어느 쪽에 편견을 갖지 않고, 오직 진실과 도리에 합당한 판단을 하는 초연한 사람만이 정의롭고 현명한 사람이라고 할 수 있겠지요.

257.

언제나　침착하고　치우침 없이
진실에　따라서만　판단하는 분
올바른　생각으로　법을 지키며
지혜를　갖춘 이가　수도자일세.

常懸好學 正心以行 擁懷寶慧 是謂爲道

"He who does not judge others arbitrarily, but passes judgement impartially according to truth, that sagacious man is a guardian of law and is called just."

남을 판단하고 평가할 때에, 자기의 이해관계에 따른 주관적 편견을 갖지 않으며, 진실을 바탕으로 공정하게 판단하는 현명한 사람은 법의 수호자라고 불릴 수 있다는 말씀입니다. 일반 사회에서는 세상의 법을 잘 지킴도 중요하겠지만, 출세간에서는 붓다의 교법을 자기에게 편리한 대로 함부로 해석하지 않고 교단의 정법 전통에 따라서 올바로 이해하여 잘 지켜나가는 이를 호법자라고 할 수 있겠지요.

258.

말 많이　잘한다고　현인 아니라
마음이　평화롭고　친절하면서
착하고　두려움이　없는 수행자
그런 분　현인이라　불릴 수 있네.

所謂智者 不必辯言 無恐無懼 守善爲智

“One is not wise because one speaks much. He who is peaceable, friendly and fearless is called wise.”

세상에서는 아는 것이 많고 말 잘하는 이를 지혜 있는 사람 또는 현인이라 할지 모르지만, 실제로는 마음이 고요하고 불안하지 않으며 자비심을 가진 분이 참으로 지혜를 갖춘 현인임을 깨우쳐 주는 말씀입니다. 이른바 지자 즉, 슬기로운 이는 말을 잘할 필요가 없으며, 마음을 잘 쓰고 올바른 일은 거리낌 없이 용감하게 실행 정진하는 이를 가리킵니다. 어떠한 말보다 훌륭한 살림살이를 살아서 보여주는 인물이 바람직함을 강조함에 유념하여야 하겠습니다.

259.

말 많이 잘한다고 법사 아니라
불교를 배운 대로 그 뜻 알아서
열심히 실천하는 수행자라야
진정한 법사라고 할 수 있으리.

奉持法者 不以多言 雖素少聞 身依法行 守道不忘
可爲奉法

"A man is not versed in Dharma because he speaks much. He who, after hearing even a little Dharma, realizes its truth directly and is not heedless of it, is truly versed in Dharma."

불교 교법을 많이 알고 설법을 많이 한다고 법사가 아니며, 설사 교법을 듣고 배운 것은 적어도 그 뜻을 잘 이해하고 실천하는데 게으르지 않는 사람이 진정한 법사라는 말씀입니다. 이른바 법사로 불리는 이들은 스스로 말하고 가르치는 대로 살아가고 있는지 반성하며, 제대로 모범을 보이려고 분발해야 할 대목입니다. 불교의 교리를 말로써 하는데 그치지 말고, 생활 속에서 행동으로 실천해 보임이 필요하다는 가르침을 명심하고, 청중에게도 잘 인식시켜서 그 실현에 노력해야 하겠습니다.

260.

나이만　많이 먹어　백발이 돼도
수행과　깨달음이　부족하다면
승가의　어른 노릇　하기 어렵고
헛되게　살았음이　후회되리니.

所謂長老 不必年耆 形熟髮白 惷愚而已

"A monk is not an Elder because his head is gray. He is but ripe in age, and he is called one grown old in vain."

승가 즉, 출가인 공동체에서 어른으로서 지도자 역할을 하려면, 단순하게 나이만 많이 먹고 머리카락의 빛만 희게 변하였다고 그 권위가 서는 것이 아니고, 학덕이 높고 수행이 깊어야 된다는 말씀입니다. 젊을 때에 학문과 수행을 소홀히 하면, 늙어서 인정과 대접을 잘 받기 힘들고, 자책과 후회가 따르게 되리니, 일찍부터 부지런히 수행 정진하여 스스로 보람을 누리며 승가의 인정과 존경을 받을 수 있도록 분발하여야 하겠습니다.

261.

진리를　　깨달았고　　자비로운 분
삼가고　　자제하며　　지혜로운 분
번뇌와　　망상 없고　　자유로운 분
그러한　　분이라야　　승가의 어른

謂懷諦法 順調慈仁 明達淸潔 是謂長老

"One in whom there is truthfulness, virtue, inoffensiveness, restraint and self-mastery, who is free from defilements and is wise--he is truly called an elder."

출가수행자들의 승가 공동체에서 어른으로 인정되고 존중받으려면, 진리를 깨닫고 덕이 있으며, 청정한 인격과 지혜를 갖추고 자비심이 있어야 된다는 말씀입니다. 설사 나이는 많지만 수행을 제대로 하지 않아서, 진리도 모르고 지혜가 없으며 자비심도 없고 번뇌 망상에 허덕인다면 어른으로 인정되거나 존경받지 못합니다. 나이가 늘어남에 따른 반성과 대중의 기대치에 부응할 수 있도록 분발하고 정진해나가야 하겠습니다.

262.

겉으로 의젓하고 보기 좋아도
질투와 이기심이 가득하여서
대중을 속이면서 허세 부리면
도 이룬 사람이라 할 수 없느니.

所謂端正 非色如花 慳嫉虛飾 言行有違

"Not by mere eloquence, nor by beauty of form does a man become accomplished, if he is jealous, selfish and deceitful."

겉으로는 도인처럼 그럴듯하게 보여도, 속에 탐욕과 질투 및 이기심과 허위의식이 있다면 그런 이는 진정으로 도를 이루었다고 할 수 없다는 말씀입니다. 수행자가 진정으로 도를 성취하였다면, 욕심과 성냄이 없고 지혜로우며 자비롭게 행동할 줄 압니다. 만약 그렇지 못하다면 도를 이루지 못하였음을 드러내 보이는 것이니, 선지식의 검증을 받고 더욱 분발하여 정진하지 않으면 낭패를 당하고 후회하게 될 것입니다.

263.

질투와　이기심을　모두 버리고
번뇌와　악을 끊고　분노 없으면
이러한　수행자는　지혜로우며
도 이룬　인물이라　불릴 수 있네.

謂能捨惡 根源已斷 慧而無恚 是謂端正

"But he in whom these are wholly destroyed, up-rooted and extinct, and who has cast out hatred--that wise man is truly accomplished."

겉으로는 보잘 것 없이 허름해 보이고, 겸손하며 조촐한 살림을 살지만, 탐욕과 분노가 없고, 사악한 생각을 전혀 하지 않으며, 이기심보다 남을 자비심으로 배려하고 보살피는 인덕 있는 인물, 이러한 분이 진정으로 도인이라고 할 수 있다는 말씀입니다. 사람에 대한 판단을 할 때에, 피상적인 외적 측면보다 심층적인 내면에 주목하고 그의 마음씨와 가치관 등을 보며, 근본적인 사고방식과 행동양식 등에 유의해야 할 줄 압니다.

264.

욕망을　안 버리고　수행 않으면
머리만　깎았다고　사문 아니리.
겉으론　수도자나　속은 범부요
진실치　못하다면　승려 아니리.

所謂沙門 非必除髮 妄語貪取 有欲如凡

"Not by shaven head does a man who is indisciplined and untruthful become a monk. How can he who is full of desire and greed be a monk?"

겉모습은 출가수행자 같으나 실제로는 수행이 없고 욕심을 부리며 남을 속이는 이는 비구승이라고 할 수 없다는 말씀입니다. 흔히 '표리부동(表裏不同)'과 '명실상부(名實相符)'라는 말을 대비하여 많이 쓰는데, 삭발하고 염의한 것처럼 겉모습에 합당한 수행이 없이 세속적 욕망을 버리지 않은 이는, 실제로 범부 속인과 다르지 않으니, 비구 즉, 출가독신수행자라고 할 수 없음은 당연한 평가일 것입니다. 비구들은 스스로 비추어보게 되며, 세인들은 수행인의 판단 근거가 될 줄 압니다.

265.

작고 큰 욕망들을 모두 버리고
자신을 절제하며 수행하는 분
겉과 속 한결같게 진실하면서
모든 악 극복한 이 비구라 하리.

謂能止惡 洌廓弘道 息心滅意 是爲沙門

"He who wholly subdues evil both small and great is called a monk, because he has overcome all evil."

겉모습에 합당하게 크고 작은 모든 세속적 욕망을 자제하고 성실하게 수행하여 모든 삿되고 악한 것들을 극복한 인물은 비구승 즉, 출가한 독신수행승이라고 불릴 수 있다는 말씀입니다. 많은 유혹을 뿌리치고 어렵고 고귀한 수행의 길을 가는 수행자라야 신뢰와 존경을 받을 만하고, 세인들의 공경과 귀의를 받으며 복전이 될 수 있습니다. 모든 것이 인연업과의 소치이겠지요. 출가수행자들은 명심하고 유념하여야 하겠습니다.

266.

단순히 탁발하여 먹고 산다고
오로지 겉만 보고 판단하여서
수행이 없는 이를 비구라 하면
이름만 더럽히는 부조리일 뿐.

所謂比丘 非時乞食 邪行望彼 稱名而已

"He is not a monk just because he lives on others' alms. Not by adopting outward form does one become a true monk."

단순히 빌어먹는 모습만 보고 비구승이라 부른다면 이는 실속이 없는 이름뿐이라는 말씀입니다. 비구는 세속적 욕망을 버리고 출가하여 독신으로 지내며, 무소유 생활로써 탁발하여 연명하고, 오직 수행에 전념 정진하는 분이기 때문에 존중하고 공경할 가치가 있지만, 탁발을 아무 때나 하고 재산축적의 수단으로 쓰거나, 수행과 무관한 삿된 짓이나 하는 사람은 비구라는 이름을 더럽히는 바, 사이비 수행자라고 할 수 있겠지요.

267.

누구나 탈속하여 거룩한 살림
세상의 선과 악을 모두 벗어나
진실과 지혜로써 정진하면서
실상을 추구하면 비구라 하리.

謂捨罪福 淨修梵行 慧能破惡 此爲比丘

"Whoever here (in the Dispensation) lives the holy life, transcending both merit and demerit, and walks with understanding in this world --he is truly called a monk."

겉모습과 상투적인 행동이 아니라, 진실로 그 본질에 충실하게 사는 수행자라면 비구라고 불러도 합당하다는 말씀입니다. 설사 세상 속에 있으면서도 겉모습에 상관없이, 독신으로 살면서 세속적인 욕망과 이익을 따르지 않고 오직, 영원한 진리와 실상을 위해 전념하며, 지혜롭게 사악한 것들을 깨뜨리고 맑고 밝게 살아가는 삶을 사는 분이라면 실질적인 비구처럼 존중받아도 무리가 없을 것입니다. 이른바 '진흙 속의 연꽃'이라고 불릴만한 존재이며, 출가수행자의 고귀함을 되새기게 합니다.

268.

행동이　　무리하고　　어리석다면
침묵만　　지킨다고　　현자 아니리.
선과 악　　비교하는　　저울대처럼
균형과　　지혜 판단　　있어야 하리.

所謂仁明 非口不言 用心不淨 外順而已

"Not by observing silence does one become sage, if he be foolish and ignorant. But that man is wise who, as if holding a balance-scale, accepts only the good."

조용히 침묵 속에 명상을 한다고 다 성현이라고 할 수 없다는 말씀입니다. 만약 그의 행동이 어리석고 바보 같다면 어떻게 훌륭한 분이라 하겠습니까? 누구나 그 사람의 판단력과 가치관 및 행동들을 살펴보고, 올바른 판단과 행동을 보일 때에 그를 인정하고 존중할 줄 압니다. 수행하는 것처럼 보여도 실상은 수행을 제대로 하지 않아서 지혜가 없고 판단을 잘못하며 행동이 그르다면 그는 현자로 불릴 수 없겠지요.

269.

세상의 선과 악을 바르게 보고
사악함 물리쳐야 진정한 성인
살림이 맑고 밝아 고요하다면
그 이룸 미래까지 영원하리니.

謂心無爲 內行淸虛 彼此寂滅 是爲仁明

"The sage, (thus) rejecting the evil, is truly a sage. Since he comprehends both (present and future) worlds, he is called a sage."

성자라면 사악함을 물리칠 수 있어야 합당하다는 말씀입니다. 사적인 이해관계에 따라 불의와 죄악과도 어울리며 겉으로는 정의로운 것처럼 보이려는 음흉한 인사들도 성자로 인정받으려는 경우가 있는데, 그러한 부패한 사람들의 속 살림을 꿰뚫어보고 합당하게 평가해야 되겠지요. 대공무사하며 마음이 허공처럼 비어 있고 고요하여, 사악함이 깃들 수 없고, 자비심이 충만한 분이 성자라고 불릴 수 있습니다.

270.

어떠한　산목숨도　해치는 짓은
어질지　않으므로　비난 받으리.
뭇 생명　보살피며　구원하는 분
누구나　도인이라　불러 주리니.

所謂有道 非救一物 普濟天下 無害爲道

"He is not noble who injures living beings. He is called noble because he is harmless towards all living beings."

모든 생명을 사랑하고 해치지 말 것을 강조하는 말씀입니다. 산목숨을 죽이거나 해치지 않음이 수행자의 첫 번째 계목이니, 남에게 해를 안 끼침은 물론, 죽임을 당하는 생명을 살리거나 괴롭힘을 당하는 생명을 고통에서 구해주는 일이 불자와 보살행의 으뜸입니다. 내가 살려고 하며 괴로움을 피하려 함과 같이 다른 생명도 그러하려니, 자기가 싫어하고 피하는 것을 다른 이들에게 하지 않고, 생명을 북돋아주려고 하면 도인이라고 불릴 것입니다.

271.

계행을 지키거나 공부를 하고
참선에 집중하며 두타행해도
출가한 수행자의 구경 목표는
쉽사리 달성되지 아니하리니.

戒衆不言 我行多誠 得定意者 要有閉損

"Not by rules and observances, not even by much learning, nor by gain of absorption, nor by a life of seclusion, "I enjoy the bliss of renunciation."

단순히 피상적이고 형식적인 수행을 한다고 출가의 궁극적 목적이 온전히 이루어지기는 쉽지 않으리라며 분발하라고 경책하는 말씀입니다. 보통 계행을 잘 지킨다거나, 경전을 많이 읽는다거나, 참선에 집중한다거나, 고독한 탈속의 생활을 하면서 출가를 즐긴다고 하는 이가 있지만, 그러한 수준의 수행으로는 불교의 궁극적 목표인 열반에 도달하기 어려울 것입니다. 유위의 길을 가서는 불완전하므로 무위의 길로 나아가야 마침내 영원한 자유를 누릴 수 있을 줄 압니다.

272.

아직도 세속인연 못 끊었다면
출가한 수행자여, 분발할지니
범부의 관습들을 벗어 버리고
생사의 윤회없는 해탈 이루라.

意解求安 莫習凡夫 結使未盡 莫能得脫

"Should you, O monks, rest content, until the utter destruction of cankers (Arahatship) is reached."

출가수행자의 궁극적 목적인 생사의 초월과 윤회의 해탈을 이루는 열반의 성취를 위해 부지런히 정진하라는 독려의 말씀입니다. 세속 범부의 마음과 행동으로는 붓다 성인의 길을 제대로 갈 수 없을 것이니, 담대하고 결연한 의지와 용맹정진으로 출가수행자의 본분에 충실하고 최선을 다해야만 영원한 열반의 즐거움을 누릴 수 있습니다. 설사 재가자라도 발심과 정진하기에 달렸으니, 포기하지 말고 시도해 보면 그 보람을 느낄 수 있을 것입니다.

20장

진리와 수행

道行品 | 實諦章 | The Path

273.

온 진리 가운데에 사성제 제일
모든 길 가운데에 팔정도 최선
모든 것 가운데에 열반이 최상
사람들 가운데에 붓다가 최고.

爲道入直妙 聖諦四句上 無欲法之最 明眼二足尊

"Of all paths the Eightfold Path is the best; of all truths the Four Noble Truths are the best; of all things passionlessness is the best; of men the Seeing One (the Buddha) is the best."

불교의 기본인 사성제 팔정도가 진리 가운데 으뜸이며, 인류 가운데 열반을 성취하신 붓다가 으뜸이라는 찬탄의 말씀입니다. 인간의 모든 고통과 번뇌를 소멸하고 열반을 이루신 붓다께서 세상과 우주의 실상을 설파하시고 고통에서 벗어나는 길을 보이심은, 가장 위대하고 고귀한 분으로서 존경과 귀의를 받을 만한 존재임을 표현한 것입니다. 우리도 그분의 가르침인 사성제와 팔정도를 따라 중도를 수행하여 성불할 수 있음은 가장 다행한 복이라 할 수 있습니다.

274.

실상을 바로 보게 눈을 밝히는
오로지 그 한 길에 정진할지니
교활한 마군들을 물리치면서
깨달음 이룩하여 열반 누리리.

此道無有餘 見諦之所淨 趣向滅衆苦 此能壞魔兵

"This is the only path; there is none other for the purification of insight. Tread this path, and you will bewilder Mara."

사성제를 통하여 진리와 실상을 깨닫고, 정견을 갖추어 팔정도를 수행하여, 모든 수행의 장애를 극복하고 고통을 벗어나 열반 해탈을 누리리라는 격려의 말씀입니다. 중생의 착각과 환상의 괴로운 길이 있고, 수행자의 통찰과 실상의 즐거운 길이 있는데, 어느 길을 선택하여 갈 것인가는 각자의 선택과 의지에 달렸습니다. 다행히 사람으로 태어나 불교를 만났으나, 만약 수행하고 정각을 성취하는 기회를 잃는다면 영원히 괴로움 속에서 후회할 것입니다.

275.

누구나 　진리의 길 　걸어가면서
번뇌와 　고통들을 　끝낼 수 있네.
붓다는 　탐욕 가시 　뽑아 버리며
영원히 　행복한 길 　보여주셨네.

吾已成道 拔愛固棘 宣以自勖 受如來言

"Walking upon this path you will make an end of suffering. Having discovered how to pull out the thorn of lust, I make known the path."

붓다는 애욕의 가시를 뽑고 번뇌의 그물을 부수어 해탈과 자유를 누리며, 그 길을 보이고 안내하느니, 그대가 이 진리의 길에 정진한다면 생사윤회의 고통을 벗어날 수 있으리라는 말씀입니다. 누가 이 희유하고도 다행스러운 붓다의 길을 만났는데, 그 길을 가지 않고 다른 길을 가려고 하겠는지요? 어리석은 사람은 탐욕과 번뇌의 길에 빠져들기 쉽겠지만, 지혜로운 사람은 열반과 해탈의 길을 찾아 올곧게 나갈 줄 압니다.

276.

붓다는 다만 길을 가리켜 줄 뿐
그 길을 가는 것은 각자의 책무
올바른 길을 가는 수행자에겐
마군이 도전해도 소용이 없네.

吾語汝法 愛箭爲射 宜以自勗 受如來言

"You yourselves must strive; the Buddhas only point the way. Those meditative ones who tread the path are released from the bonds of Mara."

부처님께서는 중생들에게 깨침의 길로 인도하실 뿐, 대신해 줄 수는 없으니, 그 길을 가는 것은 각자의 몫이니, 열심히 노력해야 된다는 말씀입니다. 성실히 수행하는 이에게는 어떠한 방해와 장애가 있어도 그를 극복해 나갈 수 있으리라는 격려도 분명합니다. 목마르고 굶주린 우리에게 물가로 안내하여 주시고 음식을 차려 주시지만, 물이나 음식을 마시거나 먹고 하는 것은 우리에게 달려 있습니다. 대신 마시거나 먹어 줄 수는 없겠지요.

277.

인연이　　모여 생긴　　온갖 것들은
모두가　　영원하지　　않은 줄 알라.
지혜로　　이 실상을　　보는 분들은
괴로움　　벗어나는　　맑은 길 가리.

一切行無常 如慧所觀察 若能覺此苦 行道淨其跡

“'All conditioned things are impermanent' --when one sees this with wisdom, one turns away from suffering. This is the path to purification.”

불교에서 ‘삼법인’ 즉 세 가지 근본진리로 가르치는 바의 하나로써, ‘모든 것은 무상하다’는 것을 제시하며, 그 실상을 바로 보고 깨달아 지혜를 갖춤이 수행의 길임을 강조한 말씀입니다. 인연의 소치로 한때 보일지라도 언젠가는 변하며 영원하지 않음을 깨달아서 그것에 집착하지 않고 구애되지 않는 해탈과 자유를 누리는 수행의 길을 가라는 권면의 가르침을 명심하고 유념하여 살아가야 하겠습니다.

278.

인연이　　모여 생긴　　모든 것들은
마침내　　만족할 수　　없는 줄 알라.
제대로　　이 도리를　　보는 분들은
깨끗한　　길을 가서　　괴로움 벗네.

一切衆行苦 如慧之所見 若能覺此苦 行道淨其跡

"'All conditioned things are unsatisfactory' --when one sees this with wisdom, one turns away from suffering. This is the path to purification."

불교에서 '삼법인' 즉, 세 가지 근본진리로 가르치는 바의 하나로써, '모든 것은 만족스럽지 않아 괴롭다'는 것을 제시하며, 그 진실을 바로 보고 깨쳐서 지혜와 해탈을 이룸이 수행의 목적임을 일깨우는 말씀입니다. 인연의 소치로 한때 즐길 수 있을지라도 언제나 변하며 만족할 수 없음을 깨달아서 그것에 애착하지 않고 구애되지 않는 자유와 해탈을 누리는 수행의 길을 가라는 권면의 가르침을 유념하여 살아가야 하겠습니다.

279.

인연이　모여 생긴　온갖 것들은
전부 다　내 것이란　없는 줄 알라.
지혜로　그 진실을　꿰뚫어 보면
괴로운　집착 벗고　베풀려 하리.

一切行無我 如慧之所見 若能覺此苦 行道淨其跡

"'All conditioned things are not-self' --when one sees this with wisdom, one turns away from suffering. This is the path to purification."

불교의 '삼법인' 즉 세 가지 근본진리 가운데 하나로써, '모든 것은 무아이다'라는 진실을 제시하며, 그 본질을 사무쳐 보아 깨쳐서 지혜를 갖추어 나감이 고통과 슬픔을 벗어나는 자유의 길이라는 말씀입니다. 인연의 소치로 한때 자신이나 내 것이라 보일지라도 언젠가는 변하며 사라짐을 깨달아서, 그것에 집착하지 않고 열린 마음으로 베풀며 자유와 해탈을 누릴 수 있는 수행의 길을 가라는 권장의 가르침을 명심하고 살아가야 하겠습니다.

280.

힘세고 젊더라도 분수 모르고
할 일을 하지 않고 게으름 피며,
마음은 헛된 생각 가득한 인간
지혜의 길 찾기는 어려우리라.

應起而不起 恃力不精懃 自陷人形卑 懈怠不解慧

"The idler who does not exert himself when he should, who though young and strong is full of sloth, with a mind full of vain thoughts--such an indolent man does not find the path to wisdom."

몸은 비록 젊고 힘세더라도 게으르며 잡념과 망상에 잠긴 사람은 수행을 제대로 하지 못하고 지혜를 얻거나 도를 이루기 어렵다는 경책입니다. 젊을 때에 공부하고 수행을 잘하여야 도를 이루기 쉽지만, 여건이 좋은 때에 할 일을 하지 않으면, 늙고 병들어서 후회하여도 소용이 없을 줄 압니다. 누구나 나이에 관계없이 서둘러 발심하고 부지런히 수행 정진하면 지혜와 도를 이루고 누리는 보람이 크리라 짐작할 수 있습니다.

281.

"누구나　마음잡고　말조심하며
행동을　올바르게　하는 사람은
수행을　올바르게　성취하리라"
부처님　모범 보여　인도하시네.

愼言守意念 身不善不行 如是三行除 佛說是得道

"Let a man be watchful of speech, well controlled in mind, and not commit evil in bodily action. Let him purify these three courses of action, and win the path made known by the Great Sage."

이른바 삼업 즉, 몸과 입과 마음으로 짓는 업을 맑고 바르게 함이 수행의 기본이며, 이는 부처님이 가르치시며 격려하셨음을 상기시키는 말씀입니다. 이는 팔정도에서도 밝히셨으니, 바른 생각을 하고 바른 말을 하며 바른 행동을 하라는 것으로써, 모든 수행의 근본일 줄 압니다. 참선수행도 마음을 맑히고 밝혀서 지혜와 자비심을 이루고, 올바른 말과 행동으로 잘 살아감으로써 스스로는 물론 세상에 모범과 이익이 되도록 하자는 것입니다.

282.

지혜는 마음에서 이루어지니
명상을 안 한다면 어리석으리.
누구나 참선하여 마음 밝히면
지혜와 자비 모두 이룰 수 있네.

念應念則正 念不應則邪 慧而不起邪 思正道乃成

"Wisdom springs from meditation; without meditation wisdom wanes. Having known these two paths of progress and decline, let a man so conduct himself that his wisdom may increase."

지혜를 이루기 위하여 참선 명상 수행하기를 권하는 말씀입니다. 예로부터. 물이 맑고 고요하면 달이 밝게 나타나듯이, 마음이 맑고 고요하면 지혜가 생기게 된다는 비유로 마음공부와 수행을 설명하고, 참선 명상 수행이 없이는 온전한 지혜를 얻기 어렵다고 일깨워 왔습니다. 마음이 지혜롭고 자비로워야 말과 행동도 지혜롭고 자비로울 수 있으므로, 마음 수행을 으뜸으로 삼고 참선수행을 강조해온 선종의 전통을 이해할 수 있습니다.

283.

비구여! 수도자여! 수행자들은
욕망의 숲을 베어 버려야 되리.
언제나 그 숲에서 악이 자라니
그 모두 사라지면 걱정 없으리.

伐樹勿休 樹生諸惡 斷樹盡株 比丘滅度

"Cut down the forest (lust), but not the tree; from the forest springs fear. Having cut down the forest and the under-brush (desire), be passionless, O monks!"

탐욕 가운데 육욕이 가장 강하고, 그 욕망에서 사악함과 두려움이 생겨나므로, 그 욕정의 나무들이 자라나는 숲을 모두 베어버리라는 경책의 말씀입니다. 출가수행자로서 세속적 욕망의 기본인 육욕을 뿌리째 뽑아 버려야 생사의 윤회를 벗어나 해탈 자재를 누릴 수 있음을 압니다. 독신 수행자로서 다양한 유혹과 장애를 극복하고 열반의 도를 이루기 위해서는 우선적으로 육욕을 제거가 필요함에 주목하고, 그 일에 소홀히 하지 말아야 하겠습니다.

284.

이성에 대한 애정 매우 오묘해
아기의 젖떼기와 어려움 같네.
만약에 정욕 줄을 끊지 않으면
수행자 가는 길에 걸림이 되리.

夫不伐樹 少多餘親 心繫於此 如犢求母

"For so long as the underbrush of desire, even the most subtle, of a man towards a woman is not cut down, his mind is in bondage, like the sucking calf to its mother."

정욕을 뿌리까지 제거하지 못한다면 수행자의 마음을 어지럽혀 정진에 장애가 됨을 경고하는 말씀입니다. 사람의 출생이 남녀관계에서 이루어져, 그 관계의 인연을 끊기가 매우 어려운 점을 다른 동물들과 견주어서, 어린 송아지가 어미 소의 젖을 먹으려는 것과 같이 비유하고 있습니다. 긴 전생을 거쳐 온 습기를 끊고 수행을 하기가 얼마나 어려운지 짐작하게 합니다. 그렇지만 어렵더라도 유혹과 장애를 이겨나가야 도를 이룰 수 있으니, 과감히 극복하는 정진을 하여야겠습니다.

285.

가을에　　연꽃 꺾듯　　애정을 꺾고
평화의　　수행자길　　오로지 가라.
그것이　　세존께서　　가르쳐 주신
해탈과　　자유 누릴　　열반도니라.

當自斷戀 如秋池蓮 息跡受教 佛說泥洹

"Cut off your affection in the manner a man plucks with his hand an autumn lotus. Cultivate only the path to pease, Nibbana, as made known by the Exalted One."

애정에 구애되지 말고 수행자의 길을 가서, 부처님이 말씀하신 열반을 성취하라는 깨우침의 말씀입니다. 석존이 붓다가 되기 전에 싯달타가 애정을 벗어나 출가하여 수행하지 않았다면 열반을 이룰 수 없었겠지요. 생사와 윤회의 길을 버리고 열반과 해탈의 길을 찾아 나섰던 석존의 경험과 사례를 참고하고, 붓다의 가르침을 따라 수행 정진하는 사람은, 그분이 이루신 영원한 자유와 행복을 누릴 수 있습니다.

286.

장마와　더위 추위　비바람 피해
머물 곳　찾아 헤매　세월 보내다
죽음이　가까이서　기다릴 줄을
깨닫지　못한 바보　안타깝도다!

署當止此 寒當止此 愚多務慮 莫知來變

“'Here shall I live during the rains, here in winter and summer' --thus thinks the fool. He does not realize the danger (that death might intervene).”

어디서 편히 살 수 있을까, 이곳저곳을 찾아다니다가, 정작 죽음을 맞이하게 될 줄을 모르는 어리석음을 깨우치는 말씀입니다. 육신의 편안을 위해 모든 신경을 쓰면서, 예고 없이 다가오는 죽음에는 전혀 준비가 없다가, 막상 예기치 않던 변고를 당하여서 후회하고 자책해야 별 소용이 없다는 경고입니다. 그래서 “죽음을 생각지 않은 삶은 제대로 된 삶이 아니다”라는 말도 있는 줄 압니다. 마침내 닥칠 죽음을 예상하고 준비해야만 그 때에 당황하지 않겠지요.

287.

잠에 든　온 마을이　홍수 맞듯이
가족과　가축들에　정신 잃으면
죽음이　몰래 닥쳐　온갖 것들을
휩쓸어　갈 때에야　후회하리라.

人營妻子 不解病法 死明卒至 如水湍聚

"As a great flood carries away a sleeping village, so death seizes and carries away the man with a clinging mind, doting on his children and cattle."

가족과 가축 등을 포함하여 주변의 사물에만 정신을 쓰다가, 어느 순간에 자기가 병들고 죽음을 맞이하게 되는 급박한 상황을, 하룻밤에 홍수가 마을을 휩쓸어가는 불행에 비유하여 깨우치는 말씀입니다. 가족과 가축 등 책임져야 하는 대상에도 관심과 배려가 필요하지만, 자기 스스로에 대하여도 잘 챙기고 보살펴서, 평소에도 건강하고 죽음도 대비하는 수행을 함이 본인은 물론 가족과 이웃에게도 바람직하다는 것입니다.

288.

아내와　자녀들과　부모들 모두
죽음을　맞게 되면　그 누구라도
대신해　막아주고　구하지 못해
외롭고　쓸쓸하게　혼자서 가리.

非有子恃 亦非父母 爲死所迫 無親可怙

"For him who is assailed by death there is no protection by kinsmen. None there are to save him-- no sons, nor father nor relatives."

자기의 죽음은 누구도 대신해줄 수 없다는 깨우침의 말씀입니다. 평소에 아무리 사랑하고 아끼는 아내와 아들 딸, 부모와 친지들도 자기의 죽음을 대신해 주거나 죽음으로부터 구해줄 수 없음을 알고, 자신의 죽음에 대처할 방도를 찾고 준비할 필요가 있습니다. 아울러, 가까운 이들의 죽음도 자기가 대신해 주거나 구해줄 수 없음도 알아, 누구에게나 죽음이 닥쳤을 때에 당황하지 않고 자연스럽게 맞을 준비를 평소에 해 두면 좋겠지요.

289.

죽음을　　바로 알고　　내다보면서
생사를　　벗어나는　　열반의 길을
붓다의　　인도 따라　　정진한다면
이것이　　지혜로운　　수행자의 삶.

慧解是意 可修經戒 勤行度世 一切除苦

"Realizing this fact, let the wise man, restrained by morality, hasten to clear the path leading to Nibbana,"

죽음에 관련한 말씀들의 뜻을 잘 이해한다면, 함부로 인생을 낭비하며 헛되이 살기를 멈추고, 부처님의 가르침대로 올바른 길로 나아가서 생과 사를 초월하고 윤회를 벗어나 해탈 자재와 아울러, 열반의 행복을 누릴 수 있다는 말씀입니다. 그러한 지혜를 갖춘 이들은 수행을 통해 스스로는 물론, 세상의 중생들을 잘 이끌어 제도하며 온갖 고통에서 벗어날 수 있게 하는 성현의 삶을 살아가게 됩니다. 각자 모두 건전한 자기를 실현하기 위하여 분발하여야 하겠습니다.

21장

여러 가지들

廣衍品 | 庶務章 | Miscellaneous

290.

한 때의　적은 복을　초월하여서
영원히　큰 복 누릴　수행일진대
지혜가　있는 분은　판단하여서
의연히　유혹 떠나　수행하리라.

施安雖小 其報彌大 慧從小施 受見景福

"If by renouncing a lesser Happiness one may realize a greater happiness, let the wise man renounce the lesser, having regard for the greater."

일시적인 세속적 쾌락의 유혹을 버리고 영원한 열반 행복을 추구하라는 권고의 말씀입니다. 산승은 불교경전의 일차언어인 빨리어 원본에 의한 영문번역에 따라서 한글로 옮겼습니다. 이차언어인 한문번역문에는 그 취지와 문맥이 다르게 표현되었지만 나름대로 의미 있는 내용입니다. 즉, 남을 편안하게 해주는 일은 비록 적게 보여도 그 과보는 매우 크므로, 지혜 있는 이는 적은 베풂이라도 소홀히 하지 않고 큰 복을 내다보며 착실하게 행하리라는 말씀입니다.

291.

성내고　미워함에　빠진 사람은
자기를　위하여서　남을 괴롭혀
미움과　앙갚음이　되풀이 되고
그 굴레　길이길이　못 벗어나리.

施苦於人 而欲望祐 殃咎歸身 自遭廣怨

"Entangled by the bonds of hate, he who seeks his own happiness by inflicting pain on others, is never delivered from hatred."

어리석어 성을 잘 내는 사람은 자기를 위하여 남을 괴롭히기 쉬운데, 그 과보는 원한과 복수로 이어져서 악순환이 되고, 거기에서 헤어나기 어려움을 깨우치는 말씀입니다. 남에게 성내고 괴롭히면 원망이 커지며 그 재앙이 자신에게 되돌아오고 자기도 괴로움을 당하게 됨은 인과의 도리이니, 어리석게 함부로 처신하고 행동하지 말아야 함은 분명합니다. 남을 보살피고 도우며 공덕을 짓지는 못할망정, 남에게 성내며 괴롭히려 한다면, 그러한 사람은 정상적인 인간이 아닌 패륜 악인이겠지요.

292.

자기의　　분수 몰라　　함부로 살며
해야 할　　일은 않고　　안할 일 하는
철없고　　게으르며　　건방진 사람
저 몰래　　살림살이　　암만 키우네.

已爲多事 非事亦造 伎樂放逸 惡習日增

"The cankers only increase for those who are arrogant and heedless, who leave undone what should be done and do what should not be done."

각자의 분수에 맞추어 겸손하게 살라는 말씀입니다. 자기의 분수를 모르는 어리석은 사람은 건방지게 함부로 말과 행동을 하며, 해야 할 일들은 하지 않고 하지 말아야 할 일들은 함으로써, 생활이 점점 썩어감이 몸에 궤양이나 암이 커가는 것과 같다는 비유로 경고하고 있습니다. 누구나 항상 자기의 분수를 알아서 꼭 해야 할 일은 잘하고 안 해야 할 일은 하지 않으며 겸손하게 살아가도록 노력해야 할 줄 압니다.

293.

자기의　　분수 알아　　알맞게 살며

해야 할　　일을 할뿐　　안할 일 않고

올바른　　마음챙김　　수행하는 분

살림은　　맑아지고　　즐거움 크네.

精進惟行 習是捨非 修身自覺 是爲正習

"The cankers cease for those mindful and clearly comprehending ones who always earnestly practice mindfulness of the body, who do not resort to what should not be done, and steadfastly pursue what should be done."

분수를 알고 정념을 수행 정진하라는 가르침입니다. 각자 본분에 맞추어 할 일은 잘하고 안 할 일은 하지 않으며 정직하고 부지런하게 사는 사람은 건강하게 그 보람을 누리며 살 줄 압니다. 특히 출가수행자는 정념수행 즉, 올바른 마음을 새기고 챙김으로써 항상 깨어있는 삶으로 정진하여 청정한 수행을 성취하고 마침내 열반에 이를 수 있음에 유념하여야 하겠습니다.

294.

애욕과 집착의 줄 끊어 버리고
극단에 치우침을 벗어난 사람
감각의 주객들을 초월하여서
성인의 길을 가며 도를 이루리.

除其父母緣 王家及二種 遍滅至境土 無垢爲梵志

"Having slain mother (craving), father (self-conceit), two warrior kings (eternalism and nihilism), and destroyed a country (sense organs and sense objects) together with its treasure (attachment and lust), ungrieving goes the holy man."

애욕과 집착 및 감정을 자제하고 극단주의를 지양하라는 말씀입니다. 인간이 벗어나기 힘든 애욕과 집착을 부모에 비유하고 쾌락주의와 고행주의 등 극단주의를 왕과 장군에 비유하여 그들을 제거하고 감각기관과 그 대상의 굴레를 벗어나 해탈 자재를 누리는 성인의 길을 가기를 권장하는 말씀입니다. 세속적 욕망의 길을 벗어나기가 매우 힘들지만, 과감한 결심과 원력으로 수행 정진하면 위대한 자유를 누릴 수 있습니다.

295.

애욕과　집착들을　없애 버리고
극단을　벗어나서　중도를 가며
마음에　더러움을　밝힌 사람은
마침내　도를 이뤄　해탈하리라.

學先斷母 率君二臣 廢諸營徒 是上道人

"Having slain mother, father, two brahmin kings (two extreme views), and a tiger as the fifth (the five mental hindrances), ungrieving goes the holy man."

마음의 걸림돌들과 더러움을 제거하라고 권하는 말씀입니다. 세속적 욕망과 집착들을 버리고, 극단주의에서 벗어나 중도를 행하며, 마음에 의심이나 두려움 등 수행에 장애가 되는 것들을 제거하면, 맑고 밝은 정신으로 출가수행자의 길을 갈 수 있고, 마침내 성인의 도를 이루어 해탈 자재를 누릴 수 있을 줄 압니다. 누구나 용기와 신념을 갖고 분발 정진하면 수행의 보람을 누릴 수 있습니다.

296.

석존의　제자들은　낮과 밤 이어
부처님　훌륭하심　되새기면서
즐겁게　깨어나서　마음 챙기며
언제나　끊임없이　수행하느니.

能知自覺者 是瞿曇弟子 晝夜當念是 一心歸命佛

"Those disciples of Gotama ever awaken happily who day and night constantly practise the recollection of the Qualities of the Buddha."

석가모니 부처님의 제자들은 밤낮을 가리지 않고 끊임없이 깨어있으며 부처님의 위대하심을 기억하고 되새기며 수행한다는 말씀입니다. 석존의 제자로서 스승의 거룩하고 훌륭하신 자질과 삶 및 가르침을 되새기며, 그 삶을 본받아 살고 가르침을 실천하려는 노력을 계속하는 것은 필수적이며 수행의 기본이라고 할 수 있습니다. 늘 깨어있고 마음을 챙기며 본분을 자각하여 합당한 수행정진을 하는 이는 즐거움과 보람을 누릴 수 있습니다.

297.

석존의　제자들은　밤낮을 통해
언제나　깨어나서　마음 살피며
훌륭한　가르침을　되새기면서
즐겁게　부지런히　도를 닦느니.

善覺自覺者 是瞿曇弟子 晝夜當念是 一心念於法

"Those disciples of Gotama ever awaken happily who day and night constantly practise the recollection of the Qualities of the Dharma."

석가모니 부처님의 제자들은 밤낮을 가리지 않고 끊임없이 깨어서 붓다가 가르치신 진리의 위대함을 기억하고 되새기며 수행한다는 말씀입니다. 석존의 제자로서 스승의 훌륭하신 가르침과 그 진리를 항상 되새기며, 가르침대로 실천하려는 노력을 계속하는 것은 필수적이며 수행의 근본이라고 할 수 있습니다. 늘 깨어서 정신을 차리며 수행자의 본분을 지키며 부처님의 가르침대로 정진을 하는 이는 진리를 깨치고 지혜를 이루는 보람을 누릴 수 있습니다.

298.

석존의　　제자들은　　온 종일 깨어
승가의　　훌륭함을　　되새기면서
즐겁게　　대중들과　　어울리면서
언제나　　평화롭게　　수행하느니.

善覺自覺者 是瞿曇弟子 晝夜當念是 一心念於衆

"Those disciples of Gotama ever awaken happily who day and night constantly practise the recollection of the Qualities of the Sangha."

석가모니 부처님의 제자들은 밤낮을 가리지 않고 끊임없이 깨어서 부처님 후예들의 공동체인 승가의 위대함을 기억하고 되새기며 평화롭게 수행한다는 말씀입니다. 석존의 제자로서 스승을 따르는 수행공동체 정신을 되새기며, 서로 존경하고 탁마하며 화합하고 계행을 실천하려는 노력을 지속하는 것은 필수적이며 수행의 정도라고 할 수 있습니다. 늘 깨어 있고 마음을 챙기며 본분을 성찰하여 합당한 수행정진을 하는 이는 평온과 안정을 누릴 수 있습니다.

299.

석존의　　제자들은　　밤낮없이 늘
이 몸의　　참모습을　　살펴보면서
즐겁게　　마음 새김　　이어나가며
언제나　　부지런히　　수행하느니.

爲佛弟子 常寤自覺 日暮思體 樂觀一心

"Those disciples of Gotama ever awaken happily who day and night constantly practise Mindfulness of Body."

석가모니 부처님의 제자들은 밤낮을 가리지 않고 온종일 끊임없이 깨어서 육체 및 법체를 살펴보고 되새기며 수행한다는 말씀입니다. 석존의 제자로서 스승의 가르치신 바, 각자의 몸의 실상을 되새기며, 애착하지 않고 수행도구로 삼아 법신을 실현하려는 노력을 계속하는 것은 수행의 근본이라고 할 수 있습니다. 늘 마음이 고요히 깨어있어 집중하며 흔들림 없이 안정되고 수행자 본분을 자각하여 합당하게 수행에 정진하는 이는 보람과 기쁨을 누릴 수 있습니다.

300.

석존의　제자들은　밤과 낮으로
비폭력　불살생계　되새기면서
즐겁게　깨어나서　마음 살피며
언제나　자비롭게　수행하느니.

爲佛弟子 當寤自覺 日暮慈悲 樂觀一心

"Those disciples of Gotama ever awaken happily whose minds by day and night delight in practice of non-violence."

석가모니 부처님의 제자들은 밤낮을 가리지 않고 끊임없이 깨어있으며 부처님이 가르치신 불살생 비폭력을 기억하고 되새기며 자비롭게 수행한다는 말씀입니다. 석존의 제자로서 스승의 가르침인 자비심과 비폭력을 되새기며, 그 삶을 본받아 살고 가르침을 실천하려는 노력을 계속하는 것은 수행의 기본이라고 할 수 있습니다. 늘 깨어있고 마음을 챙기며 본분을 성찰하여 올바른 수행에 정진하는 이는 즐거움과 평화를 누릴 수 있습니다.

301.

석존의 제자들은 밤 낮 온종일
고요히 명상하고 참선하면서
즐겁게 깨어나서 마음 지키며
언제나 끊임없이 수행하느니.

爲佛弟子 常寤自覺 日暮思禪 樂觀一心

"Those disciples of Gotama ever awaken happily whose minds by day and night delight in practice of meditation."

석가모니 부처님의 제자들은 밤낮을 가리지 않고 끊임없이 깨어있어 부처님이 가르치신 명상 참선법을 되새기며 수행한다는 말씀입니다. 석존의 제자로서 스승의 훌륭하신 참선 명상에 대한 가르침을 되새기며, 그 삶을 본받아 살고 가르침을 실천하려는 노력을 계속하는 것은 필수적이고 수행의 중심이라고 할 수 있습니다. 늘 깨어있고 바른 마음을 잘 지키며 본분을 자각하여 꾸준하게 정진을 하는 이는 기쁨과 보람을 누릴 수 있습니다.

302.

집 떠난　비구 생활　참 어렵지만
세속의　살림 또한　쉽지 않느니
한없는　윤회고통　벗어나려면
마땅히　도를 이뤄　해탈할지니.

學難捨罪難 居在家亦難 會止同利難 難難無過有
比丘乞求難 何可不自勉 精進得自然 後無欲於人

"Difficult is life as a monk; difficult is to delight therein. Also difficult and sorrowful is household life. Suffering comes from association with unequals; suffering comes from wandering is samsara. Therefore, be not an aimless wanderer, be not a pursuer of suffering."

출가수행하기가 어렵지만, 재가생활도 고통스럽고 인연에 따라서 방황하여 윤회하게 되므로 잘 판단하여 해탈의 길을 찾아가라는 말씀입니다. 설사 어렵더라도 필요한 일이라면 용감하게 도전하여 시련을 극복하고 마침내 성취의 보람을 누림이 바람직할 것입니다. 누구나 어디에서건 수행이 일정 부분 어려움과 괴로움을 수반하더라도 그것이 마침내 영원한 즐거움과 행복에 이르는 길이라면 과감하게 수용하고 초월의 목표달성에 정진하여야 할 줄 압니다.

303.

누구나　　신심 깊고　　도덕 높으며
명예와　　재물들이　　갖추어지면
어느 곳　　가더라도　　모든 곳에서
신망과　　존경으로　　환영하리니.

有信則戒成 從戒多致寶 亦從得諧偶 在所見供養

"He who is full of faith and virtue, and possesses good repute and wealth--he is respected everywhere, in whatever land he travels."

불교를 믿고 신심이 깊으며 계율을 잘 지켜서, 도덕을 갖추어 평판이 좋고 가진 것이 넉넉하면, 그런 이는 어느 곳에 가든지 환영과 존경을 받으리라는 말씀입니다. 너무나 당연한 설명이지만, 비록 말하기는 쉬어도 세간 출세간의 덕목을 모두 다 갖추기는 어려운 조건들입니다. 그렇지만, 올바르고 좋은 자질과 조건을 갖추도록 노력하는 삶이 가치 있고 의미 깊은 것임은 분명하니, 어렵다고 포기하지 말고 그 성취를 위하여 꾸준히 부지런하게 정진해나가야 하겠습니다.

304.

착하고 도를 이룬 수행자들은
빛나는 설산처럼 드러나지만
악하고 수행않는 게으른 이는
어둠 속 화살처럼 보이지 않네.

近道名顯 如高山雪 遠道闇昧 如夜發箭

"The good shine even from far, like the Himalayan mountain. But the wicked are unseen, like arrows shot in the night."

착한 수행자들은 설산처럼 멀리까지 그 도덕이 빛나고, 악한 무리들은 밤중에 쏜 화살 같이 드러나지 않지만 위험하다는 말씀입니다. 수행을 잘하여 살림살이가 착하고 올바른 사람은 그 도덕의 명성이 멀리까지 퍼짐이 히말라야 산이 멀리에서도 보이는 것 같고, 수행을 하지않고 게으르며 남을 해치거나 괴롭히는 악한 사람은 한밤중에 쏜 보이지 않는 화살처럼 모두가 꺼리고 불안해할 줄 압니다. 자신의 처지를 각성하고 수행정진에 분발해야 하겠습니다.

305.

앉거나　　거닐거나　　잠을 잘 때도
언제나　　숲속에서　　홀로 지내며
고요히　　수행하며　　정진하는 분
고독을　　즐기면서　　자유 누리네.

一坐一處臥 一行無放逸 守一以正身 心樂居樹間

"He who sits alone, sleeps alone and walks alone, who is strenuous and subdues himself alone, will find delight in the solitude of the forest."

숲속에서 수행하는 수도자의 외롭지만 수행정진의 즐거움에 사는 모습을 보여주는 말씀입니다. 예로부터 '입산수도(入山修道)'라는 말이 전해옵니다. 산에 들어감과 도를 닦음은 같은 뜻이라고 볼 수 있으며, 출가와 입산도 같은 맥락으로 이해하곤 했습니다. 산에는 숲이 있고, 나무들 사이에서 홀로 지내며, 앉고나 걷거나 누울 때에도 고독을 즐기는 수행자의 살림살이가 옛날부터 수도자의 이상적인 생활로 추구되어 왔습니다. 숲속의 고독은 마음속에서 상상하고 음미해 볼 수 있을 것입니다.

22장

어두움 지옥

地獄品 | 暗黑章 | The State of Woe

306.

거짓말　　하는 이는　　지옥가리니

나쁜 짓　　안했다고　　거짓말해도

두 과보　　모두 받아　　앙화 더하여

마침내　　그 고통을　　못 벗어나리.

妄語地獄近 作之言不作 二罪後俱受 是行自牽往

"The liar goes to the state of woe; also who, having done (wrong), says, 'I did not do it.' Men of base actions both, on departing they share the same destiny in the other world."

거짓말하면 그에 맞는 나쁜 과보를 받는다는 경책의 말씀입니다. 나쁜 짓을 하였을 경우에는 그를 인정하여 진실을 고백하고 참회하며 개선하려는 것이 정상인데, 나쁜 짓을 하지 않았다고 거짓말을 하면, 나쁜 짓 한 것과 그에 대한 거짓말 한 것 전부에 해당하는 과보를 다 받으리라는 경고이니, 일시적인 거짓말로 난처함을 모면하려다가 오히려 이중의 과보와 고통을 받는 어리석음을 깨우치고 있습니다.

307.

괴팍한 성격에다 자제력 없는
사악한 사람들이 가사 걸쳐도
그들이 나쁜 짓을 하였을 경우
마침내 지옥 속에 떨어지리니.

法衣在其身 爲惡不自禁 苟沒惡行者 從則墮地獄

There are many evil characters and uncontrolled men wearing the saffron robe. These wicked men will be born in states of woe because of their evil deeds.”

설사 가사를 입은 출가자라도 나쁜 짓을 하면 그 과보를 면할 수 없고 악도에 떨어지리라는 경책의 말씀입니다. 출가수도자로서 본분 즉 비구에 맞는 계율을 받아 지니고, 부처님 가르침을 올바로 배우고 익혀서 제대로 수행하는 이라야 가사를 걸치며 법복 내지 승복을 입을 수 있고 존경과 귀의를 받을 수 있는데, 계율을 지키지 않고 불교에 무지하며 행동이 사악하여 본분을 지키지 않을 경우, 그 과보로 악도에 태어나 고통을 당할 것이 분명합니다.

308.

차라리 불과 같이 뜨거운 쇳물
굶주림 목마름에 마실지라도
계율과 도덕 성숙 안 된 수행자
신도의 공양 받지 않음이 좋네.

寧啖燒石 呑飮鎔銅 不以無戒 食人信施

"It would be better to swallow a red-hot iron ball, blazing like fire, than as an immoral and uncontrolled monk to eat the alms of people."

파계한 수행자는 신도의 공양을 받을 자격이 없다는 말씀입니다. 수행을 제대로 하지 않고 자기 본분을 다하지 못하는 사람은, 설사 출가하여 승단에 속해 있다 하더라도 신심 있는 신도들의 공양을 받지 않음이 좋다는 뜻이니, 신도들의 보시를 받음이 얼마나 어려운 줄 알아야 하겠습니다. 수행이 덜된 사람은 순수하게 자발적으로 공양하는 것도 받기를 사양하여야 함이 도리인데, 하물며 뜻이 없는 이들에게 공양을 요청하거나 기대함은 더 말할 나위 없겠지요.

309.

유부녀 간음하는 무모한 사람
네 가지 불행들을 겪게 되리니
복덕을 상실하고 잠을 설치며
평판은 좋지 않고 지옥 가리라.

放逸有四事 好犯他人婦 臥險非福利 毁三淫泆四

"Four misfortunes befall the reckless man who consorts with another's wife acquisition of demerit, disturbed sleep, ill-repute and (rebirth in) state of woe."

유부녀와 간음하는 이는 살아서도 재앙이 있고 죽어서는 악도에 떨어진다는 경고의 말씀입니다. 남의 부인과 간통함은 개인적으로 박복하고 심신을 불안하게 하며, 사회적으로는 나쁜 소문을 일으키고, 죽어서는 악도에 떨어지는 나쁜 과보를 받으리라는 설명입니다. 출가수행자는 말할 것도 없고, 세속의 재가자도 처신을 올바르게 하고 음행을 삼가함이 윤리 도덕적 삶의 기본이 될 것입니다.

310.

누구나　남의 부인　간통 말지니
잠깐의　쾌락 뒤에　큰 벌 받으며
죽으면　다음 생에　악도에 나서
긴 세월　오래오래　고통 받으리.

不福利墮惡 畏而畏樂寡 王法重罰加 身死入地獄

"Such a man acquires demerit and an unhappy birth in the future. Brief is the pleasure of frightened man and woman, and the king imposes heavy punishment. Hence no man consort with another's wife."

남의 부인과 사통함의 앙화와 악한 업보를 환기시키는 말씀입니다. 옛날 봉건왕조시대에는 간통이 적발되면 왕으로부터 중죄로써 엄벌을 받게 되었으나, 근세에는 법으로 정해진 형벌을 받으리라고 봅니다. 설사 몰래 간통하며 적발이나 검거되지 않았다고 하여도, 죽어서는 지옥에 태어나 고통을 받으리라는 것은, 잠시 애욕의 결과가 미래의 엄청난 과보를 가져옴에 유념하여, 조심하고 절제하여야 함을 강조하고 있습니다.

311.

억새의　풀잎에도　손을 베이듯
언제나　방심하면　다치게 되리.
행동이　나쁘다면　수행자라도
과보를　못 면하고　고통 받으리.

譬如拔菅草 執緩則傷手 學戒不禁制 獄錄乃自賊

"Just as kusa grass wrongly handled cuts the hand, even so, a recluse's life wrongly lived drags one to states of woe."

풀잎에도 손이나 피부를 상할 수 있으므로 조심하듯이, 수행자로서 적은 잘못도 소홀히 하지 말고 세심히 삼가도록 하라는 말씀입니다. 누구나 정신없이 함부로 살면 예기치 못한 실수를 하고 재앙을 겪게 되는데, 특히 수행자는 더욱 조심하여 작은 잘못이라도 하지 않도록 노력하기를 깨우치는 가르침입니다. 작은 잘못도 점점 쌓이면 큰 재앙을 일으키는 법이니, 항상 반성하고 점검하는 생활습관이 필요합니다.

312.

부실한　　행동거지　　게으른 살림
계율을　　안 지키고　　문란한 생활
수행을　　부지런히　　하지 않으면
마침내　　아무것도　　이룰 수 없네.

人行爲慢惰 不能除衆勞 梵行有玷缺 終不受大福

"Any loose act, any corrupt observance, any life of questionable celibacy--none of these bear much fruit."

게으르고 부패한 수행자는 그 결과가 보잘 것 없으리라는 경책의 말씀입니다. 모든 수행자가 해당되겠지만, 특히 출가한 수행자가 본분을 잃어버리고 계행을 잘 지키지 않아서 출가수행자의 살림을 소홀히 하면 그 결과는 목적한 바와 전혀 다르고 기대에 미치지 못할 것임은 분명합니다. 누구나 귀한 인생을 낭비하고 후회하는 일이 없도록 어디에서나 항상 스스로 살림살이를 반성하고 수행에 집중하여 매진하여야만 하겠습니다.

313.

만약에　　마땅하게　　할 일 있다면
열심히　　과감하게　　해 마칠지니
할 일을　　하지 않고　　게으름 피면
수행자　　살림살이　　뒤틀리리라.

常行所當行 自持必令强 遠離諸外道 莫習爲塵垢

"If anything is to be done, let one do it with sustained vigor. A lax monastic life stirs up the dust of passions all the more."

마땅하게 할 일이 있으면 주저하지 말고 용감히 시행하라는 말씀입니다. 해야 될 일을 알면서도 그 일을 미루거나 게을리 하면서, 한눈을 팔거나 안할 짓을 하면, 마땅히 해야 할 일을 제때에 이룰 수 없고, 일이 낭패되면 나중에 후회하고 원망해도 소용이 없습니다. 다행히 사람으로 태어나 붓다의 가르침을 만나고, 수행을 할 수 있는 상황에서, 그 정진에 소홀히 하면 그 과보는 돌이킬 수 없고, 기회는 다시 오기 어려울 줄 알고 분발하여야 하겠습니다.

314.

나쁜 일　하지 말고　멀리 한다면
나중에　괴로움도　겪지 않으리.
좋은 일　부지런히　해서 마치면
나중에　미련이나　후회 없으리.

爲所不當爲 然後致鬱毒 行善常吉順 所迹無悔悋

"All evil deed is better left undone, for such a deed torments one afterwards, But a good deed is better done, doing which one repents not later."

악한 일은 하지 말고 피하며, 착한 일은 서둘러 해 마치라는 격려의 말씀입니다. 나쁜 일인 줄 알거나 꺼림칙한 일들은 하지말고 피하며, 좋은 일들은 미루거나 게으르지 않게 열심히 하여야 나중에 미련이나 후회가 없을 줄 압니다. 안해야 할 일을 하고나면 마음이 우울하고 걱정 근심이 생기며, 해야 할 일을 안했을 경우에도 두고두고 그 일을 안한 아쉬움과 안타까움이 남습니다. 본분을 되새기며 상황을 잘 파악하고 올바른 판단을 하여 일을 하는데 그르침이 없도록 하여야 하겠습니다.

315.

국경을　잘 지키는　경비대처럼
자신의　몸과 마음　잘 간수 하라.
그렇게　악과 비법　막지 않으면
수행은　되지 않고　지옥 가리라.

如備邊城 中外牢固 自守其心 非法不生 行缺致憂
令墮地獄

"Just as a border city is closely guarded both within and without, even so, guard yourself. Do not let slip this opportunity (for spiritual growth). For those who let slip this opportunity grieve indeed when consigned to hell."

누구나 각자의 몸과 마음을 잘 수호하라는 말씀입니다. 변방 국경을 지키는 국방 경비대의 비유처럼 마음을 잘 살펴서 조금도 허술함이 없이 사악한 생각과 언행이 일어나지 않도록 깨어있고 조심하라는 것입니다. 만일에 적들에 의해 성벽이 뚫리면, 점령당하고 노예의 신세와 지옥 고통을 당할 터이니, 특히 수행자는 세속적인 유혹이나 탐욕 등의 침입을 잘 막아내고, 방심이나 게으름의 틈이 없게 순찰하여 정진이 순조롭게 되도록 근념하여야겠습니다.

316.

누구나　　부끄러움　　느끼지 않고
악한 일　　하는 이는　　지옥 가리라.
선한일　　부끄럽게　　생각하면서
할 일을　　안 하여도　　고통 받으리.

可羞不羞 非羞反羞 生爲邪見 死墮地獄

"Those who are ashamed of what they should not be ashamed of, aDhammapadand are not ashamed of they should be ashamed of-- upholding false views, they go to states of woe."

진정한 부끄러움을 모르거나 잘못된 사견을 가진 이는 지옥 고통을 겪으리라는 경고의 말씀입니다. 무슨 일을 잘못하여 정작 부끄러움을 느껴야 할 경우에 부끄러움을 느낄 줄 모르고, 좋은 일을 하여 부끄러움을 느낄 필요가 없을 경우에 부끄러움을 느끼는 이는 삿된 견해를 갖고 상황을 잘못 판단하여, 마침내 혼란을 자초하고 물의를 일으킵니다. 사견을 가진 이는 일을 그르치고 세상을 어지럽게 하여 그 과보로 큰 재앙을 맞게 됩니다.

317.

두려워 해야 할 때 두려움 없고

두려움 없는 때에 두려워하는

삿되고 어리석은 견해 가진 이

마침내 지옥고통 당할지니라.

可畏不畏 非畏反畏 信向邪見 死墮地獄

"Those who see something to fear where there is nothing to fear, and see nothing to fear where there is something to fear --upholding false views, they go to states of woe."

누구나 어느 때에 두려움이나 어려움을 느끼게 될 경우에, 그 상황을 정확하게 인식하고 합당한 대처와 조치를 취하라는 말씀입니다. 어리석거나 삿된 소견으로 상황파악을 잘못하고 그릇된 판단을 하여서 엉뚱한 선택과 결정을 하고 합당하지 아니한 조치를 취하면 그 결과는 불행할 것이 분명합니다. "하룻강아지 범 무서운 줄 모른다." 는 속담처럼, 철없이 행동하는 이나, 나이가 들어도 혼란스러운 이가 있지요. 잘못된 판단 결과는 지옥 고통이 될 수 있으니 조심하여야 합니다.

318.

악하지　　않은 것을　　악하다 하고
참으로　　악한 것을　　아니라 하면
삿되고　　위험함이　　일을 그르쳐
마침내　　지옥 고통　　당하게 되리

加避不避 可就不就 翫習邪見 死墮地獄

"Those who imagine evil where there is none, and do not see evil where it is--upholding false views, they go to states of woe."

악을 악으로 보지 않고 악하지 않은 것을 악으로 보는 삿된 소견을 경계하는 말씀입니다. 착하고 좋은 일을 제대로 보지 못하고 악하게 보아 방해하거나 비방한다든지, 악하고 나쁜 일을 그렇게 보지 않고 방조하거나 칭찬하는 경우, 그런 어리석거나 삿된 사람은 본인은 물론 사회적으로 발전에 큰 장애와 위험이 되고 불행한 결과를 가져오게 됩니다. 그릇된 인식과 견해로 잘못 판단하고 대처한 과보는 마침내 지옥 고통을 받게 될 것입니다.

319.

악업을　　잘 살피고　　멀리하면서
선업을　　바로 보고　　가까이하는
올바른　　지견 가진　　수행자들은
마침내　　도 이루고　　복을 받으리.

可近則近 可避則避 恒守正見 死墮善道

"Those who discern the wrong as wrong and the right as right-- upholding right views, they go to realms of bliss."

선악에 대한 바른 지견을 갖고 판단하며 살아가기를 권하는 말씀입니다. 누구나 선을 선으로 보고 악을 악으로 보며, 건전한 안목을 갖고 올바른 견해로써 상황을 판단하여 정직하게 살아가면 그 결과는 당연히 좋을 것이 분명합니다. 특히 수행자는 생사윤회의 길과 깨달음의 길을 바로 보고, 해탈 열반의 길에서 올바로 수행 정진하면 그 성취의 결과는 스스로 누릴 수 있을 것입니다.

23장

코끼리 모양

象喩品 | 持久章 | The Elephant

320.

싸움터 코끼리가 공격 견디듯
세상의 허튼 소리 참아 내리라.
언제나 정성으로 믿음 지키며
사악한 무리들을 깨우치리라.

我如象鬪 不恐中箭 常以誠信 度無戒人

"As an elephant in the battlefield withstands arrows shot from bows all around, even so shall I endure abuse. There are many, indeed, who lack virtue."

코끼리가 어떤 공격을 받아도 잘 극복해 나가듯이, 세상의 부당한 비난과 험담들에 흔들리지 말고 올바른 소신을 지켜나가며 저들을 제도하라는 말씀입니다. 불교 승가에서 훌륭한 수행자를 코끼리에 비유하여 표현합니다. 그 듬직한 저력으로 의연하게 가야할 길을 가기 때문입니다. 누구라도 각자가 마땅히 해야 할 일을 하는데, 다른 이들의 시기와 질투 및 모함과 비방이 있더라도, 난관을 피하지 않고 극복하며 악인들을 깨우쳐 나가야겠지요.

321.

올바로 길들여진 코끼리 타고
군중에 나아가는 굳센 왕처럼
자신을 온전하게 다스리는 분
세상의 삿된 공격 두렵지 않네.

譬象調正 可中王乘 調爲尊人 乃受誠信

"A tamed elephant is led into a crowd, and the king mounts a tamed elephant. Best among men is the subdued one who endures abuse."

잘 길들여진 코끼리를 타고 민중들 집회에 나가는 왕처럼, 어떤 상황에서도 자기를 자제하고 잘 조절할 수 있는 수행자가 되어 의연하게 가야 할 길을 가라는 말씀입니다. 세상 사람들이 무어라 해도 스스로 건전하게 판단하고 신중하게 결정한 일들은 과감하게 실행하는 소신과 용기가 있어야 성공할 수 있습니다. 주위의 몰이해와 비협조 내지는 부당한 방해와 핍박에도 굴하지 않는 의연한 정진력을 갖추어야 하겠습니다.

322.

아주 잘　길들여진　말과 당나귀
나아가　크고 힘센　코끼리처럼
스스로　수행하여　자제하는 분
사람들　가운데서　으뜸되리니.

雖爲常調 如彼新馳 亦最善象 不如自調

"Excellent are well-trained mules, thoroughbred Sindhu horses and noble tusker elephants. But better still is the man who has subdued himself."

당나귀와 말, 코끼리처럼 잘 훈련된 동물들은 필요한 때에 사용하기 좋고 훌륭하지만, 자기의 욕망과 충동을 잘 다스리고 자제할 수 있는 인물이 세상에서 가장 존귀하다는 말씀입니다. 세상의 여러 동물과 인물들을 잘 이끌고 활용할 수 있음도 귀하겠지만, 자기 자신을 잘 절제하고 올바른 살림살이를 사는 사람이 가장 고귀함을 지적하며 자기 수행의 중요함을 강조하고 있음에 주목하고 이에 유념하여 정진해 나가야겠습니다.

323.

말이나 코끼리나 다른 탈 것이
아무리 아름답고 편리하여도
그들로 피안에는 이를 수 없고
오로지 수행자만 갈 수 있으리.

彼不能適 人所不至 唯自調者 能到調方

"Not by these mounts, however, would one go to the Untrodden Land (Nibbana), as one who is self-tamed goes by his own tamed and well-controlled mind."

말이나 코끼리와 같은 잘 훈련된 동물들을 타고도 피안 즉, 열반에는 이를 수 없고, 오직 마음을 잘 닦은 수행자만이 그곳에 도달할 수 있다는 말씀입니다. 이는 말이나 코끼리 등의 동물뿐 아니라 오늘날의 자동차나 기차 등, 아무리 좋은 탈 것이 있어도, 외적인 물건이나 요인으로 열반에 이를 수는 없고, 오직 잘 수행된 마음으로만 가능함을 지적한 것이니, 외적인 상황에 휘둘리지 말고 내적인 수행에 집중하여야 하겠습니다.

324.

인간에 잡혀있어 길들여져서
그들에 도움 주던 코끼리라도
본능이 되살아나 심술부리면
고향을 생각하며 먹지도 않네.

如象名財守 猛害難禁制 繫絆不與食 而猶暴逸象

"Musty during rut, the tusker named Dhanapalaka is uncontrollable. Held in captivity, the tusker does not touch a morsel, but only longingly calls to mind the elephant forest."

잘 길들여진 코끼리라도 발정기가 되면 제어가 잘 안되어 먹지도 않고 야생의 고향생각만 하는 것 같이, 사람의 잠재된 본능적 욕망도 어떤 때는 통제하기 어렵다는 말씀입니다. 평소에는 학습된 도덕 윤리 등의 교양으로 품격을 지키던 사람도 특정한 상황을 당하거나 생리적 시기에는 일탈의 욕망이 일어나 본능의 통제가 어려우니, 그러한 속성을 감안하여 적절한 처치가 필요함을 알 수 있습니다. 본능적 욕구를 승화시킬 수 있는 수행이 필요합니다.

325.

게으른 돼지처럼 먹고 잠자며
수행을 하지않고 빈둥거리면
번뇌와 망상 속에 빠져들어서
윤회의 긴 고통을 못 벗어나리.

沒在惡行者 恒以食自繫 其象不知厭 故數入胞胎

"When a man is sluggish and gluttonous, sleeping and rolling around in bed like a fat domestic pig, that sluggard undergoes rebirth again and again."

부지런히 수행을 하지 않고 게으르게 빈둥거리며 악행만 하는 어리석은 사람은 먹고 잠만 자는 살찐 돼지나 코끼리처럼 그 업보에 따라 윤회의 고통을 받으리라는 경책의 말씀입니다. 아무 생각 없이 본능적으로 돼지 같이 살다가 다음 생에 짐승으로 태어날 것인가, 아니면 비판적으로 성찰하며 인간답게 살면서 수행하여 해탈 자유를 누릴 것인가는 각자의 의지에 달려있으니, 나중에 후회하고 자학하는 일이 없도록 깨어있는 삶을 살아가야 하겠습니다.

326.

지난 날　하염없이　본능을 따라
어디나　끊임없이　헤매었지만
야생의　코끼리를　조련하듯이
이제는　슬기롭게　마음 챙기네.

本意爲純行 及常行所安 悉捨降伏結 如鉤制象調

"Formerly this mind wandered about as it liked, where it wished and according to its pleasure, but now I shall thoroughly master it with wisdom as a mahout controls with his ankus an elephant in rut."

통제되지 않은 마음은 들판의 코끼리처럼 아무데나 가리지 않고 돌아다니지만, 잘 챙기고 다스려진 마음은 조련사가 코끼리를 다루듯 조절이 가능하다는 말씀입니다. 마음을 닦고 수행하지 않으면 본능대로 움직임이 야생 코끼리나 원숭이처럼 끊임없이 헤매며 안정을 못하고 번뇌 망상의 업을 지어 윤회의 고통에 빠질 것이니, 무작정 내달리던 자동차를 멈추고 사고의 위험에서 벗어나듯이, 마음을 통제하여 열반의 세계로 들어가도록 노력하여야 하겠습니다.

327.

들판의 코끼리가 웅덩이 빠져
진흙탕 뒤척이다 벗어나듯이
깨어나 마음 챙겨 생각 바루어
윤회를 벗어나서 피안에 가리.

樂道不放逸 常能自護心 是爲拔身苦 如象出于陷

Delight in heedfulness! Guard well your thoughts! Draw yourself out of this bog of evil, even as an elephant draws himself out of the mud."

웅덩이에 빠졌던 코끼리가 진흙탕으로부터 벗어나오듯이, 번뇌 망상의 구덩이에서 허덕이던 사람이 마음을 챙겨서 피안의 평안을 찾는 즐거움을 누리라는 말씀입니다. 불순한 자연환경 속에서 어려움을 잘 견디어내고 위험을 극복하는 코끼리의 저력처럼, 수행의 정진력을 가진 사람이 만나는 주위의 도전과 난관을 돌파하며 겪는 보람과 기쁨을 누리기를 권장하는 것입니다.

328.

언제나 올바르게 수행하는 분
훌륭한 길동무를 만날 때에는
어떠한 어려움도 이겨내면서
늘 함께 어울려서 정진하리니.

若得賢能伴 俱行行善悍 能伏諸所聞 至到不失意

"If for company you find a wise and prudent friend who leads a good life, you should, overcoming all impediments, keep his company joyously and mindfully."

만약 지혜롭고 믿을만한 도반을 만난다면, 많은 어려움이 따를지라도, 다른 것들을 포기하면서라도 함께 정진해 나갈 것을 권장하는 말씀입니다. 설사 다른 이들의 비판을 받는 이라도, 스스로 살펴볼 때에 진정한 수행자이며 건전한 인격자로 판단된다면, 다른 것들을 희생해서라도 함께 정진하여야 마침내 그 최후의 성취를 할 수 있고, 그 보람이 누려질 수 있습니다. 훌륭한 도반은 숫자에 관계없이, 한 명이라도 고귀한 인연이니 성심으로 가까이 보살피고 따라야 할 존재입니다.

329.

언제나　진실하게　수행하는 분
훌륭한　길동무를　못 만날 때는
대왕이　차지했던　땅을 버리고
의연히　홀로 가듯　정진하리니.

不得賢能伴 俱行行惡悍 廣斷王邑里 寧獨不爲惡

"If for company you cannot find a wise and prudent friend who leads a good life, then, like a king who leaves behind a conquered kingdom, or like a lone elephant in the elephant forest, you should go your way alone."

만약 지혜롭고 믿을만한 도반을 만나지 못한다면, 많은 어려움이 따를지라도, 사악한 이들과 어울리지 말고, 많은 것을 포기하면서라도 홀로 정진해 나갈 것을 권장하는 말씀입니다. 설사 다른 이들의 환호를 받는 이라도, 스스로 살펴볼 때에 진정한 수행자가 아니며 건전한 인격자가 아니라고 판단된다면, 다른 것들을 희생해서라도 저들과 어울리지 말고, 차라리 홀로 정진하여야 마침내 그 최후의 성취를 할 수 있고, 그 보람을 누릴 수 있습니다.

330.

고요히　숲속에서　혼자 살면서
아무런　걱정 없는　코끼리처럼
언제나　어리석은　이들 떠나서
차라리　홀로 삶이　더욱 좋으리.

寧獨行爲善 不與愚爲侶 獨而不爲惡 如象驚自護

"Better it is to live alone; there is no fellowship with a fool. Live alone and do no evil; be carefree like an elephant in the elephant forest."

숲속에서 당당하게 홀로 사는 코끼리를 비유하여, 어리석고 사악한 무리들과 어울리지 말고 의연하게 홀로 지내는 것이 좋다고 권장하는 말씀입니다. 혼자 지낼 수 없는 나약한 사람은 어쩔 수 없이 어리석고 삿된 무리에라도 의지하여 살아가려 하겠지만, 스스로 홀로 설 수 있는 능력이 있는 인물이라면, 의연하게 소신껏 살아감이 바람직할 줄 압니다. 자립의 능력을 갖춘 수행자가 되도록 노력하여야겠지요.

331.

급할 때　도움 줌이　훌륭한 친구
적어도　만족함이　훌륭한 살림
죽을 때　평안함이　훌륭한 공덕
모든 악　짓지 않음　훌륭한 수행

生而有利安 伴軟和爲安 命盡爲福安 衆惡不犯安

"Good are friends when need arises; good is contentment with just what one has; good is merit when life is at an end, and good is the abandoning of all suffering (through Arahatship)."

아쉽고 필요할 때에 도움 주는 이가 좋은 친구요, 현재 갖고 있는 것에 만족함이 좋은 삶이며, 목숨을 마칠 때에 평안하게 갈 수 있음이 좋은 수행의 보람이고, 모든 고통거리를 버리고 수행함이 바람직하다는 말씀입니다. 아무리 아는 사람의 숫자가 많아도 어려울 때 도움을 주는 이가 없다면 좋은 친구를 가졌다고 할 수 없고, 많은 것을 갖고도 만족하지 못하면 불행하며, 임종시에 평생 살림의 결과를 보게 되고, 악행을 하지 않으며 수행함이 열반을 이룸을 알 수 있습니다.

332.

어머니　아버지가　있는 집안은
그분들　보살핌에　행복 하리라.
도인과　수행자가　있는 세상은
그분들　공양공덕　누릴 수 있네.

人家有母樂 有父斯亦樂 世有沙門樂 天下有道樂

"In this world, good it is to serve one's mother, good it is serve one's father, good it is to serve the monks, and good it is to serve the holy men."

이 세상에서 부모에 효도함과 수행자들을 공양할 수 있음이 다행스럽다는 말씀입니다. 부모가 돌아가셨거나 함께하지 못하여 효도의 기회를 잃은 사람의 안타까움과 슬픔, 훌륭한 출가수행자나 탈속한 도인을 가까이하며 배우고 공양할 수 없는 아쉬움, 이들은 겪어본 사람만 알 수 있을 줄 압니다. 현재 어머니와 아버지 모두 또는 한분이라도 함께 하고있는 사람, 훌륭한 수행자나 도인을 알고 있는 사람이, 그분들을 제때에 잘 모시지 않으면, 그 기회를 잃고는 크게 후회하게 됩니다.

333.

도덕을 평생토록 가꾸는 보람
믿음을 끊임없이 지키는 기쁨
지혜를 키워가는 수행 즐거움
착하게 사는 분에 행복이 가득.

持戒終老安 信正所正善 智慧最安身 不犯惡最樂

"Good is virtue until life's end, good is faith that is steadfast, good is the acquisition of wisdom, and good is the avoidance of evil."

죽을 때까지 도덕을 함양하고, 올바른 믿음을 지켜나가며, 공부와 수행을 통해 지식과 지혜를 키우고, 계를 지니어 악행을 멀리하는 보람과 즐거움을 누리라는 격려의 말씀입니다. 누구나 도덕과 의리를 임종할 때까지 유지하기는 어렵고, 믿음도 계속해서 잘 지켜나가기 어려우며, 지혜가 필요로 한 줄 알지만 수행하기는 어렵고, 계를 지키며 착하게만 살아가기는 쉽지 않은 줄 압니다. 그렇지만, 어려움을 피하지 않고 극복해 나가야 그 보람과 즐거움을 누릴 수 있겠지요.

24장

애욕 다스림

愛欲品 | 慾望章 | Craving

334.

함부로 사는 사람 살림살이는
욕정에 얽매여서 정신 못 차려
숲속에 헤매 도는 원숭이처럼
윤회의 괴로움이 끊이지 않네.

心放在淫行 欲愛增枝條 分布生熾盛 超躍貪果猴

"The craving of one given to heedless living grows like a creeper. Like the monkey seeking fruits in the forest, he leaps from the life to life (tasting the fruits of his karma."

방탕한 사람의 삶은 욕망의 넝쿨에 얽매인 것처럼, 숲속의 원숭이가 열매 먹이를 찾아 이 나무에서 저 나무로 계속해서 뛰어다니듯, 금생에서 저생으로 끊임없이 윤회를 반복하게 됨을 경고하는 말씀입니다. 욕망의 본질과 속성을 통찰하여 그 어리석음과 탐욕으로 쌓아가는 업과의 굴레인 윤회로부터 해탈하여 영원한 열반의 자유와 행복을 누릴 수 있어야 하겠습니다. 야만적 본능을 잘 조절하여 성숙한 태도로 지혜로운 수행에 정진하여야겠지요.

335.

누구든　악착같은　욕망에 매인
실없는　사람들의　슬픔은 자라
비온 뒤　자라나는　잡초들처럼
나중엔　후회해도　소용없으리.

以爲愛忍苦 貪慾着世間 憂患日夜長 筵如蔓草生

"Whoever is overcome by this wretched and sticky craving, his sorrow grow like grass after the rains."

욕망에 노예가 된 사람의 슬픔은 비온 뒤에 자라나는 잡초 같다는 비유로써, 욕망의 위험을 경고하는 말씀입니다. 본능적인 욕정은 악착같이 달려들어 쉽게 물리치기 어려운 것으로, 그 자라나는 환경을 잘 정리하고 그를 조장하는 여건을 제거하여야 합니다. 욕망의 잡초가 자라나지 않도록 항상 분위기를 가다듬고, 주위의 유혹요소들을 정리하고 제거하는 데 유념하여야 하겠습니다.

336.

누구나 의연하게 수행하면서
비천한 욕망들을 극복한다면
연잎이 물방울을 밀어내듯이
고통은 사라지고 평안하리니.

人爲恩愛惑 不能捨情慾 如是憂愛多 潺潺盈于池

"But whoever overcomes this wretched craving, so difficult to overcome, from him sorrows fall away like water from a lotus leaf."

악착같이 달려드는 욕망의 유혹을 벗어나기 쉽지 않지만, 의연하게 극복한 사람은 연잎에 비가 내려도 모두 다 흘려버림으로써 안정을 유지하는 것을 비유하여 탐욕대처를 권장하는 말씀입니다. 한문본에는 욕정을 버리지 않으면 걱정근심이 쌓여서, 연못에 적은 물들이 흘러들어 고여서 마침내 가득해지는 것을 비유로 들었는데, 아무튼 아무리 적은 욕정도 버리지 않고 키우면 그 결과가 감당하기 힘들 것이므로, 미리미리 제거하여 줄이고 비워나가야 나중에 근심이 없을 줄 압니다.

337.

그대는　비라나 향　풀뿌리 캐듯
욕정의　뿌리 뽑아　버릴지니라.
홍수에　휩쓸려간　갈대를 보며
마군의　공격들에　대비하게나.

爲道行者 不與欲會 先誅愛本 無所殖根 勿如刈葦

"This I say to you Good luck to all assembled here! Dig up the root of craving, like one in search of the fragrant roots of birana grass. Let not Mara crush you again and again, as a flood crushes a reed."

향기로운 풀뿌리를 캐내듯이 욕망의 뿌리를 캐내어 버리고, 홍수에 휩쓸리는 갈대처럼 욕정의 유혹에 휩쓸리지 말라는 권고의 말씀입니다. 산삼이나 귀한 약초를 캘 때에 그 뿌리를 모두 조심하여 캐내듯이 욕정의 뿌리를 남김없이 뽑아내고, 유혹의 분위기에 휩쓸리지 않게 마음을 가다듬어 그 피해자가 되지 말아야 하겠지요. 주위의 불행한 사례들을 참고하고 유념하여 후회하지 않도록 욕정 통제에 조심하고 마음을 가다듬어 수행에 정진하여야 하겠습니다.

338.

뿌리를　　끊지 않은　　나무들 같이
욕망의　　뿌리들이　　남아 있는 한
언젠가　　거기에서　　움이 돋듯이
괴로움　　거듭하여　　자라나리니.

如樹根深固 雖截猶復生 愛意不盡除 輒當還受苦

"Just as a tree, though cut down, sprouts up again if its roots remain uncut and firm, even so, until the craving that lies dormant is rooted out, suffering springs up again and again."

욕망을 나무에 비유하여, 뿌리를 완전히 끊어내지 않으면 다시 자라나서 고통의 원인이 되리라는 경고의 말씀입니다. 실제로 어떤 나무를 제거할 때에, 땅위에 드러난 부분만 베어내거나, 뿌리까지 잘라내더라도 완전히 제거하지 않으면 언젠가는 남아있던 뿌리에서 움이 돋고 싹이 자라남을 볼 수 있습니다. 세속의 욕망을 끊기 위하여 출가한 사람도 마음의 욕망을 끊지 않으면 언젠가는 번뇌가 되살아나 퇴속하게 되거나 수행의 장애가 될 수 있으니, 욕망의 뿌리가 사라지도록 정진하여야겠지요.

339.

이른바　서른여섯　욕정의 흐름
쾌락의　대상으로　쇄도하느니
욕망의　생각들을　안 버린다면
그 물에　휩쓸려가　사라지리라.

三十六使流 并及心意漏 數數有邪見 依於欲相結

"The misguided man in whom the thirty-six currents of craving strongly rush toward pleasurable objects, is swept away by the flood of his passionate thoughts."

욕정은 쾌락을 지향하므로, 수많은 욕망의 흐름은 쾌락으로 몰려가는데, 열정적인 생각들은 이들과 어울려 쾌락을 위한 악업을 짓게 된다는 경책의 말씀입니다. 어리석은 인간은 본능적으로 쾌락을 추구하는 욕망에 이끌리기 마련인데, 생각이 충동적이고 건전하지 않은 사람은 본능을 통제하거나 건전하게 조절하기보다 욕망에 휩쓸려서 가기 쉽고, 그 결과는 고통과 후회로 이어지게 됩니다. 이성과 감성의 건전한 조화를 이루며 방일하지 말고 열반의 길로 정진하여야 하겠습니다.

340.

어디나 욕정들은 흐르고 있고
욕망의 씨앗들은 움트고 있네.
욕망의 넝쿨들이 싹틈을 보면
지혜의 칼로 잘라 제거하게나.

一切意流行 愛結如葛藤 唯慧分明見 能斷意根原

"Everywhere these current flow, and the creeper (of craving) sprouts and grows. Seeing that the creeper has sprung up, cut off its root with wisdom."

사람이 살아가는 어느 곳에서든지 욕망의 샘물은 흐르며 번뇌와 갈등의 싹은 움트고 자라는데, 이를 제거하려면 지혜의 칼로 수행하는 방법을 사용하여야 한다는 말씀입니다. 어리석은 사람은 욕망의 자람을 보고 방치하거나 오히려 키워서 그 앙화를 당하여 나중에 후회하지만, 지혜로운 사람은 미리 그 불행의 시작을 막고 근원을 제거하여 환난을 피하고 자유와 평안을 누릴 줄 압니다. 누구나 욕망이 자라는 환경을 사전에 진단하여 예방하고 신속한 조치를 취해야겠습니다.

341.

누구나　즐거움을　느끼기 바라
어디든　애욕의 싹　키워 주느니
욕망에　무릎 꿇고　쾌락을 찾아
마침내　늙고 죽음　종이 되리라.

夫從愛潤澤 思想爲滋蔓 愛欲深無底 老死是用增

"Flowing in (from all objects) and watered by craving, feelings of pleasure arise in beings. Bent on pleasures and seeking enjoyment, these men fall prey to birth and decay."

대개 사람들은 쾌락을 바라며 욕망을 키우지만 결국은 늙고 죽음에 이르러서 아무런 힘없이 그 업보의 흐름에 떠내려가게 된다는 경고의 말씀입니다. 이미 태어난 존재는 죽을 수밖에 없고 또다시 태어나는 윤회의 고통을 벗어나려면, 욕망에 따라 살기보다는 이를 극복하고 윤회로부터 해탈하는 열반의 길을 찾아 나서야 되며, 그 길에 들어서서는 불퇴전의 정진을 하여야 영원한 자유와 행복을 누릴 수 있습니다. 쾌락의 노예가 되지 말고 자유의 주인이 되어야겠습니다.

342.

애욕에　사로잡힌　가엾은 사람
덫 걸린　토끼처럼　발버둥치고
괴로움　사무쳐서　몸부림쳐도
좀처럼　벗어나기　어려운지고.

衆生愛纏裏 猶兎在於網 爲結使所捕 數數受苦惱

"Beset by craving, people run about like an entrapped hare. Held fast by mental fetters, they come to suffering again and again for a long time."

애욕에 사로잡힌 사람의 상황을 덫에 걸린 토끼를 비유하여 그 괴로움을 경고하는 말씀입니다. 순수하고 합당한 사랑은 인간의 살림살이에 필요하고 유익하겠지만, 불륜이나 건전하지 못한 애욕은 마약중독 같이 개인의 심신을 병들게 하고 가정이나 공동체의 평화와 안정을 깨뜨리게 될 줄 압니다. 덫에 걸리지 않거나 함정에 빠지지 않도록 조심하듯이, 애욕에 따른 불행을 맞고 후회하지 않도록 미리 조심하고 방탕을 삼가야 하겠습니다.

343.

욕정에　　사로잡힌　　우둔한 사람
덫 걸린　　토끼처럼　　몸부림치고,
출가한　　수행자는　　애욕 떠나서
고요히　　열반 길에　　자유를 찾네.

若能滅被愛 三有無復愛 比丘已離愛 寂滅歸泥洹

"Beset by craving, people run about like an entrapped hare. Therefore, one who yearns to be passion-free should destroy his own craving."

애욕에 얽매인 사람의 부자유와 고통에 대비하여, 출가독신수행자의 애욕 떠난 평화로운 열반 적정세계를 안내하는 말씀입니다. 세상의 일시적 쾌락을 쫓다가 당하는 괴로움과 출세간의 영원한 행복을 추구하여 출가한 수행자의 평안한 길을 비교하며, 애욕의 덫을 벗어나 그 윤회의 괴로움으로부터 해탈하는 열반의 길에 나아가기를 권장하는 가르침에 유념하여야 하겠습니다. 설사 출가는 못하더라도 애욕의 위험은 항상 명심하고 자제하도록 조심하여야겠지요.

344.

욕망을 거슬러서 출가한 사람
다시금 그 욕망을 향해 간다면
감옥을 나왔다가 다시 감옥 가
스스로 파멸의 길 감과 같으리.

非園脫於園 脫園復就園 當復觀此人 脫縛復就縛

"There is one who, turning away from desire (for household life) takes to the life of the forest (i.e., of monk). But after being freed from the household, he runs back to it. Behold that man! Though freed, he runs back to that very bondage!"

욕망 가득한 세속을 떠나 출가수행자의 길을 갔던 사람이 다시 퇴속하는 경우를, 감옥에 구속되어서 결박을 당했다가 풀려난 사람이 다시 죄를 지어 감옥으로 가서 결박당하는 것에 비유하여, 수행자의 환속의 어리석음과 애욕의 위험을 경고하는 말씀입니다. 악착같은 애욕의 굴레를 벗어나 출가하기도 어렵지만, 출가수행자의 길을 잘 가기는 더욱 어려울 줄 압니다. 비록 어려운 수행의 길일지라도 과감하게 분발하여 정진하면 그 성취의 보람을 누릴 수 있겠지요.

345.

나무와　　쇠사슬에　　묶임보다도
보석과　　장식품 및　　처자식들에
얽매임　　더욱 강해　　못 벗어남을
지혜가　　있는 분이　　일깨워 주네.

雖獄有鉤鑷 慧人不謂牢 愚見妻子息 染着愛甚牢

"That is not strong fetter, the wise say, which is made Dhammapadaof iron, wood or hemp. But the infatuation and longing for jewels and ornaments, children and wives."

슬기로운 사람은, 나무와 밧줄 또는 쇠사슬로 만든 감옥의 형틀보다 보석과 장식물이나 처자식에 대한 애착의 얽매임이 더 강하다고 말한다며, 신체의 물리적 얽매임보다 애욕의 얽매임이 더욱 벗어나기 어려움을 지적한 말씀입니다. 몸은 구속되어 있어도 마음은 편할 수 있지만, 몸은 자유로워도 마음이 불편하고 괴로움은 누가 대신 해결해 줄 수 없으니, 스스로 애욕을 절제하고 중독의 위험을 미리 살펴서 조심함이 필요하다고 하겠습니다.

346.

애욕의　　얽매임은　　감옥보다도
사뭇 더　　옥조여서　　괴로움 심해
욕정과　　쾌락들을　　저버려두고
열반의　　수행길로　　나아갈지니.

慧說愛爲獄 深固難得出 是故當斷棄 不視欲能安

"The fetter which pulls one downward and though seemingly loose, is hard to remove. This, too, the wise cut off. Giving up sensual pleasure, and without any longing, they renounce the world."

보석 등의 재물이나 처자식 등에 대한 애정의 얽매임은 감옥보다 더 불편하니, 그 세속적인 욕망들의 굴레를 벗어나 해탈의 길로 가라는 권고의 말씀입니다. 죄를 지은 사람은 형무소 감옥에서 신체적으로 부자유한 괴로움을 당하지만, 세상의 일반인들은 몸은 자유롭더라도, 보석이나 장식품, 좋은 집과 차 등의 물건을 추구하며 처자식에 대한 애정에 얽매여 부담과 불편을 겪고 있는데, 이것들에 집착하지 않고 자유의 길을 찾아 나서는 수행자의 발심과 용기는 참으로 고귀하다고 하겠습니다.

347.

누구나 음욕 속에 빠져 버리면
거미가 그물치고 그 속에 있듯
윤회의 강물 속에 잠겨 버림을
현자는 미리 알고 벗어나느니.

以淫樂自裹 譬如蠶作繭 智者能斷棄 不盼除衆苦

"Those who are lust-infatuated fall back into the swirling current (of samsara) like a spider on its self-web. This, too, the wise cut off. Without any longing, they abandon all suffering and renounce the world."

누구나 음욕에 빠지면, 스스로 굴을 만들어 그 속에 숨어서 죽도록 나오지 않듯이, 고통과 윤회의 흐름 속에서 벗어나지 못하지만, 슬기로운 사람은 그 유혹과 애착을 벗어나 일시적 쾌락의 길을 버리고 영원한 안락의 길로 나간다는 말씀입니다. 동물의 본능대로 음행을 함은 생사윤회의 근본이니, 그를 극복함이 해탈의 첫걸음이 될 것입니다. 과거의 습기에 따라 음욕이 생기는 것도 자연스런 현상이라 할 수 있지만, 이를 통찰하고 극복하여 초월하는 능력도 인간에게 있으니 다행입니다.

348.

과거와　　미래 또한　　현재까지도
언제나　　모든 것들　　아주 버리고
마음이　　온전하게　　자유로우면
더이상　　나고 죽음　　맞지 않으리.

捨前捨後 捨間越有 一切盡捨 不受生死

"Let go of the past, let go of the future, let go of the present, and cross over to the farther shore of existence. With mind wholly liberated, you shall come no more to birth and death."

과거와 현재와 미래의 모든 것을 다 비워 버리고 마음이 완전히 자유롭게 되면, 인과와 업보에 의한 생사를 초월할 수 있다는 말씀입니다. 시간과 공간의 모든 존재들을 다 비워 버리고 초월하여서, 마음에 아무런 집착과 걸림이 없게 되면, 여러 인연에 의하여 태어나서 늙고 병들어 죽으며 다시 태어나는 업보의 윤회로부터 해탈하여 대자유를 누릴 수 있습니다.

349.

감정에 지배되고 애욕에 따라
사악한 생각으로 잘못 판단해
쾌락의 노예 되어 방탕한 사람
마침내 생사 감옥 괴로움 받네.

心念放逸者 見淫以爲淨 恩愛意盛增 從是造獄牢

"For a person tormented by evil thoughts, who is passion-dominated and given to the pursuit of pleasure, his craving steadily grows. He makes the fetter strong indeed."

주체성을 잃어서 감각의 대상들에 매몰되고 쾌락을 추구하는 애욕의 노예가 된 방탕한 사람은 그 업보로 생사의 윤회라는 감옥에 갇혀 온갖 고통을 받으리라는 경고의 말씀입니다. 삿된 생각을 하고, 애욕의 감정에 이끌려 쾌락을 좇아서 방탕한 이는, 그 업보로 생사의 감옥에 갇혀 윤회의 고통을 받으리니, 지혜의 안목으로 상황을 통찰하여 수행의 길에 정진하면 열반의 즐거움을 누릴 수 있습니다.

350.

언제나 깨어있고 생각 바로 해
부정관 명상하는 출가수행자
애욕을 극복하고 번뇌가 없어
의연히 윤회 고통 벗어나리니.

覺意滅淫者 常念欲不淨 從是出邪獄 能斷老死患

"He who delights in subduing evil thoughts, who meditates on the impurities and is ever mindful--it is he who will make an end of craving and rend asunder Mara's fetter."

언제나 올바른 생각을 하여 삿된 생각을 일으키지 않고, 사람의 몸이 본래 부정하다고 관조하며 육욕을 극복한 수행자는 마군의 방해를 받지 않고 생사윤회를 벗어날 수 있다는 말씀입니다. 이른바 부정관 즉, 사람의 몸이 음행으로 비롯되었고 지수화풍 사대로 구성되어 병들고 죽게 되면 그 시체가 썩어서 백골로 변하는 현상을 명상하는 것인데, 이는 애욕을 극복하는 수행 방법의 하나로써, 육욕이 강한 이에게 권장되는 것입니다.

351.

수도의　목적 이룬　수행자에겐
어떠한　두려움과　걸림이 없네.
애욕도　사라졌고　모든 일 끝내
생사의　윤회 고통　벗어나느니.

無欲無有畏 恬淡無憂患 欲除使結解 是爲長出淵

"He who has rDhammapadaeached the goal, is fearless, free from craving, passionless, and has plucked out the thorns of existence--for him this is the last body."

불교수행자가 그의 목적을 성취하고 나면 모든 두려움과 걱정 근심이 사라져 아무 걸림이 없는 자유와 평화를 누리고 생사의 윤회를 벗어난다는 말씀입니다. 수행 성취를 해본 사람만 알 수 있는 경지이지만, 누구나 궁극적으로 추구하는 바인 생사와 윤회로부터 해탈하여 고통과 두려움이 없는 열반의 즐거움에 대한 부처님의 말씀을 몸소 수행을 통해 직접 체험하고 확인하며 누려보아야 할 줄 압니다.

352.

애욕과　　집착에서　　자유로운 분
붓다의　　가르침을　　깨달은 사람
마침내　　수행 이뤄　　큰 지혜 갖춰
거룩한　　사람이라　　불릴 수 있네.

盡道除獄縛 一切此彼解 已得度邊行 是爲大智士

"He who is free from craving and attachment, is perfect in uncovering the true meaning of the Teaching, and knows the arrangement of the sacred texts in correct sequence--he, indeed, is the bearer of his final body. He is truly called the profoundly wise one, the great man."

모든 애욕과 집착을 벗어나, 불경의 진리를 깨닫고 수행을 성취하여 큰 지혜와 자비를 갖춘 사람은 위대한 인물 또는 거룩한 성현으로 불릴 수 있다는 말씀입니다. 세속적인 욕망과 집착을 떠나, 불교 경전들을 공부하여 그 참된 내용을 터득하고, 그 진리를 수행을 통해 체험하여 삶으로서 실현하는 사람은 큰 지혜와 자비를 갖춘 바, 위대한 사람이라고 부르고 칭송하며 존경과 공양을 바칠 분입니다. 그러한 위인이 있는 세상의 사람들에겐 축복이며 다행입니다.

353.

모든 것　전부 알고　승리한 사람
그 모든　얻은 것을　비워버리고
조금도　애착 없이　스스로 만족
이러한　사람만이　내 스승 되리.

若覺一切法 能不着諸法 一切愛意解 是爲通聖意

"A victor am I over all, all have I known. Yet unattached am I to all that is conquered and known. Abandoning all, I am freed through the destruction of craving. Having thus directly comprehended all by myself, whom shall I call my teacher?"

스스로 모든 진리를 깨닫고 모든 유혹과 갈등을 극복하여 최후의 승리자가 되었지만, 그 자체에도 집착하지 않고 자유로운 사람, 자기를 잘 알고 자기의 주인으로서 자기를 스승 삼고 자기에 귀의하는 사람이 되라는 말씀입니다. 붓다의 최후 유촉 법문의 내용이며, 무아와 무상을 보이고 적정 열반의 경지로 중생을 인도하시는 가르침으로써, 대지혜인이며 대자유인이 되도록 안내하는 것입니다.

354.

선물들　가운데에　진리가 으뜸
모든 맛　가운데에　수행이 으뜸
기쁨들　가운데에　깨달음 으뜸
애착을　벗어나면　고통 없으리.

衆施經施勝 衆味道味勝 衆樂法樂勝 愛盡勝衆苦

"The gift of Dhamma excels all gifts; the taste of Dhamma excels all tastes; the delights in Dhamma excels all delights. The Craving Free vanquishes all suffering."

보시 가운데 법보시가 제일이요, 재미 가운데 수행의 재미가 최고이며, 즐거움들 가운데는 진리를 누림이 최상이며, 애착이 없어야 고통이 없다는 말씀입니다. 남에게 베풀어 줌에 있어서 어떤 물건을 나누어 줌도 좋지만, 불경을 전해 주거나 부처님 가르침의 진리를 가르쳐 줌이 더욱 귀하고, 세상의 음식이나 예술의 맛보다 수행하며 체험하는 맛이 더 낫고, 여러 가지 즐거움 가운데 진리를 공부하고 깨닫는 것이 가장 뛰어나며, 애착을 없앰이 고통 해결의 최선임을 알아야 하겠습니다.

355.

바보는　　탐욕으로　　스스로 묶고
해탈의　　저 언덕을　　바라지 않네.
애정과　　욕망 속에　　빠져들어서
자신과　　이웃들에　　해를 끼치네.

愚以貪自縛 不求到彼岸 爲貪愛欲故 害人亦自害

"Riches ruin only the foolish, not those in quest of the Beyond. By craving for riches the witless man ruins himself as well as others."

어리석은 사람은 탐욕에 얽매여 스스로는 물론 다른 이들에게도 해를 끼친다는 말씀입니다. 슬기로운 사람은 윤회의 원인이 되는 일시적인 부귀와 영화를 추구하기 보다는 영원한 행복을 위하여 피안에 이르는 수행을 하겠지만, 어리석은 사람은 한때의 쾌락을 위하여 탐욕을 추구하다가 낭패하는 경우가 많고, 그 과정에서 스스로는 물론 이웃이나 사회적인 해악이나 폐를 끼치기 쉽습니다. 지혜로운 판단과 선택으로 올바른 진로를 선택하고 정진하여야 하겠습니다.

356.

논밭을　　침해하는　　잡초들처럼
탐욕은　　세상사람　　피해 끼치네.
애욕을　　없애가는　　수행자에게
공양을　　드리는 일　　과보 크리라.

雜草害田地 貪欲害世人 供養無貪者 故得大果報

"Weeds are the bane of fields, lust is the bane of mankind. Therefore, what is offered to those free of lust yields abundant fruit."

농사를 짓는 들판에 잡초가 자라나서 곡식의 성장에 피해를 주듯이, 탐욕이 심한 사람은 세상 사람들에게 피해를 주게 되는데, 반면에 탐욕이 없는 수행자에게 공양을 드림은 좋은 업보를 가져오는 큰 공덕이 된다는 말씀입니다. 곡식과 과일을 심고 가꾸는 논이나 밭에 잡초가 무성하면 농사에 장애가 되고 소출과 수확에 해를 주므로 그를 제거함이 필요하듯이, 잡초와 같은 애욕을 물리치고 벗어난 수행자에게 보시 공양하면 그 공덕이 크고 좋은 과보를 받는다는 인연 업과의 법문입니다.

357.

논밭에　　자라나는　　잡초와 같이
분노는　　세상사람　　손해 끼치네.
성냄을　　없애가는　　수행자에게
공양을　　올리는 일　　공덕 크리라.

雜草害田地 瞋恚害世人 供養無瞋者 故得大果報

"Weed are the bane of the fields, hatred is the bane of mankind. Therefore, what is offered to those free of hatred yields abundant fruit."

농사 짓는 논과 밭에 잡초가 생겨나서 곡식의 성장에 피해를 주듯이, 성냄이 심한 사람은 세상 사람들에게 피해를 주는데, 잡초와 같은 성냄이 없는 수행자에게 공양을 드림은 좋은 업보를 가져오는 큰 공덕이 된다는 말씀입니다. 곡식과 과일을 심고 가꾸는 들판에 잡초가 자라나면 농사에 지장이 크고 결실과 수확에 해를 주므로 그를 제거함이 필요하듯이, 성냄을 없애는 수행자에게 보시 공양하면 그 공덕이 크고 좋은 응보를 받는다는 인과의 법문입니다.

358.

논밭을　　침해하는　　잡초들처럼
착각은　　인간에게　　손해 끼치네.
착각을　　없애가는　　수행자에게
공양을　　드리는 일　보람 크리라.

雜草害田地 愚癡害世人 供養無癡者 故得大果報

"Weed are the bane of the fields, delusion is the bane of mankind. Therefore, what is offered to those free of delusion yields abundant fruit."

농사를 짓는 들판에 잡초가 자라나서 곡식의 자람에 피해를 주듯이, 착각과 환상이 심한 사람은 세상 사람들에게 피해를 주는데, 잡초같은 착각과 환상이 없는 수행자에게 공양을 드림은 좋은 업보를 가져오는 큰 공덕이 된다는 말씀입니다. 곡식과 과일을 심고 가꾸는 논이나 밭에 잡초가 자라나면 농사에 장애가 되고 소출과 수확을 줄어들게 하므로 그를 제거해야 하듯이, 어리석은 사람은 잡초처럼 물리치고, 지혜를 찾아가는 수행자에게 보시하면 그 공덕이 크고 좋은 과보를 받을 것입니다.

359.

논밭에　　자라나는　　잡초들처럼
욕망은　　사람에게　　피해를 주네.
욕망을　　줄여가는　　수행자에게
공양을　　올리는 일　　과보 크리라.

雜草害田地 欲望害世人 供養無欲者 故得大果報

"Weed are the bane of the fields, desire is the bane of mankind. Therefore, what is offered to those free of desire yields abundant fruit."

논과 밭에 잡초가 자라나서 농작물 성장에 손해를 끼치듯이, 삿된 욕망이 큰 사람은 세상 사람들에게 피해를 주므로 멀리하되, 속된 욕망이 없는 수행자에게 공양을 드림은 좋은 업보를 가져오는 큰 공덕이 된다는 말씀입니다. 곡식과 과일을 심고 가꾸는 들판에 잡초가 자라나면 농사에 장애가 되고 수확을 줄이므로 그를 제거함이 필요합니다. 삿된 욕망이 큰 사람도 자기와 가정은 물론 사회적인 폐해를 끼치므로 가까이하지 말아야 하지만, 무욕의 수행자를 찾아 보시하면 공덕이 크겠지요.

25장

출가 수행자

比丘品 | 修行章 | The Monk

360.

보는 눈　듣는 귀와　냄새 맞는 코
맛보는　혀와 입을　잘 다스림은
비구의　바른 수행　이루는 바탕
그로써　온갖 고통　벗어나리라.

端目耳鼻口 身意常守正 比丘行如是 加以免衆苦

"Good is restraint over the eye; good is restraint over the ear; good is restraint over the nose; good is restraint over the tongue."

사람의 감각기관인 눈, 귀, 코, 혀를 잘 통제하고 관리하여 올바르게 제 역할과 기능을 하도록 함은 수행의 기본이니, 이를 잘하면 여러 가지 많은 고통들을 피할 수 있다는 말씀입니다. 바로 보고, 바로 들으며, 바로 냄새를 맡고, 바로 맛을 보며 바른 말을 함이 출가수행자가 기본적으로 지켜나가야 할 덕목입니다. 비구로서 이런 수행을 착실히 하면 그 결과로써, 잘못함으로부터 생기는 고통들을 면하고 정진을 성취하여 보람을 누릴 줄 압니다.

361.

몸가짐　마음가짐　말하기 조심
비구의　바른 수행　이루는 바탕
언제나　끊임없이　절제한다면
그로써　온갖 고통　벗어나리라.

端思言行業 身意常守正 比丘行如是 加以免衆生

"Good is restraint in the body; good is restraint in speech; good is restraint in thought. Restraint everywhere is good. The monk restrained in every way is freed from all suffering."

생각과 말과 행동을 잘 통제하고 관리하여, 올바르게 제 역할과 기능을 잘 하도록 하면 여러 가지 많은 고통들을 피할 수 있다는 말씀입니다. 바로 생각하고, 바로 말하며, 바로 행동함이 출가수행자가 기본적으로 지켜나가야 할 것들입니다. 비구로서 이런 수행을 착실히 하면 그 결과로, 잘못함으로부터 생기는 고통들을 면하고 정진을 성취하여 윤회로부터 해탈하는 보람을 누릴 줄 압니다.

362.

손과 발 움직임과 말함도 삼가
온전히 통제하고 마음 다스려
명상에 집중하고 고요히 하며
스스로 만족하면 비구라 하리.

手足莫妄犯 節言愼所行 常內樂定意 守一行寂然

"He who has control over his hands, feet and tongue; who is fully controlled, delights in inward development, is absorbed in meditation, keeps to himself and contented--him do people call a monk."

일거수일투족의 모든 행동과 말하기를 조심하며, 정신을 집중하고 명상에 몰입하여 마음이 고요하고 자족한 분을 사람들은 비구 즉, 출가 독신수행자라 부른다는 말씀입니다. 모든 행동을 조심하고 말을 삼가며 마음은 늘 깨어있고 명상에 집중하면서 스스로 수행에 만족하는 사람이 비구이니, 그렇지 못한 사람은 겉모습은 비구로 보일 수 있어도 진정한 비구라고 할 수 없을 줄 압니다. 누구라도 비구처럼 수행을 결심하고 정진하면 그 보람을 누릴 수 있습니다.

363.

입조심　말조심에　충실하면서
수행해　깨달음을　이룬 비구가
붓다의　가르침을　말과 글로써
올바로　드러내면　듣기 즐거워.

學當守口 寡言安徐 法義爲定 言必柔軟

"That monk who has control over his tongue, is moderate in speech, unassuming and who explains the Teaching in both letter and spirit--whatever he says is pleasing."

입조심을 하는 비구는 말수가 적지만, 말을 할 때는 간결하고 겸손하여 붓다의 가르침을 전하는 표현이 부드럽고 듣기 좋다는 말씀입니다. 출가수행자로서 말이 많고 함부로 말하면 부처님 가르침을 전하는 설법이라도 공감이 되기 어렵고 신뢰감을 줄 수 없습니다. 말은 양보다 질에 충실하고 겸손하게 하여야 듣는 이나 글을 읽는 이들이 기쁘고 편안하게 받아들일 것입니다.

364.

집 떠난　수행자는　법에 의지해
교리를　생각하고　즐기며 사네.
언제나　마음 살림　법에 머물고
붓다의　가르침을　여의지 않네.

樂法欲法 思惟安法 比丘依法 正而不費

"The monk who abides in the Dharma, delights in the Dharma, meditates on the Dharma and bears the D3harma well in mind, he does not fall away from the sublime Dharma."

출가한 독신수행자인 비구는 법 즉, 부처님이 가르치신 진리의 바탕 위에 머물러 살고, 마음도 법을 생각하며 법을 즐기고 살아, 언제나 법을 멀리하지 않는다는 말씀입니다. 법을 배우고 알며 체험한 사람은 법이 삶의 중심이므로, 법을 누리는 즐거움에 살아가므로 법을 떠나서는 삶의 의미와 보람을 느낄 수 없을 줄 압니다. 가장 고귀하고 영원한 법을 깨닫고 누리는 보람이 최고의 행복일 것입니다.

365.

출가한　수행자는　스스로 만족
남에게　아무 것도　구하지 않네.
다른 이　얻은 바를　부러워 않고
마음을　집중하여　참선하리니.

學無求利 無愛他行 比丘好他 不得定意

"One should not despise what one has received, nor envy the gains of others. The monk who envies the gains of others does not attain to meditative absorption."

출가 독신수행자 비구는 정진하면서 어떤 세속적인 이익을 구하지 않고 오직 불교의 진리 추구에 전념하며 주어진 여건에 만족하여야 한다는 말씀이며, 다른 이들의 소득을 부러워하거나 신경을 쓰면 참선에 몰입하기 어렵다는 경책입니다. 비구로서 주어진 것에 만족하지 않고 다른 이들의 것과 비교하며 시샘을 한다면 그는 진정한 비구라고 할 수 없습니다. 비구는 이익을 구하지 않아야 함을 명심하고, 자기 수행에 집중하며 매진하여야 할 줄 압니다.

366.

집 떠난　수행자는　조촐히 살아
얻은 것　쌓지 않고　가난을 즐겨
그 삶은　맑고 밝아　향기로워서
사람과　하늘까지　칭찬하느니.

比丘少取 以得無積 天人所譽 生淨無濊

"A monk who does not despise what he has received, even though it be little, who is pure in livelihood and unremitting in effort, him even gods praise."

비구는 남에게 받은 보시가 아무리 적어도 그를 내버리거나 불평하지 않고, 많이 받아도 쌓아두지 않으며 이웃과 나누면서, 청빈을 즐기고 만족하므로 생활이 맑고 허물이 없으니, 사람은 물론 하늘의 신들도 존경하고 칭찬한다는 말씀입니다. 비구의 신분에 있는 이는 물론이고, 일반인이라도 세속적 탐욕이 없이 청빈을 즐긴다면 수행자의 공덕을 성취하고 좋은 과보를 받을 줄 압니다.

367.

마음과　몸을 위해　있는 것들에
조금도　집착하지　않을뿐더러
가진 것　없더라도　아쉬워 않는
그런 분　수행자라　부를만하리.

一切名色 非有莫惑 不近不憂 乃爲比丘

"He who has no attachment whatsoever for the mind and body, who does not grieve for what he has not- - he is truly called a monk."

정신적 물질적 모든 것들에 집착하지 않고, 가진 것이 없어도 아쉬워하지 않는 사람이라면 진정한 비구 즉 출가수행자라고 불릴만하다는 말씀입니다. 세속인들이 추구하는 재물과 지위와 명예 등등, 누릴 수 있는 부귀영화에 연연하거나 집착하지 않을 뿐 아니라, 아무런 가진 것이 없더라도 아쉬워하거나 부러워하지 않는 사람, 온갖 세속적 쾌락과 소유의 욕심과 유혹의 굴레를 벗어나 의연하게 수행 정진하는 이라야 진실한 비구라 할 수 있습니다.

368.

세속의　집을 떠난　독신 수행자
언제나　자비롭고　불교 따르며
마음을　쉬고 보며　삼매에 들면
열반을　이루면서　평안 누리리.

比丘爲慈 愛敬佛教 深入止觀 滅行乃安

"The monk who abides in universal love and is deeply devoted to the Teaching of the Buddha attains the peace of Nibbana, the bliss of the cessation of all conditioned things."

비구로서 뭇 생명들에게 대한 보편적인 자비심을 지니며, 붓다의 가르침을 존경으로 사랑하고, 마음을 고요히 관찰하며 참선에 정진 수행하면 마침내 열반을 이루어 영원한 평화와 행복을 누리게 된다는 말씀입니다. 불교를 공부하고 알아서, 참선 수행으로 깊은 경지에 이르면, 지혜와 자비를 이루어서, 자기의 문제를 궁극적으로 해결하고 나아가, 세상을 깨우치고 이끌어 가는 공덕을 지을 수 있을 것입니다.

369.

집 떠나 홀로 수행 하는 비구여!
무거운 짐을 내린 빈배 잘 가듯
애욕과 어리석음 성냄 비우면
열반에 이르는 길 쉽게 가리라.

比丘扈船 中虛則輕 除淫怒癡 是爲泥洹

"Empty this boat, O monk! Emptied, it will sail lightly. Rid of lust and hatred, you shall reach Nibbana."

출가수행자인 비구가 음욕을 끊고, 화를 내지 않으며, 지혜를 갖추면, 열반을 쉽게 이룰 수 있다는 말씀입니다. 이른바 삼독 즉, 수행과 살림을 망하게 하는바 심각한 세 가지 독으로 음욕과 성냄과 어리석음을 꼽는데, 이것들을 제거하면 잔뜩 실었던 짐을 모두 내린 배가 가볍게 항해를 잘하듯이, 수행 성취가 쉽고 빨라 열반을 이루는 첩경이 되리라는 안내입니다. 누구라도 저 삼독을 없앤다면 심신이 건강하고 평안하겠지요.

370.

세속의 다섯 가지 욕망을 끊고
스스로 다섯 가지 뿌리를 살펴
언제나 다섯 경계 맑게 한다면
고통의 못과 강을 건너게 되리.

捨五斷五 思惟五根 能分別五 乃渡河淵

"Cut off the five, abandon the five, and cultivate the five. The monk who has overcome the five bonds is called one who has crossed the flood."

다섯 가지의 크고 작은 각각의 번뇌와 장애를 극복하고, 다섯 가지 수행요목을 생각하며 수행 정진하면 고통과 윤회의 강물을 건너게 된다는 말씀입니다. 비구 같은 수행자가 공부하고 수행하여야 할 여러 종류의 다섯 가지 법수를 제시하는데, 수행에 관심이 있는 누구라도 탐 진 치와 삿된 소견 및 의심 등의 부정적인 요소들을 없애고, 신심과 원력을 키워서 참선 수행과 지혜를 위한 정진을 성실히 하면 고통의 강을 건너 피안에 이르겠지요.

371.

쾌락을　　쫒아가는　　욕망을 버려
언제나　　부지런히　　참선할지니.
열정의　　쇳덩어리　　삼키지 말라
그대 몸　　불태우는　　고통 크리라.

禪無放逸 莫爲欲亂 不呑鎔銅 自惱憔形

"Meditate, O Monk! Do not be heedless. Let not your mind whirl on sensual pleasures. Heedless, do not swallow a red hot iron ball, lest you cry when burning, 'O this is painful'."

출가수행자는 마땅히 세속적 욕망을 버리고 참선정진을 하여야 하리니, 만약 욕정을 일으키면 그 고통이 달궈진 쇳덩이나 쇳물을 삼키는 것과 같은 고통을 받으리라는 경고의 말씀입니다. 쾌락을 위하여 욕망을 일으키고 그를 따른다면, 나중에 느낄 괴로움을 뜨거운 쇳물을 마심에 비유하여 짐작하게 하는데, 당장 목마르다고 소금물을 마시면 더욱 갈증과 괴로움을 느끼게 되는 경우로 설명하기도 합니다. 수행자는 항상 마음을 챙겨 방일이 없이 참선하도록 유념하여야겠습니다.

372.

아무도 참선 없이 지혜 못 얻고
누구나 지혜 없이 참선 못하네.
선정과 지혜 모두 갖추었다면
그 분은 머지않아 열반 이루리.

無禪不智 無智不禪 道從禪智 得至泥洹

"There is no meditative concentration for him who lacks insight, and no insight for him who lacks meditative concentration. He in whom are found both meditative concentration and insight, indeed, is close to Nibbana."

선정과 지혜를 갖추어 열반을 이루라는 말씀입니다. 선정의 중요성을 모르는 어리석은 사람은 참선 수행을 하지 않으며, 참선을 하지 않으면 온전한 지혜를 얻을 수 없으므로 도를 이룰 수 없음은 두루 알려진 사실입니다. 선정과 지혜를 통해 깨달음을 얻고, 열반을 이룰 수 있음은 불교의 기본입니다. 아울러 계율을 잘 지키는 것이 선정을 이루는데 도움이 되고, 하여 계행 및 참선 수행과 교학은 수행자의 필수 사항임이 분명합니다.

373.

호젓한　　오막에서　　참선을 하며

고요히　　살아가는　　출가수행자

진실을　　관찰하고　　뜻을 밝히어

위없는　　즐거움과　　보람 누리리.

當學入空 靜居止意 樂獨屏處 一心觀法

"The monk who has retired to a solitary abode and calmed his mind, who comprehends the Dhamma with insight, in him there arises a delight that transcends all human delights."

출가수행자의 청빈한 살림과 참선정진을 권장하는 말씀입니다. 수도하는데 바람직한 환경 조건으로, 한적한 산중 숲속에서 홀로 고요하게 지내기를 제시하며, 고독하고 청빈한 살림살이 속에 늘 깨어있고, 마음을 챙겨서 진리와 실상을 통찰하여 지혜를 갖추면, 그 생활의 즐거움은 모든 인간의 즐거움을 초월하는 최고 최상의 것이 됨을 알려주는 가르침입니다. 각자 직접 체험해 보고 누려야 하겠습니다.

374.

사람을　구성하는　몸과 마음을
지혜로　통찰하여　자제하면서
실상을　바로 보고　인연 살피면
생사를　초월하는　기쁨 누리리.

當制五陰 伏意如水 淸淨和悅 爲甘露味

"Whenever he sees with insight the rise and fall of the aggregates, he is full of joy and happiness. To the discerning one this reflects the Deathless."

사람을 구성하는 다섯 가지 요소 즉, 몸, 느낌, 생각, 의지와 앎을 살펴서 잘 통제 조절하여 청정하게 하면 그 기쁨과 행복이 가장 뛰어나다는 말씀입니다. 각자가 자기라고 집착하는 것의 실상을 살펴보면 모두 오온 또는 오음 즉, 다섯 가지 요소가 인연에 따라 모여서 이루어졌음을 알 수 있는데, 인연이 다하면 다시 흩어져 사라지고 본래의 빈 성품이 드러날 줄 압니다. 그 실상을 터득하고 자유자재하면 해탈의 즐거움을 누릴 수 있습니다.

375.

감각을 통제하고 만족하면서
계율을 지켜 사는 출가수행자
세속을 벗어나서 열반의 길을
의연히 가는 살림 거룩하여라.

不受所有 爲慧比丘 攝根知足 戒律悉持

"Control of the senses, contentment, restraint according to the code of monastic discipline-- these form the basis of holy life here for the wise monk."

욕망을 조절하고 주어진 것에 만족하면서, 계율을 잘 지키고 수행 정진하는 이는 성현의 삶을 사는 것이란 말씀입니다. 육근 즉, 눈, 귀, 코, 혀, 피부와 의식을 잘 통제 조절하여 그 대상으로부터 악영향을 받지 않고, 적은 것에 만족하며 계율을 잘 지켜서 악행을 하지 않고 선행을 하며 올바른 수행 정진에 힘쓰는 이는 거룩한 열반의 길을 가고 성스러운 삶을 사는 것으로 그 성취의 보람과 즐거움을 누릴 수 있습니다.

376.

살림이　맑고 힘찬　훌륭한 사람
그런 분　스승이나　벗으로 삼아
행동을　조심하고　올바로 살면
괴로움　끝이 나고　즐거우리라.

生當行淨 求善師友 知者成人 度苦致喜

"Let him associate with friends who are noble, energetic and pure life, let him be cordial and refined in conduct. Thus, full of joy, he will make an end of suffering."

생활이 건전하고 활기찬 인물을 친구로 삼고, 훌륭한 모범을 따라 행동이 절제되고 품격이 있는 사람은, 번뇌의 고통을 끝내고 기쁨을 누릴 수 있다는 말씀입니다. 당연한 말씀을 공감하면서도, 실제로는 훌륭한 인물을 찾아 나서거나, 그러한 인물을 알고도 가까이하려고 하지않는 현실을 봅니다. 정말 훌륭한 사람을 스승이나 친구로 가까이하며 도반으로 함께 수행하거나 더불어 살아간다면, 그보다 더 큰 행복과 보람은 없을 것입니다.

377.

빛 좋고 향기로운 과일나무가
때 되면 꽃잎 털고 열매 맺듯이
집 떠난 수행자도 성숙하여서
탐욕과 성냄 버려 지혜 이루리.

如衛師華 熟知自墮 釋淫怒痴 生死自解

"Just as the jasmine creeper sheds its withered flowers, even so, O monks, should you totally shed lust and hatred!"

꽃이 펴서 보기 좋고 향기가 나지만 그 꽃이 져야만 열매를 맺듯이, 출가수행자도 온갖 애욕과 분노를 버리는 수행을 끝내야 도를 이루리라는 말씀입니다. 꽃이 아름답고 향기로움은 벌과 나비 등을 유인하여 수정을 하기 위함이며, 그러한 과정을 거치고 나면 꽃은 지고 열매를 맺습니다. 수행자도 세속적인 욕심과 성냄과 어리석음이 사라져야 수행의 결과를 이룰 수 있으니, 그 과정을 잘 정진하여 통과하여야만 깨달음과 지혜를 얻고 열반과 해탈의 결과를 성취할 수 있을 줄 압니다.

378.

집 떠난　수행자는　세상 버리고
몸과 맘　고요하게　지켜나가서
언제나　살림살이　올바로 하여
마침내　평화로운　열반 이루리.

止身止言 心守玄默 比丘棄世 是爲受寂

"The monk who is calm in body, calm in speech, calm in thought, well composed and who has spewn out worldliness-- he, truly, is called serene."

출가수행자로서 생각이 고요하고, 말도 조용히 하며, 행동도 차분히 하여, 세상의 번잡하고 분주함을 벗어나 참선 수행에 집중하면 열반을 이루게 된다는 말씀입니다. 몸가짐을 진중히 하여 함부로 나대지 않고, 말하기도 삼가고 침묵을 지키며 참선 명상 수행에 몰입하면, 마침내 삼매를 이루고 무명을 밝혀 지혜를 얻어서 번뇌와 망상 및 착각과 환상을 벗고 열반의 행복을 누리게 됨을 알 수 있습니다.

379.

스스로　자기 자신　보살피면서
몸과 맘　잘 챙겨서　깨어있으며
진리를　추구하여　정진하는 분
비구의　수행 살림　청안하리라.

當自勅身 內與心爭 護身念諦 比丘惟安

"By oneself one must censure oneself and scrutinize oneself. The self-guarded and mindful monk will always live in happiness."

자기 스스로 몸과 마음을 잘 보살피고 다스리는 수행자는 항상 즐거우리라는 말씀입니다. 각자가 마음의 진정한 평안을 누림은 누군가 다른 사람이나 외부의 영향에 의하여 이루어지는 것이 아니라, 스스로 마음먹기에 달렸으며, 스스로 생활을 건실하게 조절 통제하고 보호할 때에 이루어집니다. 특히 출가수행자는 계율을 잘 지켜서 몸을 보호하며 참선 명상으로 마음이 항상 깨어있고 진리에 집중하여 무명을 타파하여서 열반과 해탈의 평안을 이루라는 권고입니다.

380.

각자는　자기자신　보호자이며
스스로　돌아가서　의지할 바니
여행에　좋은 말을　보살피듯이
스스로　잘 챙겨서　수행 이루라.

我自爲我 計無有我 故當損我 調乃爲賢

"One is one's own protector, one is one's own refuge. Therefore, one should control oneself, even as the trader controls a noble steed."

각자의 보호자는 자기 자신이며, 의지할 바도 자신이니, 자기 자신을 잘 관리하는 주인이 되라는 경책의 말씀입니다. 본래 남이 나를 실질적으로 보호해 줄 수도 없으며, 자기 자신밖에 의지할 곳도 없음을 알아서, 스스로 자주적으로 독립하려는 성숙한 의지를 갖고 과감히 정진해 나갈 것을 권고하는 것입니다. 자기의 주인이 되고 자기 살림을 책임지려면, 자기를 잘 보살피고 잘 관리하여 나가야 합니다. 먼 여행을 가려면 좋은 말이나 차를 미리 잘 살피는 것처럼 정성을 드려야 하겠지요.

381.

부처님　　가르침에　　믿음 깊으며
기쁨과　　평안함이　　가득한 사람
괴로움　　벗어나서　　행복 누리며
마침내　　수행으로　　열반 이루리.

喜在佛教 可以多喜 至到寂寞 行滅永安

"Full of joy, full of faith in the Teaching of the Buddha, the monk attains the Peaceful State, the bliss of cessation of conditioned things."

불교를 기쁨으로 믿고 수행하는 사람은 열반을 이룬다는 말씀입니다. 불교를 제대로 알고 그대로 수행하면 모든 괴로움을 벗어나 영원한 행복을 누릴 수 있다는 믿음을 갖추고, 수행하는 기쁨이 가득한 사람은 마침내 열반을 이루게 됩니다. 사람으로 태어나기 어렵고, 불법을 만나기 어려우며, 불도를 이루기 어렵다고 하는데, 사람으로 태어났고, 불법을 만났으니, 성실하게 수행하면 마침내 성불할 수 있습니다.

382.

젊어서　불교 믿고　수행하는 분
참으로　귀한 인연　축복이어라.
환하게　맑은 하늘　보름달처럼
세상을　비추어서　깨우치리라.

儻有少行 應佛敎戒 此照世間 如月無曀

"That monk who while young devotes himself to the Teaching of the Buddha illumines this world like the moon freed from clouds."

젊은 출가수행자를 맑은 하늘의 달에 비유하여 찬탄하는 말씀입니다. 아직 세속의 오염이 안 된 순수한 젊은이가 부처님 가르침을 믿고 따르며, 계율을 잘 지키고 참선 수행에 정진한다면, 이는 성불하기에 매우 좋은 조건이며 귀한 인연으로써 축복이라고 말할 만큼 바람직한 선례입니다. 출가하여 수행함에 나이가 문제될 수 없겠지만, 체력이 왕성하고 정신이 용감하여 집중력과 도전 의식이 한창일 때에 정진함은 그 성취 가능성과 기대치가 높을 것은 분명하겠지요.

26장

도인의 품격

梵志品 | 聖職章 | The Holy Man

383.

욕망의 흐름 끊고 탈속한 이여
거룩한 도인처럼 쾌락 버리고
수행에 최선 다해 정진하여서
무아와 무상 깨쳐 열반 이루라.

截流而渡 無欲如梵 知行已盡 是謂梵志

"Exert yourself, O holy man! Cut off the stream (of craving), and discard sense desires. Knowing the destruction of all conditioned things, become, O holy man, the knower of the Uncreate (Nibbana)!"

수행자에게 세속의 욕망을 벗어나 열반의 도를 이루라는 말씀입니다. 세상 속에 살면서 보고 듣고 느끼는 감정과 욕망의 흐름을 끊고, 모든 유위의 인연이 모여서 이루어진 것들은 마침내 흩어지고 무너져 사라지게 됨을 알며, 나와 내 것이라고 할 것이 없음과 모든 것이 변함을 깨달아서, 무엇에도 집착하지 않는 수행자로, 거룩한 도인이 되어 열반을 이루고 영원한 행복을 누리라는 권고입니다.

384.

참선에　　매진하여　　삼매 이루고
관법에　　전념하여　　통달한 도인
실상과　　진리 깨쳐　　지혜 이루어
고통과　　장애 벗고　　해탈하리니.

以無二法 清淨渡淵 諸欲結解 是爲梵志

"When a holy man has reached the summit of the two paths (meditative concentration and insight), he knows the truth and all his fetters fall away."

선정 삼매와 정념 통찰에 전념하면 실상과 진리를 깨치고 해탈하게 된다는 말씀입니다. 사마타와 위빠사나 수행을 하여 진리를 깨닫고 지혜를 이룬 도인은 해탈의 자유를 누립니다. 어리석은 사람은 착각하고 망상 집착하며 탐욕과 분노에 얽매여 고통 바다에서 헤매는데, 참선 수행자는 마음을 맑히고 잘 챙겨서 환상과 착각이 없이 실상을 깨닫고, 번뇌와 집착과 고통이 없는 열반을 이루어 대자유와 평화를 누릴 수 있습니다.

385.

차안과 피안 모두 벗어난 사람
이세상 저세상이 따로 없나니
언제나 걱정 없고 걸림도 없는
진정한 도인이라 부를 수 있네.

適彼無彼 彼彼已空 捨離貪淫 是爲梵志

“He for whom there is neither this shore, nor the other shore, nor yet both, he who is free of cares and is unfettered --him do I call a holy man.”

고통과 번뇌의 땅 이곳 차안, 행복과 평화의 땅 저곳 피안, 이런 상대적인 차원을 초월하여 절대적인 자유를 누리는 이를 도인이라 부를 수 있다는 말씀입니다. 혼탁하고 시끄러운 예토, 맑고 평화로운 정토, 이러한 이분법적인 인식을 넘어서 분별이 없는 평등 무차별의 불이세계가 깨달음의 세계입니다. 모든 것이 빈 공적의 세계, 거기에는 이른바, 불생불멸 불구부정 부증불감, 언설로 표현하기 어려운 세계가 있으니, 도인의 세계라고 할 수 있을 것입니다.

386.

번뇌를　　벗어나서　　선정 이루고
할 일을　　남김없이　　모두 마친 분
조금도　　모자람이　　없는 수행자
일컬어　　도인이라　　할 수 있으리.

思惟無垢 所行不漏 上求不起 是爲梵志

"He who is meditative, stainless and settled, whose work is done and who is free from cankers, having reached the highest goal --him do I call a holy man."

번뇌가 없이 마음이 고요하고 맑으며, 모든 욕망과 장애가 사라진 분을 불교에서는 도인이라고 한다는 말씀입니다. 무슨 욕망이 있거나 어떤 추구가 있음은 아직도 불완전하고 부족하다는 점을 보이는 것이니, 아무 욕망이 없고 더 이상의 할 일이 없는 사람은 가장 온전하고 가장 높은 경지에 이른 분으로서, 도인 또는 성인으로 불릴 수 있습니다. 그런 분이 할 일은 오직 다른 이를 지혜로 깨우치고 자비로 도와주는 것이겠지요.

387.

해와 달　밤낮으로　빛을 내듯이
싸움에　갑옷처럼　수행엔 참선.
부처님　지혜 빛은　언제 어디나
중생을　비추시고　지켜주시네.

日照於晝 月照於夜 甲兵照軍 禪照道人 佛出天下 照一切冥

"The sun shines by day, the moon shines by night. The warrior shines in armour, the holy man shines in meditation. But the Buddha shines resplendent all day and all night."

천지와 자연에서 해와 달이 낮과 밤에 따라 비춰줌과, 전쟁을 하는 장군이나 병사는 갑옷이 필요하듯이 수행자에게는 참선이 필수임을 강조하면서, 부처님은 때와 장소를 가리지 않고 빛나시는 분이라는 말씀입니다. 전투하는 군인은 호신 방어의 장비가 필요하고, 수행자는 도를 이루기 위해 참선이 필요합니다. 어떠하든 부처님의 지혜와 자비의 가르침은 모든 생명들에게 시간과 공간을 초월하여 인도해 주시므로 항상 감사해야 할 것입니다.

388.

사악함　벗어남이　도인의 생활

올바로　살아감이　사문의 갈길.

아만과　욕망들을　모두 버리고

고요히　살아가는　출가수행자.

出惡爲梵志 入正爲沙門 棄我衆穢行 是則爲捨家

"Because he has discarded evil, he is called a holy man. Because he is serene in conduct, he is called a recluse. And because he has renounced his impurities, he is called a renunciate."

사악을 버리고 선정에 들어가며, 모든 더러운 것들을 버리는 사람을 출가수행자라고 부른다는 말씀입니다. 모든 번뇌 망상과 악행을 버리고, 올바른 길을 찾아 살아가는 분, 자기와 자기 것이라는 모든 집착을 버리고, 세속적 욕망과 비행의 유혹을 극복한 인물이 출가수행자라고 할 수 있습니다. 물리적으로 집과 가족을 떠나서 수행자의 길에 들어섬도 중요하지만, 그 마음과 행동도 탈속한 상태에 이르러야 진정한 출가수행자의 자질을 갖추게 됩니다.

389.

언제나 수행자를 공격치 말라.
피해를 당하여도 성내지 말라.
공격자 무례함도 부끄럽지만
피해자 성을 내면 더 큰 수치네.

不椎梵志 不放梵志 突椎梵志 放者亦出

"One should not strike a holy man, nor should a holy man, when struck, give way to anger. Shame on him who strikes a holy man, and more shame on him who gives way to anger."

출가수행자를 공격함도 비루한 일이지만, 만약 공격을 당한 수행자가 성을 낸다면 더 큰 수치라는 말씀입니다. 비폭력적인 수행자를 존중하고 보살펴주지는 못할망정, 무례하거나 사악하게 신체적 또는 정신적으로 공격하고 괴롭힘은 건전한 사람으로서는 부끄러운 일이지만, 설사 공격을 당했더라도 수행자가 성을 내고 맞대응을 한다면 이는 그에게 더욱 부끄러움이 되리라는 것이니, 이는 수행자가 항상 인욕 정진이 필요함을 강조한 것입니다.

390.

조금도　　애착 없이　　고요한 마음
집 떠난　　수행자에　　가장 좋으리.
이웃에　　해가 없이　　올바로 살면
언제나　　모든 고통　　사라지리라.

若義於愛 心無所着 已捨已正 是滅衆苦

"Nothing is better for a holy man than when he holds his mind back from what is endearing. To the extent the intent to harm wears away, to that extent does suffering subside."

좋아하고 사랑하는 것들에 집착하지 않으며, 남에게 해를 끼치지 않고 수행에 정진함이 모든 고통을 벗어나는 길이라는 말씀입니다. 말하기는 쉬워도 세속적 애착을 끊고 실제로 출가수행자의 길을 가기는 여간 어렵지 않습니다. 그러나 수행자의 길을 가기로 결심하면, 다양한 애착과 번뇌 망상을 버리고 마음을 고요하게 함이 가장 좋고 필요한 것이 분명합니다. 애착이 고통과 윤회의 근본이니, 해탈 자재와 열반을 누리려는 이는 반드시 해결해야 할 문제입니다.

391.

생각 및　말과 행동　모두 바르며
언제나　세 가지 업　맑혀나가면
이러한　수행자는　허물이 없고
마침내　집을 떠난　도인 되리라.

身口與意 淨無過失 能攝三行 是爲梵志

"He who does no evil in deed, word and thought, who is restrained in these three ways --him do I call a holy man."

신구의(身口意) 삼업(三業)을 맑혀나가면 마침내 합당한 출가 도인이 되리라는 말씀입니다. 몸과 마음을 잘 보살피고 조절하며, 수행자답게 올바로 생각하고 말하며 행동하여서 조금도 허물이 없어야 출가 수행하는 도인이라 평가되고 그렇게 불릴 수 있겠지요. 이는 출가수행자뿐만 아니라, 재가 수행자도 나름대로 상황에 맞추어 유념하고 지켜나가야 할 것으로써, 누구나 각자의 살림살이의 목적을 이루는 데 필요한 것입니다.

392.

붓다가　가르치신　진리의 말씀
잘 배워　수행하고　마음 맑혀서
바르게　설법하는　고귀한 스승
그분을　성심으로　존경할지니.

若心曉了 佛所說法 觀心自歸 淨於爲水

"Just as a brahmin priest reveres his sacrificial fire, even so should one devoutly revere the person from whom one has leaned the Dharma taught by the Buddha."

브라만교 또는 배화교의 사제가 그들 의식의 중심인 불을 섬기듯이, 불자들은 붓다의 말씀을 잘 가르쳐주는 법사를 정성으로 존경하여야 한다는 말씀입니다. 브라만교 사제들은 제사 의식을 시행할 때에, 희생물을 올리는 데 필요한 불을 가장 귀하게 여기고 정성껏 보살피는데, 그와 같이 불교인들은 담마 즉, 부처님이 가르치신 진리를 설법하는 법사를 성심으로 존중하고 경청하여야 합니다. 법사는 불교를 잘 배우고 수행하여, 마음이 맑고 지혜를 갖춘 분을 가리킵니다.

393.

도인은　　출신이나　　형색이든지
외적인　　조건이나　　현상보다도
올바로　　진리 깨쳐　　지혜로우며
덕 있고　　마음 밝은　　수행자이리.

非族結髮 名爲梵志 誠行法行 淸白則賢

"Not by matted hair, nor by lineage, nor by birth does one become a holy man. But he in whom truth and righteous exist --he is pure, he is a holy man."

도인은 가문이 좋은 집에서 태어나거나, 겉모습을 잘 꾸미는 등, 객관적인 외부의 현상으로 판단되는 것이 아니라, 그 사람이 수행으로 갖춘 지혜나 도덕성 등의 주체적 인격으로 평가된다는 말씀입니다. 불교 수행자도 삭발과 염의 법복을 입고 절에서 지내는 등의 겉보기로 판단할 것이 아니라, 불교에 대한 공부와 지혜, 계행과 선정의 정도 등등, 수행의 질적인 평가로 그 살림과 경지가 판단되어야 함을 가리킵니다. 누구나 그 내면의 참모습을 통찰할 필요가 있겠습니다.

394.

겉으론　수행자로　모습 꾸며도
속에는　탐욕 많고　지혜 없으면
실제로　아무 이익　얻지 못하고
끝없이　고통 속에　해매이리라.

飾髮無慧 草衣何施 內不離着 外捨何益

"What is the use of your matted hair, O witless man? What of your garment of antelope's hide? Within you is the tangle (of passion); Only outwardly do you cleanse yourself."

겉으로 수행자 행색을 하여도 속으로 그 정신이 제대로 들지 않으면, 세월이 흘러가도 아무런 성취와 이익이 없으리라는 말씀입니다. 수행자가 관심을 가져야 할 곳은 겉모양이 아니라 정신세계입니다. 아무리 겉을 수행자처럼 꾸며도 정신과 의식이 삿되고 저속하다면 수행의 결과는 기대하기 어려울 것이며, 반면에, 설사 겉으로는 수행자라고 알아볼 수 없이 드러나지 않더라도 그 내면이 수행 의지와 정성이 가득하다면 그 성취는 가능할 것입니다.

395.

마르고 여윈 몸에 누더기 입고
조촐히 산 속에서 홀로 지내며
고요히 참선하고 올바로 살면
마땅히 그런 분은 도인이리라.

被服弊惡 躬承法行 閑居思惟 是爲梵志

"The person who wears a robe made of rags, who is lean, with veins showing all over the body, and who meditates alone in the forest --him do I call a holy man."

비록 누더기 옷을 입고, 잘 못 먹어 여위었으며, 산속에서 궁색하게 지내면서도 참선 정진하고 계행을 잘 지키는 수행자는 도인이라고 불릴 수 있다는 말씀입니다. 일반 사람들은 의식주 문제에 치중하여, 좋은 음식 잘 먹어 살찌고, 좋은 옷 잘 입어 치장하며, 안락한 집에 머물기를 바라지만, 수행자는 최소한의 옷과 음식 및 숙소에 만족하고 참선 등의 수행에 집중합니다. 겉모습은 마르고 남루하며 거처는 누추하더라도 수행정진에 전념하는 분은 도인으로 존경함이 마땅할 줄 압니다.

396.

단순히　　가문이나　　신분 때문에
속물을　　도인이라　　부를 수 없네.
탐욕과　　번뇌들을　　제거한 분이
집 떠난　　수행자요　　도인이리라.

我不說梵志 託父母生者 被多衆瑕穢 滅則爲梵志

"I do not call him a holy man because of his lineage or high-born mother. If he is full of impeding attachments, he is just a supercilious man. But who is free from impediments and clinging-- him do I call a holy man."

출신 성분이 인격과 위인의 판단 기준이 아니요, 욕망과 집착을 얼마나 버렸느냐가 도인의 질적 판단기준이라는 말씀입니다. 귀족의 가문에 태어났다고 하여 저절로 위인이 되는 것이 아니며, 비록 빈천한 가정에서 났어도 그 인격이 뛰어나면 위인이라 할 수 있습니다. 출가수행자도 출가 이전의 신분은 젖혀놓고, 수행을 얼마나 잘하고 그 성취가 어떤지가 도인으로서 평가와 판단의 요건인 줄 압니다. 진정한 도인이 되도록 성실히 정진하여야겠습니다.

397.

누구나　　번뇌 망상　　굴레를 벗고
탐욕과　　집착들을　　이겨낸 분은
두려움　　아예 없고　　해탈하여서
자유의　　도인이라　　불릴 수 있네.

絕諸可欲 不淫其志 委棄欲數 是爲梵志

"He who, having cut off all fetters, trembles no more, who has overcome all attachments and is emancipated-- him do I call a holy man."

세속적 욕망과 애착의 끈을 끊어 버린 사람은 해탈한 도인이라 불릴 수 있다는 말씀입니다. 애욕과 집착을 족쇄와 사슬로 비유하여, 그 불편한 얽매임에서 풀려난 사람은 감옥의 형틀과 포승에서 풀려남과 같이 해방감을 느끼고, 해탈의 기쁨과 보람을 누릴 수 있으며, 이러한 인물을 도인으로 불러도 합당하리라는 것입니다. 그러한 경지는 직접 겪어보아야 그 자유와 즐거움이 체험될 수 있을 줄 압니다.

398.

미움의 가시 뽑고 애욕 불 꺼서
생사의 흐름 끊고 윤회 벗은 분
스스로 마음 깨쳐 지혜 이루니
거룩한 도인이라 불릴지니라.

斷生死河 能忍超度 自覺出塹 是爲梵志

"He who has cut off the thong (of hatred), the band (of craving), and the rope (of false views), together with the appurtenances (latent evil tendencies), he who has removed the crossbar (of ignorance) and is enlightened-- him do I call a holy man."

생사의 업보를 이루는 탐 진 치를 끊어 없애고 깨달음을 이룬 이를 도인이라고 한다는 말씀입니다. 탐욕과 어리석음을 밧줄이나 사슬, 성냄은 가시로 비유하여, 솟아난 가시를 제거하고 묶인 줄을 끊어서, 악업을 짓지 않고 수행 정진하여 깨달음을 이루고, 지혜로써 생사와 윤회의 강을 건너 해탈과 열반의 자유와 행복을 누리라는 권고입니다. 악랄한 탐욕의 유혹과 분노를 참아내고, 게으름을 이겨서 수행하면 그 보람이 클 것이 분명합니다.

399.

무단히 공격받고 욕을 먹어도
상대의 어리석음 가엾게 여겨
잘 참아 성안내고 마음 편한 분
거룩한 도인이라 불릴지니라.

見罵見擊 黙受不怒 有忍耐力 是爲梵志

"He who without resentment endures abuse, beating and punishment; whose power, real might, is patience-- him do I call a holy man."

아무 까닭 없이 남을 해치는 불량자로부터 신체적인 공격을 받거나 욕을 당해도, 똑같이 싸우거나 화내지 않고, 자비로 참는 이가 진정 위인이라는 말씀입니다. 아무에게나 완력을 부리고 욕을 하는 불량자의 행패를 당할 때에, 똑같이 더불어 싸우거나 성을 내어 대응하지 않고, 자비로써 불쌍히 여기고 참는다면, 그런 인물은 비범한 도인이라고 할 수 있습니다. 인욕바라밀을 수행 정진하여, 악의 무리에 휩쓸리거나 탁류에 함께 떠내려가지 않도록 조심하여야 하겠습니다.

400.

속임을　당하거나　피해 입어도
의연히　성 안내고　집착도 없이
오히려　마음잡아　정진하는 분
마침내　도인이라　불릴지니라.

若見侵欺 但念守戒 端身自調 是爲梵志

"He who is free from anger, is devout, virtuous, without craving, selfsubdued and bears his final body--him do I call a holy man."

불량배에게 사기를 당하거나 침해를 입어도 성내지 않고, 의연하게 자기절제를 하는 인물을 도인이라 한다는 말씀입니다. 누구나 믿던 사람에게 사기를 당하거나 이유 없이 피해를 입을 때에는, 대부분 참지 못하고 분노하여 앙갚음하려 하기 쉬운데, 그러한 감정을 조절하고 잘 다스려서, 복수의 악순환이 되지 않으며 더이상 상황의 악화를 막는 지혜가 필요할 줄 압니다. 분노의 조절과 인욕바라밀 정진의 중요성을 강조하는 것입니다.

401.

연잎이　　물방울을　　흘려내듯이
어린 뱀　　자라면서　　허물 벗듯이
마음에　　나쁜 욕망　　물리치는 분
훌륭한　　도인이라　　불릴지니라.

心棄惡法 如蛇脫皮 不爲欲污 是爲梵志

"Like water on a lotus leaf, or a mustard seed on the point of a needle, he who does not cling to sensual pleasures --him do I call a holy man."

연잎은 그 위에 비가 내려도 즉시 흘려보내므로 항상 본래의 상태를 유지하는 것처럼, 사람도 온갖 유혹을 당하거나 탐욕이 일어나도 곧 제거하거나 벗어나서 오염되지 않으면 도인이 될 수 있다는 말씀입니다. 연꽃은 못 속의 진흙에 뿌리를 두면서도 물 위에 아름다운 꽃을 피우므로 불교의 상징으로 통합니다. 비록 세속에 머물면서도 속정에 물들지 않고 수행 정진하는 이는 마침내 도인이 될 줄 압니다. 어느 곳에 머물더라도 본분을 지키기에 노력하여야 하겠습니다.

402.

끝없이　　나고 죽음　　이어지는데
금생에　　고통 벗고　　깨달음 이뤄
지고 온　　무거운 짐　　내려놓고서
해탈을　　누리는 이　　도인이니라.

覺生爲苦 從是滅意 能下重擔 是爲梵志

"He who in this very life realizes for himself the end of suffering, who has laid aside the burden and become emancipated --him do I call a holy man."

나고 죽는 고통이 이어져 온 윤회의 살림살이에서, 그 고통의 초월을 위한 수행 정진으로 금생에 괴로운 짐을 벗고 해탈을 이룬 이를 도인이라 한다는 말씀입니다. 인연이 모여 만들어져서 유지되다가 부서지고 무너져서 사라져가는 세계의 덧없음과, 태어나서 늙고 병들어 죽는 인생의 무상을 느끼고, 한없는 윤회의 고통을 벗어나고자 발심하여 수행 정진해서 이번 생에 윤회를 벗어나 해탈을 이룬 사람은, 마땅히 도인이라 불리겠지요.

403.

드넓고　깊은 지혜　고루 갖추고
바르고　그른 길을　가릴 줄 알며
위없이　높은 곳에　도달한 분은
마땅히　도인이라　부를지니라.

解微妙慧 辯道不道 體行上義 是爲梵志

"He who has profound knowledge, who is wise, skilled in discerning the right or wrong path, and has reached the highest goal --him do I call a holy man."

큰 지혜를 갖추고 올바른 판단력이 있으며, 최고의 목표를 달성한 이를 도인이라고 한다는 말씀입니다. 해박한 지식과 깊은 지혜, 옳고 그름 및 진실과 거짓을 확실하게 분별할 수 있는 통찰력과 판단력, 윤회의 고통으로부터 해탈하는 인생의 궁극적인 목적을 달성한 인물을 도인이라 함은 당연하겠지요. 열심히 경전 및 어록 등을 공부하여 지식과 지혜를 갖추고, 참선 수행을 하며 계행을 잘 지켜서, 부처님의 가르침대로 성불의 길을 가서 최후의 목적을 이루도록 정진하여야 하겠습니다.

404.

집 떠나　한 곳에서　머물지 않고
고요히　조촐하게　사문의 길을
아무런　욕심 없이　의연히 가는
수행자　그의 이름　도인이어라.

棄捐家居 無家之畏 少求寡欲 是爲梵志

"He who holds aloof from house holders and ascetics alike, and wanders about with no fixed abode and but few wants --him do I call a holy man."

출가하여 두타행을 하는 비구승을 도인이라고 한다는 말씀입니다. 안락한 가정생활을 떠나서 일정한 주거 처소 없이 유랑하며, 조촐한 의복과 음식으로 최소한의 건강을 유지하면서 숲이나 동굴 등지에 머무는 데 만족하여, 아무런 세속적 욕심 없이 수행에 전념하는 진정한 비구야말로 마땅히 도인이라고 부르고 공경해야 합니다. 그들이 있어서 불교와 정법이 이어져 나가게 될 줄 압니다.

405.

스스로　죽이거나　남을 시켜서
죽이게　하는 일이　없음은 물론
어떠한　생명에도　폭력이 없는
자비의　수행자가　도인이니라.

棄放活生 無賊害心 無所嬈惱 是爲梵志

"He who has renounced violence towards all living beings, weak or strong, who neither kills nor causes others to kill --him do I call a holy man."

모든 생명들에게 폭력이 미치지 않게 하고 자비심으로 보살피는 수행자를 도인이라고 한다는 말씀입니다. 크거나 작거나, 강하거나 약하거나를 막론하고, 모든 생명체에게 자기가 직접 또는 남을 시켜서 죽이거나 고통을 주는 모든 행위를 하지 않음은 물론, 죽임이나 괴로움을 당하는 생명체를 구해주고 보살피는 자비실현의 수행자라야 도인의 기본 자질을 갖추었다고 할 수 있겠습니다. 불교 윤리 도덕의 첫 번째 계율인 불살생 즉, 죽이거나 해치지 말라는 것에 유념하여야 하겠습니다.

406.

미움의　　분위기 속　　우정 키우고
폭력이　　난무한 데　　평화 만들며
악행을　　당하고도　　선행 베푸는
친절한　　수행자가　　도인이니라.

避爭不爭 犯而不慍 惡來善待 是爲梵志

"He who is friendly amidst the hostile, peaceful amidst the violent, and unattached amidst the attached --him do I call a holy man."

적대감이 팽배한 분위기에서 친구처럼 대접하고, 폭력이 횡행하는 상황에서 평화롭게 대응하며, 악하게 나오는 이에게 착하게 대처하는 수행자가 도인이라는 말씀입니다. 싸우려 달려드는 이에게도 부드럽게 대하고, 함부로 무례하게 나와도 흔들리지 않고 의연하게 대하며, 못되게 굴어도 친절하게 대하는 인물이 도인의 자질을 갖추었다고 하겠지요. 미움을 미움으로, 악을 악으로 복수한다면, 악순환이 계속될 뿐이니, 자비로 대처해야만 마침내 평화를 이룰 수 있음이 분명합니다.

407.

바늘 위　겨자씨가　떨어져 가듯
애욕과　교만 분노　모두 떨어져
저 모든　허물들이　벗겨진 사람
해맑은　수행자가　도인이니라.

去淫怒痴 驕慢諸惡 如蛇脫皮 是爲梵志

"He whose lust and hatred, pride and hypocrisy have fallen off like a mustard seed from the point of a needle --him do I call a holy man."

애욕과 분노와 우치의 허물을 벗은 이가 도인이라는 말씀입니다. 이른바 삼독 즉, 세 가지 독으로써 사람을 병들어 죽게 만드는 요인인 애욕과 성냄과 어리석음을 제거함이 수행의 기본이라고 할 수 있습니다. 예로부터 육욕의 대치로는 부정관, 분노의 대치로는 자비관, 우치의 대치로는 인연관을 제시하여 왔습니다. 청정하고 평화롭게 수행 정진하여 지혜와 자비를 성취함으로써 윤회로부터 해탈하고 열반의 보람을 누릴 수 있겠지요.

408.

말함에　부드럽고　믿음직하며
듣고서　깨우침을　얻을 수 있게
좋은 말　골라하며　나쁜 말 않는
신중한　수행자가　도인이니라.

斷絕世事 口無醜言 入道審諦 是爲梵志

"He who utters gentle, instructive and truthful words, who imprecates none --him do I call a holy man."

누구에게나 부드럽고 진실하게 말하여 듣는 이가 유익하고 기분 좋게 하는 이가 도인이라는 말씀입니다. 말을 잘 하여 효과가 있으려면, 생각이 건전하며 듣는 상대를 배려하여서, 그 내용이 유익하며 방법이 품위 있고 친절하여야 됩니다. 헛된 소리를 함부로 하여서 상대에게 아무런 도움을 주지 못할 뿐만 아니라, 기분을 불쾌하게 하거나 불신을 일으키지 않도록 항상 조심하고, 필요하지 않은 말은 삼가며, 쓸데없는 수다보다는 침묵을 지킴이 오히려 바람직할 것입니다.

409.

언제나　크고 작은　모든 물건들
좋거나　나쁘거나　가리지 않고
자기 것　아닌 것은　취하지 않는
청빈한　수행자가　도인이니라.

所世惡法 脩短巨細 無取無捨 是爲梵志

"He who in this world takes nothing that is not given to him, be it long or short, small or big, good or bad --him do I call a holy man."

어떤 형태라도 주지 않은 물건은 취하지 않는 수행자가 도인이라는 말씀입니다. 그 물건이 크거나 작거나, 길거나 짧거나, 좋거나 나쁘거나를 막론하고, 자기 것이 아닌 것은 자기 것처럼 갖거나 쓰지 말아야 타당하니, 만약 남의 것을 동의나 양해도 없이 자기 마음대로 취하여 쓰면, 이는 훔치는 일과 같으니, 사회적으로는 범죄로 처벌받게 됩니다. 출가수행자는 다른 이의 물건에 욕심을 내지 않고, 무소유와 청빈의 정신으로 조촐하게 살아가면서 만족하는 삶을 살아가야 합니다.

410.

이 세상 살림살이 맑고 착하면
저 세상 또한 좋게 과보 누리리.
그러나 어느 곳도 바램이 없이
윤회를 벗어난 분 도인이리니.

今世行淨 後世無穢 無習無捨 是爲梵志

"He who wants nothing of either this world or the next, who is desire-free and emancipated --him do I call a holy man."

금생에 잘 살아 그 과보로 다음 생도 잘 살 수 있겠지만, 금생과 내생을 막론하고 아무 욕심과 집착이 없는 자유로운 사람이 도인이라는 말씀입니다. 무엇이나 세속적인 욕망으로 추구하는 것은 인연 업과의 법칙에 따라 금생이나 다음 생을 막론하고 윤회의 과보로 계속 이어지게 되므로, 일체의 욕망이 없는 자유로운 수행자로서 정진하여야 윤회의 고통을 벗어나 해탈 열반을 누릴 수 있습니다.

411.

아무런　욕망이나　집착도 없고
완전한　지식 갖춰　의심도 없이
오로지　열반 길에　정진하는 분
참으로　수행자요　도인이니라.

棄身無疑 不誦異言 行甘露滅 是爲梵志

"He who has no attachment, who through perfect knowledge is free from doubts and has plunged into the Deathless --him do I call a holy man."

세속적 욕망이나 집착이 없고, 온전한 지식과 통찰력을 갖추어서 어리석은 의심이 없이 생사를 초월하는 열반의 길에 전념하여 나아가는 수행자가 도인이라는 말씀입니다. 무엇에나 애착하면 그것에 얽매여 자유롭지 못하고, 어리석은 이는 항상 의심하고 불안한데, 넓은 지식과 깊은 지혜를 갖추어서 열반의 길을 확신하고 흔들림 없이 그 길에 매진하는 수행자는 마침내 뜻을 이루어 해탈을 누리게 됩니다.

412.

세상의　　좋고 나쁨　　뛰어넘어서
걱정도　　하지 않고　　잘못도 없이
조촐한　　살림살이　　살아간다면
진정한　　수행자요　　도인이니라.

於罪與福 兩行永除 無憂無塵 是爲梵志

"He who in this world has transcended the ties of both merit and demerit, who is sorrowless, stainless and pure --him do I call a holy man."

이 세상 속에서, 좋은 일을 하여 공덕을 쌓거나 궂은 일을 하여 허물을 짓거나 하는 유위법을 초월하여 영원히 걱정 근심이 없는 무위법 즉, 열반도를 수행하는 이는 도인이라는 말씀입니다. 세속적인 인생관과 가치관을 갖고 좋고 나쁨을 판단하여 선과 악을 분별하는 수준과 차원을 넘어서, 상대적인 선과 악이 나누어지기 이전의 절대적 근원과 본성에 사무쳐 생사와 윤회의 한계를 벗어난 해탈 도인의 즐거움을 누릴 수 있어야 하겠습니다.

413.

뚜렷이 맑고 밝은 보름달처럼
청정한 인품에다 지혜 갖추어
아무런 허물없이 정진하는 분
훌륭한 수행자요 도인이니라.

心喜無垢 如月盛滿 謗毁已除 是爲梵志

"He who, like the moon, is sportless and pure, serene and clear, who has destroyed the delight in existence --him do I call a holy man."

원만한 달처럼 빛나는 인격의 수행자를 도인이라 한다는 말씀입니다. 어두운 밤을 밝혀주는 보름달로, 중생의 어리석음을 깨우치는 부처님의 지혜와 인격을 상징하기도 합니다. 모든 오염이 정화되어 청정을 성취한 수행자, 번뇌와 망상 및 온갖 시끄러움이 사라진 고요한 경지에 이른 수행자, 지혜로우며 겸손하고 자비로운 수행자, 이러한 수행자가 도인으로 인식되고 존중될 줄 압니다.

414.

환상과　　착각 속의　　이 세상 떠나
진리와　　깨달음의　　저 세상 가는
의심과　　애착 없는　　참선 수행자
열반을　　이뤄가는　　도인이니라.

見痴往來 墮塹受苦 欲單渡岸 不好他語 唯滅不起
是爲梵志

"He who, having traversed this miry, perilous and delusive round of existence, has crossed over and reached the other shore; who is meditative, calm, free from doubt, and clinging to nothing, has attained to Nirvana --him do I call a holy man."

착각 속에 사는 중생세계인 혼탁한 차안에서 깨달은 이들의 진리세계인 피안으로 가는 수행자가 도인이라는 말씀입니다. 더러운 예토, 덧없는 차안을 떠나, 깨끗한 정토, 영원한 피안에 가고자, 세속적 애착과 의심을 끊고 참선하는 수행자를 도인이라고 해야 마땅합니다. 생사와 윤회의 고통을 강으로 비유하고, 그 강을 넘어 열반의 언덕에 이르는 방법이 참선 수행이라고 할 수 있습니다.

415.

애욕을　　저버리고　　집을 떠나서
외롭게　　정진하는　　출가수행자.
욕망과　　윤회 업을　　벗어났으니
마침내　　해탈이룬　　도인이니라.

已斷恩愛 離家無欲 愛有已盡 是爲梵志

"He who, having abandoned sensual pleasures, has renounced the household life and become a homeless one; has destroyed both sensual desire and continued existence --him do I call a holy man."

애욕을 끊고 출가하여 수행 정진하는 이가 도인이라는 말씀입니다. 애욕에 얽매여 가정생활을 함이 윤회의 길인데, 애욕을 버리고 집을 떠나 독신으로 수행하는 이는, 이미 윤회의 길을 떠나 해탈 열반의 길로 들어섰으니, 계속 정진하면 마침내 성불 해탈할 것이며, 도인이라 할 수 있습니다. 만약 몸은 출가하였으나 마음은 애욕을 제거하지 못했다면, 그는 진정한 출가수행자가 아니겠지요. 독신 출가수행자의 자각과 분발이 기대됩니다.

416.

집착을　　저버리고　　집을 나서서
떠돌며　　정진하는　　출가수행자.
집착과　　윤회 업을　　벗어났으니
해탈을　　실현하는　　도인이니라.

已斷渴望 離家放浪 愛無執着 是爲梵志

"He who, having abandoned craving, has renounced the household life and become a homeless one; has destroyed both craving and continued existence -- him do I call a holy man."

집착을 버리고 출가수행 정진하는 이가 도인이라는 말씀입니다. 집착이 고통과 윤회의 근본이니, 가장 집착하게 되는 가족과 가정을 떠나 수행 정진하기가 가장 어려운 일인데, 이미 출가하여 어느 거처에도 집착하지 않고 유랑하며 오로지 수행에 정진하면, 이런 분은 도인이라고 할만합니다. 아무 집착 없이 유랑하는 출가수행자는 몸은 비록 다소 불편하더라도, 마음은 항상 평안하고 자유를 누리는 즐거움이 있습니다.

417.

인간에 얽매임을 끊어버리고
천상에 이끌림도 벗어버리며
갖가지 모든 끈에 매이지 않은
해탈을 이룬 분이 도인이니라.

離人聚處 不墮天聚 諸聚不歸 是爲梵志

"He who, casting off human bonds and transcending heavenly ties, is wholly delivered of all bondages -- him do I call a holy man."

인간은 물론 천상을 포함하여 모든 얽매임을 끊어버린 이가 도인이라는 말씀입니다. 끈끈한 인간관계, 천상에 나고픈 욕심, 음식이나 옷가지, 집이나 탈것 등등, 모든 관련된 사물에 대한 집착과 애정을 벗어버리고, 한때의 세속적 기쁨을 떠나서 영원한 열반과 적정의 즐거움을 누리려는 이가 도인입니다. 보이지 않는 애욕과 집착의 사슬을 끊고, 무한한 자유를 추구하는 수행자에게 합당한 복이 있으리니!

418.

좋거나 싫은 것들 모두 비우고
가진 것 또한 모두 버려 없애서
세속의 모든 것을 정복한 영웅
자재를 이룬 분이 도인이니라.

棄樂無樂 滅無熅燸 健違諸世 是爲梵志

"He who, casting off likes and dislikes, has become tranquil, is rid off the substrata of existence and like a hero has conquered all the worlds --him do I call a holy man."

정신적이거나 물질적으로 얽어매는 모든 것들을 끊어버리고, 세속적 욕망과 집착의 구속을 벗어난 자유로운 영웅이 도인이라는 말씀입니다. 사랑하고 좋아하는 것과 헤어지거나 멀어지는 괴로움, 미워하거나 싫어하는 것과 부딪히는 괴로움, 갖고 싶어 구하는데 얻어지지 않는 괴로움, 필요이상으로 많고 무거워서 버거운 괴로움 등등, 세속적 욕망과 번뇌와 고통을 정복한 영웅, 마음이 고요하고 평안한 수행자가 도인임이 분명합니다.

419.

죽거나 태어나는 모든 것들의
인연을 통찰하고 집착이 없이
사무쳐 깨달아서 해탈한 분이
열반을 누리려는 도인이니라.

所生已訖 死無所趣 覺安無依 是爲梵志

"He who in every way knows the death and rebirth of all beings, and is totally detached, blessed and enlightened --him do I call a holly man."

모든 존재가 생성 소멸하고 윤회하는 인연을 깨달아 모든 집착이 없는 사람이 도인이라는 말씀입니다. 태어난 것은 언젠가는 마침내 죽고, 또 다시 태어나는 윤회의 인연도리를 깨닫고, 그 과정의 모든 것에 집착하지 않는 자유로운 수행자가 도인인 줄 압니다. 진정한 도인은 더이상 죽지도 않고 다시 태어나지 않는, 생사를 초월하고 해탈한 존재로서, 자유자재를 누리겠지요.

420.

천상과 인간 세상 아수라 세계
지옥과 아귀 세계 축생도까지
더이상 윤회 없고 번뇌 사라진
해탈의 수행인이 도인이니라.

已度五道 莫知所墮 習盡無餘 是爲梵志

"He whose track no gods, no angels, no humans trace, the Arahat who destroyed all cankers --him do I call a holly man."

과보에 따라 윤회하는 중생의 업연을 끊고 해탈의 경지에 나간 수행자를 도인이라 한다는 말씀입니다. 상좌부 전통에서는 모든 번뇌를 제거하여 더이상 다시 태어남이 없이 윤회가 없는 수행자를 아라한이라 하며, 누구에게나 공양을 받을만한 존재로 존경합니다. 천상에 태어나기를 바라며 복을 짓고자 하는 중생들이 있기도 하지만, 그조차도 윤회의 일부이니, 그 인연이 다하면 다시 다른 곳에 태어날 수도 있으므로, 영원한 행복을 위해서는 인간도에서 해탈 열반의 수행 길로 나서야겠지요.

421.

과거와　　이 순간과　　미래에까지
모든 것　　잡지 않고　　집착이 없이
언제나　　자유로운　　출가수행자
해탈을　　누리려는　　도인이니라.

于前于後 及中無有 無操無捨 是爲梵志

"He who clings to nothing of the past, present and future, who has no attachment and holds on to nothing --him do I call a holly man."

삼세에 걸쳐 아무것에도 집착하지 않고 자유로운 수행자를 도인이라 한다는 말씀입니다. 보통 사람들은 과거의 추억에 매달리거나 미래에 대한 희망에 집착하거나 현실에 매몰되는 경향이 있는데, 이 모두가 망상과 착각 및 환상일 수 있습니다. 시간과 공간의 제약에 얽매이지 않고, 능동적으로 이들의 틀을 초월하여, 주인으로서 자유자재함을 누릴 수 있는 분이 도인인 줄 압니다. 시방삼세 우주의 주인이 되어 보기를!

422.

빼어난　영웅 같은　청정 수행자
스스로　모든 욕망　정복하였네.
깨달음　이루어서　자비 베풀며
큰 자유　누리는 분　도인이니라.

最雄最勇 能自解度 覺意不動 是爲梵志

“He, the Noble, the Excellent, the Heroic, the Great Sage, the Conqueror, the Passionless, the Pure, the Enlightened one --him do I call a holy man.”

청정하게 용맹정진하여 자기의 욕망을 극복하고 깨달음을 이루어 세상을 깨우치는 이를 도인이라 한다는 말씀입니다. 강력하고 끈질긴 세속적 애욕과 집착, 온갖 유혹과 위협에 대항하여 싸워 이기려면 영웅 같은 용맹심이 필요합니다. 부처님의 가르침대로 용맹정진 청정수행하여 깨달음을 이루고, 중생들을 지혜와 자비로써 깨우치며 세상을 바르게 이끌어가는 성현들을 도인이라 하며, 존경하고 따라가야 마땅하겠지요.

423.

스스로 숙명 알고 내생도 보며
완전한 통찰 이뤄 생사 끝내고
위 없는 지혜 갖춘 완전 수행자
열반의 경지에 간 도인이니라.

自知宿命 本所更來 得要生盡 叡通道玄 明如能黙
是爲梵志

"He who knows his former births, who sees heaven and hell, who has reached the end of births and attained to the perfection of insight, the sage who has reached the summit of spiritual excellence --him do I call a holy man."

인생의 속성을 알고 생사의 윤회를 통찰하며 그 고통의 흐름 속에 허덕임을 끝내고 열반의 언덕에 이른 이를 도인이라 한다는 말씀입니다. 스스로 자기가 온 곳과 갈 곳을 알고, 그 생사의 물결에서 벗어날 수 있는 통찰력과 지혜를 갖추어, 온갖 애욕과 집착을 끊고 번뇌와 망상 및 착각과 환상을 벗어나서, 윤회의 구속과 고통으로부터 해탈하여 영원한 평화와 행복을 누릴 수 있는 수행자, 이런 분을 도인으로 존중하고 공경하며 동행하여야 하겠습니다.

Dhammapada 빨리어 원문

1. Manopubbaṅgammā dhammā manoseṭṭhā manomayā manasā ce paduṭṭhena bhāsati vā karoti vā tato naṃ Dukkham Anveti cakkaṃ va vahato padaṃ

2. Manopubbaṅgammā dhammā manoseṭṭhā manomayā manasā ce Pasannena bhāsati vā karoti vā tato naṃ sukham anveti chāyā va anapāyinī

3. Akkocchi maṃ avadhi maṃ ajini maṃ, ahāsi me ye taṃ upanayhanti veraṃ tesaṃ na sammati

4. Akkocchi maṃ avadhi maṃ ajini maṃ ahāsi me ye taṃ na upanayhanti veraṃ tesūpasammati

5. Na hi verena verāni sammantīdha kudācanaṃ averena ca sammanti esa dhammo sanantano

6. Pare ca na vijānanti mayaṃ ettha yamāmase ye ca tattha vijānanti tato sammanti medhagā

7. Subhānupassiṃ viharantaṃ indriyesu asaṃvutaṃ bhojanamhi cāmattaññuṃ kusītaṃ hīnavīriyaṃ taṃ ve pasahati māro vāto rukkhaṃ va dubbalaṃ

8. Asubhānupassiṃ viharantaṃ indriyesu susaṃvutaṃ bhojanamhi ca mattaññuṃ saddhaṃ āraddhavīriyaṃ taṃ ve nappasahati māro vāto selaṃ'va pabbataṃ

9. Anikkasāvo kāsāvaṃ yo vatthaṃ paridahissati apeto damasaccena na so kāsāvaṃ arahati

10. Yo ca vantakasāv'assa sīlesu susamāhito upeto damasaccena sa ve kāsāvam arahati

11. Asāre sāramatino sāre cāsāradassino te sāraṃ nādhigacchanti micchāsaṅkappagocarā

12. Sārañ ca sārato ñatvā asārañ ca asārato te sāraṃ adhigacchanti gocarā

13. Yathā agāraṃ succhannaṃ vuṭṭhi samativijjhati evaṃ abhāvitaṃ cittaṃ rāgo na samativi-

jjhati

14. Yathā agāraṃ succhannaṃ vuṭṭhi na samativijjhati evaṃ subhāvitaṃ cittaṃ rāgo na samativijjhati

15. Idha socati pecca socati pāpakārī ubhayattha socati so socati so vihaññati disvā kammakiliṭṭham attano

16. Idha modati pecca modati katapuñño ubhayattha modati so modati so pamodati disvā kammavisuddhimattano

17. Idha tappati pecca tappati pāpakārī ubhayattha tappati pāpaṃ me katan ti tappati bhiyyo tappati duggatiṃ gato

18. Idha nandati pecca nandati katapuñño ubhayattha nandati puññaṃ me katan ti nandati bhiyyo nandati sugatiṃ gato

19. Bahum pi ce sahitaṃ bhāsamāno na takkaro hoti naro pamatto gopo va gāvo gaṇayaṃ paresaṃ na bhāgavā sāmaññassa hoti

20. Appam pi ce sahitaṃ bhāsamāno dhammassa hoti anudhammacārī rāgañ ca dosañ ca pahāya mohaṃ sammāppajāno suvimuttacitto anupādiyāno idha vā huraṃ vā sa bhāgavā sāmaññassa hoti

21. Appamādo amatapadaṃ pamādo maccuno padaṃ appamattā na mīyanti ye pamattā yathāmatā

22. Etaṃ visesato ñatvā appamādamhi paṇḍitā appamāde pamodanti ariyānaṃ gocare ratā

23. Te jhāyino sātatikā niccaṃ daḷhaparakkamā phusanti dhīrā nibbānaṃ yogakkhemaṃ anuttaraṃ.

24. Uṭṭhānavato satīmato sucikammassa nisammakārino saṃyatassa ca dhammajīvino appamattassa yaso'bhivaḍḍhati.

25. Uṭṭhānen' appamādena saṃyamena damena ca dīpaṃ kayirātha medhāvī yaṃ ogho nābhikīrati.

26. Pamādaṃ anuyuñjanti bālā dummedhino janā appamādañ ca medhāvī dhanaṃ seṭṭhaṃ va rakkhati.

27. Mā pamādam anuyuñjetha mā kāmaratisanthavaṃ appamatto hi jhāyanto pappoti vipulaṃ sukhaṃ.

28. Pamādaṃ appamādena yadā nudati paṇdito paññāpāsādam āruyha asoko sokiniṃ pajaṃ pabbataṭṭho va bhūmaṭṭhe dhīro bāle avekkhati.

29. Appamatto pamattesu suttesu bahujāgaro abalassaṃ va sīghasso hitvā yāti sumedhaso.

30. Appamādena maghavā devānaṃ seṭṭhataṃ gato appamādaṃ pasaṃsanti pamādo garahito sadā.

31. Appamādarato bhikkhu pamāde bhayadassi vā saṃyojanaṃ aṇuṃ thūlaṃ ḍahaṃ aggī'va gacchati.

32. Appamādarato bhikkhu pamāde bhayadassi vā abhabbo parihānāya nibbānass'eva santike.

33. Phandanaṃ capalaṃ cittaṃ dūrakkhaṃ dunnivārayaṃ ujuṃ karoti medhāvī usukāro va tejanaṃ

34. Vārijo'va thale khitto okamokata ubbhato pariphandati'daṃ cittaṃ māradheyyaṃ pahātave.

35. Dunniggahassa lahuno yatthakāmanipātino cittassa damatho sādhu cittaṃ dantaṃ sukhāvahaṃ

36. Sududdasaṃ sunipuṇaṃ yatthakāmanipātinaṃ cittaṃ rakkhetha medhāvī cittaṃ guttaṃ sukhāvahaṃ

37. Dūraṅgamaṃ ekacaraṃ asarīraṃ guhāsayaṃ ye cittaṃ saṃyamissanti mokkhanti mārabandhanā

38. Anavaṭṭhitacittassa saddhammaṃ avijānato pariplavapasādassa paññā na paripūrati

39. Anavassutacittassa ananvāhatacetaso puññapāpapahīnassa natthi jāgarato bhayaṃ

40. Kumbhūpamaṃ kāyamimaṃ viditvā nagarūpamaṃ cittaṃ idaṃ ṭhapetvā yodhetha māraṃ paññāyudhena jitañca rakkhe anivesano siyā

41. Aciraṃ vat'ayaṃ kāyo pathaviṃ adhisessati chuddho apetaviññāṇo niratthaṃ va kaliṅgaraṃ

42. Diso disaṃ yaṃ taṃ kayirā verī vā pana verinaṃ micchāpaṇihitaṃ cittaṃ pāpiyo naṃ tato kare

43. Na taṃ mātā pitā kayirā aññe vā pi ca ñātakā sammāpaṇihitaṃ cittaṃ seyyaso naṃ tato kare.

44. Ko imaṃ pathaviṃ vicessati yamalokañ ca imaṃ sadevakaṃ ko dhammapadaṃ sudesitaṃ kusalo puppham iva pacessati.

45. Sekho paṭhaviṃ vicessati yamalokañ ca imaṃ sadevakaṃ sekho dhammapadaṃ sudesitaṃ kusalo puppham iva pacessati.

46. Pheṇūpamaṃ kāyamimaṃ viditvā marīcidhammaṃ abhisambudhāno chetvāna mārassa papupphakāni adassanaṃ maccurājassa gacche.

47. Pupphāni h'eva pacinantaṃ byāsattamanasaṃ naraṃ suttaṃ gāmaṃ mahogho'va maccu ādāya gacchati.

48. Pupphāni h'eva pacinantaṃ byāsattamanasaṃ naraṃ atittaṃ eva kāmesu antako kurute vasaṃ.

49. Yathā pi bhamaro pupphaṃ vaṇṇagandhaṃ aheṭhayaṃ paleti rasam ādāya evaṃ gāme munī care.

50. Na paresaṃ vilomāni na paresaṃ katākataṃ attano va avekkheyya katāni akatāni ca.

51. Yathāpi ruciraṃ pupphaṃ vaṇṇavantaṃ agandhakaṃ evaṃ subhāsitā vācā aphalā hoti akubbato.

52. Yathāpi ruciraṃ pupphaṃ vaṇṇavantaṃ sagandhakaṃ evaṃ subhāsitā vācā saphalā hoti sakubbato.

53. Yathāpi puppharāsimhā kāyirā mālāguṇe bahū evaṃ jātena maccena kattabbaṃ kusalaṃ bahuṃ

54. Na pupphagandho paṭivātam eti na candanaṃ tagaramallikā vā satañ ca gandho paṭivātam eti sabbā disā sappuriso pavāyati.

55. Candanaṃ tagaraṃ vāpi uppalaṃ atha vassikī etesaṃ gandhajātānaṃ sīlagandho anuttaro.

56. Appamatto ayaṃ gandho yā'yaṃ tagaracandanī yo ca sīlavataṃ gandho vāti devesu uttamo.

57. Tesaṃ sampannasīlānaṃ appamādavihārinaṃ sammadaññāvimuttānaṃ māro maggaṃ na vindati.

58. Yathā saṅkāradhānasmiṃ ujjhitasmiṃ mahāpathe padumaṃ tattha jāyetha sucigandhaṃ manoramaṃ.

59. Evaṃ saṅkārabhūtesu and-

habhūte puthujjane atirocati paññāya sammāsambuddhasāvako.

60. Dīghā jāgarato ratti dīghaṃ santassa yojanaṃ dīgho bālānaṃ saṃsāro saddhammaṃ avijānataṃ.

61. Carañ ce nādhigaccheyya seyyaṃ sadisam attano ekacariyaṃ daḷhaṃ kayirā natthi bāle sahāyatā.

62. Puttā m'atthi dhanaṃ m'atthi iti bālo vihaññati attā hi attano natthi kuto puttā kuto dhanaṃ.

63. Yo bālo maññati bālyaṃ paṇḍito vāpi tena so bālo ca paṇḍitamānī sa ve bālo'ti vuccati.

64. Yāvajīvam pi ce bālo paṇḍitaṃ payirupāsati na so dhammaṃ vijānāti dabbī sūparasaṃ yathā.

65. Muhuttam api ce viññū paṇḍitaṃ payirupāsati khippaṃ dhammaṃ vijānāti jivhā sūparasaṃ yathā.

66. Caranti bālā dummedhā amitten' eva attanā karontā pāpakaṃ kammaṃ yaṃ hoti kaṭukapphalaṃ.

67. Na taṃ kammaṃ kataṃ sādhu yaṃ katvā anutappati yassa assumukho rodaṃ vipākaṃ paṭisevati.

68. Tañ ca kammaṃ kataṃ sādhu yaṃ katvā nānutappati yassa patīto sumano vipākaṃ paṭisevati.

69. Madhūva maññati bālo yāva pāpaṃ na paccati yadā ca paccatī pāpaṃ atha bālo dukkhaṃ nigacchati.

70. Māse māse kusaggena bālo bhuñjetha bhojanaṃ na so saṅkhatadhammānaṃ kalaṃ agghati soḷasiṃ.

71. Na hi pāpaṃ kataṃ kammaṃ sajju khīram va muccati ḍahan taṃ bālam anveti bhasmacchanno va pāvako.

72. Yāvadeva anatthāya ñattaṃ bālassa jāyati hanti bālassa sukkaṃsaṃ muddham assa vipātayaṃ.

73. Asantaṃ bhāvanaṃ iccheyya purekkhārañ ca bhikkhusu āvāsesu ca issariyaṃ pūjā parakulesu ca.

74. Mam eva kata maññantu gihī pabbajitā ubho mam ev'ātivasā

assu kiccākiccesu kismici iti bālassa saṅkappo icchā māno ca vaḍḍhati.

75. Aññā hi lābhūpanisā aññā nibbānagāminī evam etaṃ abhiññāya bhikkhu Buddhassa sāvako sakkāraṃ nābhinandeyya vivekaṃ anubrūhaye.

76. Nidhīnaṃ va pavattāraṃ yaṃ passe vajjadassinaṃ niggayhavādiṃ medhāviṃ tādisaṃ paṇḍitaṃ bhaje tādisaṃ bhajamānassa seyyo hoti na pāpiyo.

77. Ovadeyyānusāseyya asabbhā ca nivāraye sataṃ hi so piyo hoti asataṃ hoti appiyo.

78. Na bhaje pāpake mitte na bhaje purisādhame bhajetha mitte kalyāṇe bhajetha purisuttame.

79. Dhammapīti sukhaṃ seti vippasannena cetasā ariyappavedite dhamme sadā ramati paṇḍito.

80. Udakaṃ hi nayanti nettikā usukārā namayanti tejanaṃ dāruṃ namayanti tacchakā attānaṃ damayanti paṇḍitā.

81. Selo yathā ekaghaṇo vātena na samīrati evaṃ nindāpasaṃsāsu na samiñjanti paṇḍitā.

82. Yathāpi rahado gambhīro vippasanno anāvilo evaṃ dhammāni sutvāna vippasīdanti paṇḍitā.

83. Sabbattha ve sappurisā cajanti na kāmakāma lapayanti santo sukhena phuṭṭhā athavā dukhena na uccāvacaṃ paṇḍitā dassayanti.

84. Na attahetu na parassa hetu na puttamicche na dhanaṃ na raṭṭhaṃ na iccheyya adhammena samiddhiṃ attano sa sīlavā paññavā dhammiko siyā.

85. Appakā te manussesu ye janā pāragāmino athāyaṃ itarā pajā tīram evānudhāvati.

86. Ye ca kho sammadakkhāte dhamme dhammānuvattino te janā pāram essanti maccudheyyaṃ suduttaraṃ.

87. Kaṇhaṁ dhammaṃ vippahāya sukkaṃ bhāvetha paṇḍito okā anokaṃ āgamma viveke yattha dūramaṃ.

88. Tatrābhiratiṃ iccheyya hitvā kāme akiñcano pariyodapeyya attānam cittaklesehi paṇḍito.

89. Yesaṃ sambodhiaṅgesu sammā cittaṃ subhāvitaṃ ādānapaṭinissagge anupādāya

ye ratā khīnāsavā jutimanto te loke parinibbutā.

90. Gataddhino visokassa vippamuttassa sabbadhi sabbaganthappahīnassa pariḷāho na vijjati.

91. Uyyuñjanti satīmanto na nikete ramanti te haṃsā va pallalaṃ hitvā okam okaṃ jahanti te.

92. Yesaṃ sannicayo natthi ye pariññātabhojanā suññato animitto ca vimokkho yessa gocaro ākāse'va sakuntānaṃ gati tesaṃ durannayā.

93. Yassāsavā parikkhīṇā āhāre ca anissito suññato animitto ca vimokkho yassa gocaro ākāse'va sakuntānaṃ padaṃ tassa durannayaṃ.

94. Yass'indriyāni samathaṃ gatāni assā yathā sārathinā sudantā pahīnamānassa anāsavassa devāpi tassa pihayanti tādino.

95. Paṭhavi samo no virujjhati indakhīlūpamo tādi subbato rahado' va apetakaddamo saṃsārā na bhavanti tādino.

96. Santaṃ tassa manaṃ hoti, santā vācā ca kamma ca sammadaññā vimuttassa upasantassa tādino.

97. Assaddho akataññū ca sandhicchedo ca yo naro hatāvakāso vantāso sa ve uttamaporiso.

98. Gāme vā yadi vā' raññe ninne vā yadi vā thale yatthārahanto viharanti taṃ bhūmiṃ rāmaṇeyyakaṃ.

99. Ramaṇīyāni araññāni yattha na ramatī jano vītarāgā ramissanti na te kāmagavesino.

100. Sahassam api ce vācā anatthapadasaṃhitā ekaṃ atthapadaṃ seyyo yaṃ sutvā upasammati.

101. Sahassam api ce gāthā anatthapadasaṃhitā ekaṃ gāthāpadaṃ seyyo yaṃ sutvā upasammati.

102. Yo ce gāthāsataṃ bhāse anatthapadasaṃhitā ekaṃ dhammapadaṃ seyyo yaṃ sutvā upasammati.

103. Yo sahassaṃ sahassena saṅgāme mānuse jine ekañ ca jeyya attānaṃ sa ve saṅgāmajuttamo.

104. Attā have jitaṃ seyyo yā cā'yaṃ itarā pajā attadantassa posassa niccaṃ saññatacārino.

105. N'eva devo na gandhabbo na māro saha Brahmunā jitaṃ apajitaṃ kayirā tathārūpassa jantuno.

106. Māse māse sahassena yo yajetha sataṃ samaṃ ekañ ca bhāvitattānaṃ muhuttam api pūjaye sā yeva pūjanā seyyo yañ ce vassasataṃ hutaṃ.

107. Yo ca vassasataṃ jantu aggiṃ paricare vane ekañ ca bhāvitattānaṃ muhuttam api pūjaye sā yeva pūjanā seyyo yañ ce vassasataṃ hutaṃ.

108. Yaṃ kiñci yiṭṭhaṃ va hutaṃ va loke saṃ vaccharaṃ yajetha puññapekkho sabbam pi taṃ na catubhāgam eti abhivādanā ujjugatesu seyyo.

109. Abhivādanasīlissa niccaṃ vaddhāpacāyino cattāro dhammā vaḍḍhanti āyu vaṇṇo sukhaṃ balaṃ.

110. Yo ca vassasataṃ jīve dussīlo asamāhito ekāhaṃ jīvitaṃ seyyo sīlavantassa jhāyino.

111. Yo ca vassasataṃ jīve duppañño asamāhito ekāhaṃ jīvitaṃ seyyo paññavantassa jhāyino.

112. Yo ca vassasataṃ jīve kusīto hīnavīriyo ekāhaṃ jīvitaṃ seyyo viriyam ārabhato daḷhaṃ.

113. Yo ca vassasataṃ jīve apassaṃ udayabbayaṃ ekāhaṃ jīvitaṃ seyyo passato udayabbayaṃ.

114. Yo ca vassasataṃ jīve apassaṃ amataṃ padaṃ ekāhaṃ jīvitaṃ seyyo passato amataṃ padaṃ.

115. Yo ca vassasataṃ jīve apassaṃ dhammam uttamaṃ ekāhaṃ jīvitaṃ seyyo passato dhammamuttamaṃ.

116. Abhittharetha kalyāṇe pāpā cittaṃ nivāraye dandhaṃ hi karoto puññaṃ pāpasmiṃ ramatī mano.

117. Pāpañ ce puriso kayirā na taṃ kayirā punappunaṃ na tamhi chandaṃ kayirātha dukkho pāpassa uccayo.

118. Puññañ ce puriso kayirā kayirāth'etaṃ punappunaṃ, tamhi chandaṃ kayirātha sukho puññassa uccayo.

119. Pāpo pi passati bhadraṃ yāva pāpaṃ na paccati, yadā ca paccati pāpaṃ atha pāpo pāpāni passati.

120. Bhadro' pi passati pāpaṃ yāva bhadraṃ na paccati yadā ca paccati bhadraṃ atha bhadro bhadrāni passati.

121. Māppamaññetha pāpassa na maṃ taṃ āgamissati udabindunipātena udakumbho pi pūrati pūrati bālo pāpassa thokathokaṃ pi āciṇaṃ.

122. Māppamaññetha puññassa na maṃ taṃ āgamissati. udabindunipātena udakumbho pi pūrati pūrati dhīro puññassa thokathokaṃ pi āciṇaṃ.

123. Vāṇijo va bhayaṃ maggaṃ appasattho mahaddhano visaṃ jīvitukāmova pāpāni parivajjaye.

124. Pāṇimhi ce vaṇo n'āssa hareyya pāṇinā visaṃ, nābbaṇaṃ visam anveti natthi pāpaṃ akubbato.

125. Yo appaduṭṭhassa narassa dussati suddhassa posassa anaṅgaṇassa tam eva bālaṃ pacceti pāpaṃ sukhumo rajo paṭivātaṃ va khitto.

126. Gabbham eke papajjanti nirayaṃ pāpakammino saggaṃ sugatino yanti parinibbanti anāsavā.

127. Na antalikkhe na samuddamajjhe na pabbatānaṃ vivaraṃ pavissa na vijjatī so jagatippadeso yatthaṭṭhito muñcceyya pāpakammā.

128. Na antalikkhe na samuddamajjhe na pabbatānaṃ vivaraṃ pavissa na vijjatī so jagatippadeso yatthaṭṭhitaṃ nappasahetha maccu.

129. Sabbe tasanti daṇḍassa sabbe bhāyanti maccuno attānaṃ upamaṃ katvā na haneyya na ghātaye.

130. Sabbe tasanti daṇḍassa sabbesaṃ jīvitaṃ piyaṃ attānaṃ upamaṃ katvā na haneyya na ghātaye.

131. Sukhakāmāni bhūtāni yo daṇḍena vihiṁsati attano sukham esāno pecca so na labhate sukhaṃ.

132. Sukhakāmāni bhūtāni yo daṇḍena na hiṃ sati attano sukham esāno pecca so labhate sukhaṃ.

133. Mā' voca pharusaṃ kañci vuttā paṭivadeyyu taṃ dukkhā hi sārambhakathā paṭidaṇḍā phuseyyu taṃ.

134. Sace neresi attānaṃ kaṃso upahato yathā, esa patto'si nib-

bānaṃ sārambho te na vijjati.

135. Yathā daṇḍena gopālo gāvo pāceti gocaraṃ, evaṃ jarā ca maccu ca āyuṃ pācenti pāṇinaṃ.

136. Atha pāpāni kammāni karaṃ bālo na bujjhati sehi kammehi dummedho aggidaḍḍho va tappati.

137. Yo daṇḍena adaṇḍesu appaduṭṭhesu dussati dasannam aññataraṃ ṭhānaṃ khippam eva nigacchati:

138. Vedanaṃ pharusaṃ jāniṃ sarīrassa ca bhedanaṃ garukaṃ vā' pi ābādhaṃ cittakkhepaṃ va pāpuṇe.

139. Rājato vā upassaggaṃ abbhakkhānaṃ va dāruṇaṃ parikkhayaṃ va ñātīnaṃ bhogānaṃ va pabhaṅguraṃ

140. Athav'āssa agārāni aggi ḍahati pāvako kāyassa bhedā duppañño nirayaṃ so'upapajjati.

141. Na naggacariyā na jaṭā na paṅkā nānāsakā thaṇḍilasāyikā vā rajo ca jallaṃ ukkuṭikappadhānaṃsodhenti maccaṃ avitiṇṇakaṅkhaṃ.

142. Alaṅkato ce'pi samaṃ careyya santo danto niyato brahmacārī sabbesu bhūtesu nidhāya daṇḍaṃ so brāhmaṇo so samaṇo sa bhikkhu.

143. Hirīnisedho puriso koci lokasmiṃ vijjati yo nindaṃ appabodhati asso bhadro kasām iva.

144. Asso yathā bhadro kasāniviṭṭho ātāpino saṃvegino bhavātha. Saddhāya sīlena ca vīriyena ca samādhinā Dhammavinicchayena ca. Sampannavijjācaraṇā patissatā pahassatha dukkham idaṃ anappakaṃ.

145. Udakaṁ hi nayanti nettikā usukārā namayanti tejanaṃ dāruṃ namayanti tacchakā attānaṃ damayanti subbatā.

146. Ko nu hāso kimānando, niccaṃ pajjalite sati andhakārena onaddhā, padīpaṃ na gavesatha?

147. Passa cittakataṃ bimbaṃ arukāyaṃ samussitaṃ āturaṃ bahusaṅkappaṃ yassa natthi dhuvaṃ ṭhiti.

148. Parijiṇṇam idaṃ rūpaṃ roganīḷaṃ pabhaṅguraṃ bhijjati pūtisandeho maraṇantaṃ hi jīvitaṃ.

149. Yāni'māni apatthāni alāpūn' eva sārade kāpotakāni aṭṭhīni, tāni disvāna kā rati?

150. Aṭṭhīnaṃ nagaraṃ kataṃ maṃsalohitalepanaṃ yattha jarā ca maccu ca māno makkho ca ohito.

151. Jīranti ve rājarathā sucittā atho sarīram pi jaraṃ upeti satañ ca dhammo na jaraṃ upeti santo have sabbhi pavedayanti.

152. Appassutāyaṁ puriso balivaddova jīrati maṅsāni tassa vaḍḍhanti paññā tassa na vaḍḍhati.

153. Anekajātisaṃsāraṃ sandhāvissaṃ anibbisaṃ gahakārakaṃ gavesanto dukkhā jāti punappunaṃ.

154. Gahakāraka diṭṭho'si Puna gehaṃ na kāhasi sabbā te phāsukā bhaggā gahakūṭaṃ visaṅkhitaṃ visaṅkhāragataṃ cittaṃ taṇhānaṃ khayam ajjhagā.

155. Acaritvā brahmacariyaṃ, aladdhā yobbane dhanaṃ jiṇṇakoñcā ca jhāyanti khīṇamacche va pallale.

156. Acaritvā brahmacariyaṃ aladdhā yobbane dhanaṃ senti cāpātikhittā' va, purāṇāni anutthunaṃ.

157. Attānañ ce piyaṃ jaññā rakkheyya naṃ surakkhitaṃ tiṇṇam aññataraṃ yāmaṃ paṭijaggeyya paṇḍito.

158. Attānam eva paṭhamaṃ patirūpe nivesaye ath'aññam anusāseyya na kilisseyya paṇḍito.

159. Attānaṃ ce tathā kayirā yathaññamanusāsati sudanto vata dametha, attā hi kira duddamo.

160. Attā hi attano nātho ko hi nātho paro siyā? Attanā' hi sudantena nāthaṃ labhati dullabhaṃ.

161. Attanā' va kataṃ pāpaṃ attajaṃ attasambhavaṃ abhimatthati dummedhaṃ vajiraṃ v'asmamayaṃ maṇiṃ.

162. Yassa accantadussīlyaṃ, māluvā Sālam iv'otataṃ karoti so tath'attānaṃ yathā naṃ icchatī diso.

163. Sukarāni asādhūni attano ahitāni ca yaṃ ve hitañ ca sādhuñ ca taṃ ve paramadukkaraṃ.

164. Yo sāsanaṃ arahataṃ ariyā-

naṃ Dhammajīvinaṃ paṭikkosati dummedho diṭṭhiṃ nissāya pāpikaṃ phalāni kaṭṭhakass' eva attaghaññāya phallati.

165. Attanā'va kataṃ pāpaṃ attanā saṅkilissati attanā akataṃ pāpaṃ attanā' va visujjhati suddhī asuddhī paccattaṃ nāñño aññaṃ visodhaye.

166. Attadatthaṃ paratthena bahunā' pi na hāpaye attadatthaṃ abhiññāya sadatthapasuto siyā.

167. Hīnaṃ dhammaṃ na seveyya, pamādena na saṃvase micchādiṭṭhiṃ na seveyya na siyā lokavaḍḍhano.

168. Uttiṭṭhe nappamajjeyya dhammaṃ sucaritaṃ care dhammacārī sukhaṃ seti asmiṃ loke paramhi ca.

169. Dhammaṃ care sucaritaṃ, na naṃ duccaritaṃ care dhammacārī sukhaṃ seti asmiṃ loke paramhi ca.

170. Yathā bubbulakaṃ passe, yathā passe marīcikaṃ evaṃ lokaṃ avekkhantaṃ maccurājā na passati.

171. Etha passath'imaṃ lokaṃ cittaṃ rājarathūpamaṃ, yattha bālā visīdanti natthi saṅgo vijānataṃ.

172. Yo ca pubbe pamajjitvā, pacchā so nappamajjati so imaṃ lokaṃ pabhāseti abbhā mutto' va candimā.

173. Yassa pāpaṃ kataṃ kammaṃ kusalena pithīyati so imaṃ lokaṃ pabhāseti abbhā mutto va candimā.

174. Andhabhūto ayaṃ loko tanuk'ettha vipassati sakunto jālamuttova appo saggāya gacchati.

175. Haṃ sādiccapathe yanti ākāse yanti iddhiyā nīyanti dhīrā lokamhā jetvā Māraṃ savāhiniṃ.

176. Ekaṃ dhammaṃ atītassa musāvādissa jantuno vitiṇṇaparalokassa natthi pāpaṃ akāriyaṃ.

177. Na ve kadariyā devalokaṃ vajanti bālā have nappasaṃsanti dānaṃ dhīro ca dānaṃ anumodamāno ten'eva so hoti sukhī parattha.

178. Pathavyā ekarajjena saggassa gamanena vā sabbalokādhipaccena sotāpattiphalaṃ varaṃ.

179. Yassa jitaṃ nāvajīyati jita-

massa no yāti koci loke taṃ Buddham anantagocaraṃ, apadaṃ kena padena nessatha?

180. Yassa jālinī visattikā taṇhā natthi kuhiñci netave taṃ Buddham anantagocaraṃ apadaṃ kena padena nessatha?

181. Ye jhānapasutā dhīrā nekkhammūpasame ratā devā' pi tesaṃ pihayanti Sambuddhānaṃ satīmataṃ.

182. Kiccho manussapaṭilābho kicchaṃ maccāna jīvitaṃ kicchaṃ Saddhammasavaṇaṃ kiccho Buddhānaṃ uppādo.

183. Sabbapāpassa akaraṇaṃ kusalassa upasampadā sacittapariyodapanaṃ etaṃ Buddhāna sāsanaṃ.

184. Khantī paramaṃ tapo titikkhā nibbānaṃ paramaṃ vadanti Buddhā na hi pabbajito parūpaghātī na samaṇo hoti paraṃ viheṭhayanto.

185. Anupavādo anupaghāto, pātimokkhe ca saṃvaro mattaññutā ca bhattasmiṃ pantañ ca sayanāsanaṃ adhicitte ca āyogo etaṃ Buddhāna sāsanaṃ.

186. Na kahāpaṇavassena titti kāmesu vijjati appassādā dukhā kāmā iti viññāya paṇḍito,

187. Api dibbesu kāmesu ratiṃ so n'ādhigacchati taṇhakkhayarato hoti sammāsambuddhasāvako.

188. Bahuṃ ve saraṇaṃ yanti pabbatāni vanāni ca ārāmarukkhacetyāni manussā bhayatajjitā.

189. N'etaṃ kho saraṇaṃ khemaṃ, n'etaṁ saraṇam uttamaṃ n'etaṃ saraṇam āgamma sabbadukkhā pamuccati.

190. Yo ca Buddhañ ca dhammañ ca Saṅghañ ca saraṇaṃ gato cattāri ariyasaccāni sammappaññāya passati.

191. Dukkhaṃ dukkhasamuppādaṃ dukkhassa ca atikkamaṃ ariyañcaṭṭhaṅgikaṃ maggaṃ dukkhūpasamagāminaṃ

192. Etaṃ kho saraṇaṃ khemaṃ etaṃ saraṇam uttamaṃ etaṃ saraṇam āgamma sabbadukkhā pamuccati.

193. Dullabho purisājañño na so sabbattha jāyati yattha so jāyate dhīro taṃ kulaṃ sukhamedhati.

194. Sukho Buddhānaṃ uppādo,

sukhā Saddhammadesanā sukhā Saṅghassa sāmaggī samaggānaṃ tapo sukho.

195. Pūjārahe pūjayato Buddhe yadi va sāvake papañcasamatikkante tiṇṇasokapariddave.

196. Te tādise pūjayato nibbute akutobhaye na sakkā puññaṃ saṅkhātuṃ, im'ettam'iti kenaci.

197. Susukhaṃ vata jīvāma verinesu averino verinesu manussesu viharāma averino.

198. Susukhaṃ vata jīvāma āturesu anāturā āturesu manussesu viharāma anāturā.

199. Susukhaṃ vata jīvāma ussukesu anussukā ussukesu manussesu viharāma anussukā.

200. Susukhaṃ vata jīvāma yesaṃ no natthi kiñcanaṃ pītibhakkhā bhavissāma devā Ābhassarā yathā.

201. Jayaṃ veraṃ pasavati dukkhaṃ seti parājito upasanto sukhaṃ seti hitvā jayaparājayaṃ.

202. Natthi rāgasamo aggi natthi dosasamo kali natthi khandhasamā dukkhā natthi santiparaṃ sukhaṃ.

203. Jighacchā paramā rogā saṅkhāraparamā dukhā, etaṃ ñatvā yathābhūtaṃ Nibbānaṃ paramaṃ sukhaṃ.

204. Ārogyaparamā lābhā santuṭṭhi paramaṃ dhanaṃ vissāsāparamā ñāti Nibbānaṃ paramaṃ sukhaṃ.

205. Pavivekarasaṃ pitvā rasaṃ upasamassa ca, niddaro hoti nippāpo Dhammapītirasaṃ pibaṃ.

206. Sādhu dassanam ariyānaṃ sannivāso sadā sukho adassanena bālānaṃ niccam eva sukhī siyā.

207. Bālasaṅgatacārī hi dīghamaddhāna socati dukkho bālehi saṃvāso amitten'eva sabbadā dhīro ca sukhasaṃvāso ñātīnaṃ va samāgamo.

208. tasmā hi:- dhīrañ ca paññañ ca bahussutañ ca dhorayhasīlaṃ vatavantam ariyaṃ taṁ tādisaṃ sappurisaṃ sumedhaṃ bhajetha nakkhattapathaṃ va candimā.

209. Ayoge yuñjamattānaṃ yogasmiñ ca ayojayaṃ atthaṃ hitvā piyaggāhī pihet' attānuyoginaṃ.

210. Mā piyehi samāgañchi appiyehi kudācanaṃ piyānaṃ adassanaṃ dukkhaṃ appiyānañ ca dassanaṃ.

211. Tasmā piyaṃ na kayirātha piyāpāyo hi pāpako ganthā tesaṃ na vijjanti yesaṃ natthi piyāppiyaṃ.

212. Piyato jāyatī soko piyato jāyatī bhayaṃ piyato vippamuttassa natthi soko kuto bhayaṃ?

213. Pemato jāyatī soko, pemato jāyatī bhayaṃ, pemato vippamuttassa natthi soko kuto bhayaṃ?

214. Ratiyā jāyatī soko ratiyā jāyatī bhayaṃ ratiyā vippamuttassa natthi soko kuto bhayaṃ?

215. Kāmato jāyati soko kāmato jāyatī bhayaṃ kāmato vippamuttassa natthi soko kuto bhayaṃ?

216. Taṇhāya jāyatī soko taṇhāya jāyatī bhayaṃ taṇhāya vippamuttassa natthi soko kuto bhayaṃ?

217. Sīladassanasampannaṃ dhammaṭṭhaṃ saccavedinaṃ attano kammakubbānaṃ taṃ jano kurute piyaṃ.

218. Chandajāto anakkhāte manasā ca phuṭo siyā kāmesu ca appaṭibaddhacitto uddhaṁsoto'ti vuccati.

219. Cirappavāsiṃ purisaṃ dūrato sotthim āgataṃ ñātimittā suhajjā ca abhinandanti āgataṃ.

220. Tath'eva katapuññam pi asmā lokā paraṁ gataṃ puññāni paṭigaṇhanti piyaṃ ñātīva āgataṃ.

221. Kodhaṃ jahe vippajaheyya mānaṃ saññojanaṃ sabbam atikkameyya taṃ nāmarūpasmiṃ asajjamānaṃ akiñcanaṃ nānupatanti dukkhā.

222. Yo ve uppatitaṃ kodhaṃ rathaṃ bhantaṃ va dhāraye tam ahaṃ sārathiṃ brūmi rasmiggāho itaro jano.

223. Akkodhena jine kodhaṃ asādhuṃ sādhunā jine jine kadariyaṃ dānena saccena ālikavādinaṃ.

224. Saccaṃ bhaṇe na kujjheyya dajjā'pasmim pi yācito etehi tīhi ṭhānehi gacche devāna santike.

225. Ahiṃsakā ye munayo niccaṃ kāyena saṃvutā te yanti accutaṃ ṭhānaṃ yattha gantvā na socare.

226. Sadā jāgaramānānaṃ ahor-

attānusikkhinaṃ nibbānaṃ adhimuttānaṃ atthaṃ gacchanti āsavā.

227. Porāṇam etaṃ Atula n'etaṃ ajjatanām iva nindanti tuṇhim āsīnaṃ nindanti bahubhāṇinaṃ mitabhāṇim pi nindanti natthi loke anindito.

228. Na cāhu, na ca bhavissati na c'etarahi vijjati ekantaṃ nindito poso ekantaṃ vā pasaṃsito.

229. Yañ ce viññū pasaṃsanti anuvicca suve suve acchiddavuttiṃ medhāviṃ paññāsīlasamāhitaṃ.

230. Nekkhaṃ jambonadass'eva ko taṃ ninditum arahati? devā'pi naṃ pasaṃsanti Brahmunā'pi pasaṃsito.

231. Kāyappakopaṃ rakkheyya kāyena saṃvuto siyā kāyaduccaritaṃ hitvā kāyena sucaritaṃ care.

232. Vacīpakopaṃ rakkheyya, vācāya saṃvuto siyā vacīduccaritaṃ hitvā vācāya sucaritaṃ care.

233. Manopakopaṃ rakkheyya manasā saṃvuto siyā manoduccaritaṃ hitvā manasā sucaritaṃ care.

234. Kāyena saṃvutā dhīrā atho vācāya saṃvutā manasā saṃvutā dhīrā te ve suparisaṃvutā.

235. Paṇḍupalāso'va'dāni'si yamapurisā'pi ca taṃ upaṭṭhitā uyyogamukheca tiṭṭhasi pātheyyam pi ca te na vijjati.

236. So karohi dīpam attano khippaṃ vāyama paṇḍito bhava niddhantamalo anaṅgaṇo dibbaṃ ariyabhūmim ehisi.

237. Upanītavayo ca'dāni'si sampayāto'si Yamassa santike vāso'pi ca te natthi antarā pātheyyam pi ca te na vijjati.

238. So karohi dīpam attano khippaṃ vāyama paṇḍito bhava niddhantamalo anaṅgaṇo na punaṃ jātijaraṃ upehisi.

239. Anupubbena medhāvī thokathokaṃ khaṇe khaṇe kammāro rajatass' eva, niddhame malam attano.

240. Ayasā' va malaṃ samuṭṭhitaṃ taduṭṭhāya tam eva khādati evaṃ atidhonacārinaṃ sakakammāni nayanti duggatiṃ.

241. Asajjhāyamalā mantā anuṭṭhānamalā gharā malaṃ vaṇṇassa kosajjaṃ pamādo rakkhato malaṃ.

242. Mal'itthiyā duccaritaṃ maccheraṃ dadato malaṃ malā ve pāpakā dhammā asmiṃ loke paramhi ca.

243. Tato malā malataraṃ avijjā paramaṃ malaṃ etaṃ malaṃ pahatvāna nimmalā hotha bhikkhavo!

244. Sujīvaṃ ahirikena kākasūrena dhaṃsinā pakkhandinā pagabbhena saṃkiliṭṭhena jīvitaṃ.

245. Hirīmatā ca dujjīvaṃ niccaṃ sucigavesinā alīnen' āpagabbhena suddhājīvena passatā.

246. Yo pāṇam atipāteti musāvādañ ca bhāsati loke adinnaṃ ādiyati paradārañ ca gacchati.

247. Surāmerayapānañ ca yo naro anuyuñjati idh'evam eso lokasmiṃ mūlaṃ khaṇati attano.

248. Evaṃ bho purisa jānāhi pāpadhammā asaṃyatā mā taṃ lobho adhammo ca ciraṃ dukkhāya randhayuṃ.

249. Dadāti ve yathāsaddhaṃ yathāpasādanaṃ jano tattha yo maṅku bhavati paresaṃ pānabhojane na so divā vā rattiṃ vā samādhiṃ adhigacchati.

250. Yassa c'etaṃ samucchinnaṃ mūlaghaccaṃ samūhataṃ sa ve divā vā rattiṃ vā samādhiṃ adhigacchati.

251. Natthi rāgasamo aggi natthi dosasamo gaho natthi mohasamaṃ jālaṃ natthi taṇhāsamā nadī.

252. Sudassaṃ vajjam aññesaṃ attano pana duddasaṃ paresaṃ hi so vajjāni opuṇāti yathābhusaṃ attano pana chādeti kaliṃ va kitavā saṭho.

253. Paravajjānupassissa niccaṃ ujjhānasaññino āsavā tassa vaḍḍhanti ārā so āsavakkhayā.

254. Ākāse padaṃ natthi samaṇo natthi bāhire papañcābhiratā pajā nippapañcā Tathāgatā.

255. Ākāse va padaṃ natthi samaṇo natthi bāhire saṅkhārā sassatā natthi natthi Buddhānam iñjitaṃ.

256. Na tena hoti Dhammaṭṭho yenatthaṃ sahasā naye yo ca atthaṃ anatthañ ca ubho niccheyya paṇḍito.

257. Asāhasena dhammena samena nayatī pare Dhammassa gutto medhāvī Dhammaṭṭho ti pavuccati.

258. Na tena paṇḍito hoti yāvatā bahu bhāsati khemī averī abhayo paṇḍito ti pavuccati.

259. Na tāvatā dhammadharo yāvatā bahu bhāsati yo ca appam pi sutvāna dhammaṃ kāyena passati sa ve Dhammadharo hoti yo Dhammaṃ nappamajjati.

260. Na tena thero hoti yen' assa palitaṃ siro paripakko vayo tassa moghajiṇṇo ti vuccati.

261. Yamhi saccañ ca dhammo ca ahiṃsā saṃyamo damo sa ve vantamalo dhīro thero iti pavuccati.

262. Na vākkaraṇamattena vaṇṇapokkharatāya vā sādhurūpo naro hoti, issukī maccharī saṭho.

263. Yassa c'etaṃ samucchinnaṃ, mūlaghaccaṃ samūhataṃ sa vantadoso medhāvī sādhurūpo ti vuccati.

264. Na muṇḍakena samaṇo abbato alikaṃ bhaṇaṃ icchālobhasamāpanno samaṇo kiṃ bhavissati?

265. Yo ca sameti pāpāni aṇuṃ thūlāni sabbaso samitattā hi pāpānaṃ samaṇo ti pavuccati.

266. Na tena bhikkhu hoti yāvatā bhikkhate pare vissaṃ dhammaṃ samādāya bhikkhu hoti na tāvatā.

267. Yo'dha puññañ ca pāpañ ca bāhetvā brahmacariyavā saṅkhāya loke carati sa ve bhikkhū'ti vuccati.

268. Na monena munī hoti mūḷharūpo aviddasu yo ca tulaṃ va paggayha varam ādāya paṇḍito.

269. Pāpāni parivajjeti sa munī tena so muni yo muṇāti ubho loke muni tena pavuccati.

270. Na tena ariyo hoti yena pāṇāni hiṃsati ahiṃsā sabbapāṇānaṃ ariyo ti pavuccati.

271. Na sīlabbatamattena bāhusaccena vā pana atha vā samādhilābhena vivicca sayanena vā.

272. Phusāmi nekkhammasukhaṃ aputhujjanasevitaṃ bhikkhu vissāsamāpādi appatto āsavakkhayaṃ.

273. Maggān' aṭṭhaṅgiko seṭṭho saccānaṃ caturo padā virāgo seṭṭho dhammānaṃ dipadānañ ca Cakkhumā.

274. Eso va maggo n' atth' añño

dassanassa visuddhiyā etamhi tumhe paṭipajjatha mārass' etaṃ pamohanaṃ.

275. Etamhi tumhe paṭipannā dukkhass' antaṃ karissatha akkhāto ve mayā maggo aññāya sallasanthanaṃ.

276. Tumhehi kiccaṃ ātappaṃ akkhātāro tathāgatā paṭipannā pamokkhanti jhāyino mārabandhanā.

277. Sabbe saṅkhārā aniccā ti yadā paññāya passati atha nibbindatī dukkhe esa maggo visuddhiyā.

278. Sabbe saṅkhārā dukkhā ti yadā paññāya passati atha nibbindatī dukkhe esa maggo visuddhiyā.

279. Sabbe dhammā anattā ti yadā paññāya passati atha nibbindatī dukkhe esa maggo visuddhiyā.

280. Uṭṭhānakālamhi anuṭṭhahāno yuvā balī ālasiyaṃ upeto saṃsannasaṅkappamano kusīto paññāya maggaṃ alaso na vindati.

281. Vācānurakkhī manasā susaṃvuto kāyena ca akusalaṃ na kayirā ete tayo kammapathe visodhaye ārādhaye maggaṃ isippaveditaṃ.

282. Yogā ve jāyatī bhūri ayogā bhūrisaṅkhayo etaṃ dvedhāpathaṃ ñatvā bhavāya vibhavāya ca that' attānaṃ niveseyya yathā bhūri pavaḍḍhati.

283. Vanaṃ chindatha mā rukkhaṃ vanato jāyatī bhayaṃ chetvā vanañ ca vanathañ ca nibbanā hotha bhikkhavo.

284. Yāvaṃ hi vanatho na chijjati aṇumatto pi narassa nārisu paṭibaddhamano va tāva so vaccho khīrapako va mātari.

285. Ucchinda sineham attano kumudaṃ sāradikaṃ va pāṇinā santimaggam eva brūhaya nibbānaṃ Sugatena desitaṃ.

286. Idha vassaṃ vasissāmi idha hemantagimhisu iti bālo vicinteti antarāyaṃ na bujjhati.

287. Taṃ puttapasusammattaṃ byāsattamanasaṃ naraṃ suttaṃ gāmaṃ mahogho' va maccu ādāya gacchati.

288. Na santi puttā tāṇāya na pitā napi bandhavā antakenādhipannassa natthi ñātisu tāṇatā.

289. Etam atthavasaṃ ñatvā paṇḍito sīlasaṃvuto nibbānagamanaṃ maggaṃ khippam eva visodhaye.

290. Mattāsukhapariccāgā passe ce vipulaṃ sukhaṃ caje mattāsukhaṃ dhīro sampassaṃ vipulaṃ sukhaṃ.

291. Paradukkhūpadānena attano sukham icchati verasaṁsaggasaṃsaṭṭho verā so na parimuccati.

292. Yaṃ hi kiccaṃ apaviddhaṃ akiccaṃ pana kayirati unnalānaṃ pamattānaṃ tesaṃ vaḍḍhanti āsavā.

293. Yesañ ca susamāraddhā niccaṃ kāyagatā sati akiccaṃ te na sevanti kicce sātaccakārino satānaṃ sampajānānaṃ atthaṃ gacchanti āsavā.

294. Mātaraṃ pitaraṃ hantvā rājāno dve ca khattiye raṭṭhaṃ sānucaraṃ hantvā anīgho yāti brāhmaṇo.

295. Mātaraṃ pitaraṃ hantvā, rājāno dve ca sotthiye veyyagghapañcamaṃ hantvā anīgho yāti brāhmaṇo.

296. Suppabuddhaṃ pabujjhanti sadā Gotamasāvakā yesaṃ divā ca ratto ca niccaṃ Buddhagatā sati.

297. Suppabuddhaṃ pabujjhanti sadā Gotamasāvakā yesaṃ divā ca ratto ca niccaṃ Dhammagatā sati.

298. Suppabuddhaṃ pabujjhanti sadā Gotamasāvakā yesaṃ divā ca ratto ca niccaṃ saṅghagatā sati.

299. Suppabuddhaṃ pabujjhanti sadā Gotamasāvakā, yesaṃ divā ca ratto ca niccaṃ kāyagatā sati.

300. Suppabuddhaṃ pabujjhanti sadā Gotamasāvakā yesaṃ divā ca ratto ca ahiṁsāya rato mano.

301. Suppabuddhaṃ pabujjhanti sadā Gotamasāvakā yesaṃ divā ca ratto ca bhāvanāya rato mano.

302. Duppabbajjaṃ durabhiramaṃ durāvāsā gharā dukhā dukkho' samānasaṁvāso dukkhānupatit' addhagū tasmā na c' addhagū siyā na ca dukkhānupatito siyā.

303. Saddho sīlena sampanno yasobhogasamappito yaṃ yaṃ padesaṃ bhajati tattha tattheva pūjito.

304. Dūre santo pakāsenti himavanto' va pabbato asant' ettha na dissanti rattiṃ khittā yathā sarā.

305. Ekāsanaṃ ekaseyyaṃ eko caram atandito eko damayam attānaṃ vanante ramito siyā.

306. Abhūtavādī nirayaṃ upeti yo cāpi katvā na karomī'ti c'āha ubho'pi te pecca samā bhavanti nihīnakammā manujā parattha.

307. Kāsāvakaṇṭhā bahavo pāpadhammā asaññatā pāpā pāpehi kammehi nirayaṃ te upapajjare.

308. Seyyo ayoguḷo bhutto tatto aggisikhūpamo yañ ce bhuñjeyya dussīlo raṭṭhapiṇḍaṃ asaññato.

309. Cattāri ṭhānāni naro pamatto āpajjatī paradārūpasevī apuññalābhaṃ na nikāmaseyyaṃ nindaṃ tatīyaṃ nirayaṃ catutthaṃ.

310. Apuññalābho ca gatī ca pāpikā bhītassa bhītāya ratī ca thokikā rājā ca daṇḍaṃ garukaṃ paṇeti tasmā naro paradāraṃ na seve.

311. Kuso yathā duggahito hattham evānukantati sāmaññaṃ dupparāmaṭṭhaṃ nirayāyupakaḍḍhati.

312. Yaṃ kiñci sithilaṃ kammaṃ saṅkiliṭṭhañ ca yaṃ vataṃ saṅkassaraṃ brahmacariyaṃ na taṃ hoti mahapphalaṃ.

313. Kayirañ ce kayirāthenaṃ daḷham enaṃ parakkame saṭhilo hi paribbājo bhiyyo ākirate rajaṃ

314. Akataṃ dukkataṃ seyyo pacchā tapati dukkataṃ katañ ca sukataṃ seyyo yaṃ katvā nānutappati.

315. Nagaraṃ yathā paccantaṃ guttaṃ santarabāhiraṃ evaṃ gopetha attānaṃ khaṇo vo mā upaccagā khaṇātītā hi socanti nirayamhi samappitā.

316. Alajjitāye lajjanti lajjitāye na lajjare micchādiṭṭhisamādānā sattā gacchanti duggatiṃ.

317. Abhaye ca bhayadassino bhaye cābhayadassino micchādiṭṭhisamādānā sattā gacchanti duggatiṃ.

318. Avajje vajjamatino vajje cāvajjadassino micchādiṭṭhisamādānā sattā gacchanti duggatiṃ.

319. Vajjañ ca vajjato ñatvā avajjañ ca avajjato sammādiṭṭhisamādānā sattā gacchanti suggatiṃ.

320. Ahaṃ nāgo va saṅgāme

cāpāto patitaṁ saraṃ ativākyaṃ titikkhissaṃ dussīlo hi bahujjano.

321. Dantaṃ nayanti samitiṃ dantaṃ rājābhirūhati danto seṭṭho manussesu yo'tivākyaṃ titikkhati.

322. Varam assatarā dantā ājānīyā ca sindhavā kuñjarā ca mahānāgā attadanto tato varaṃ.

323. Na hi etehi yānehi gaccheyya agataṃ disaṃ yathā' ttanā sudantena danto dantena gacchati.

324. Dhanapālakŏ nāma kuñjaro kaṭukappabhedano dunnivārayo baddho kabalaṃ na bhuñjati sumarati nāgavanassa kuñjaro.

325. Middhī yadā hoti mahagghaso ca, niddāyitā samparivattasāyī mahāvarāho' va nivāpapuṭṭho punappunaṃ gabbham upeti mando.

326. Idaṃ pure cittam acāri cārikaṃ yenicchakaṃ yatthakāmaṃ yathāsukhaṃ tadajj' ahaṃ niggahessāmi yoniso hatthimpabhinnaṃ viya aṅkusaggaho.

327. Appamādaratā hotha sacittam anurakkhatha duggā uddharath' attānaṃ paṅke sanno'va kuñjaro.

328. Sace labhetha nipakaṃ sahāyaṃ saddhiṃcaraṃ sādhuvihāridhīraṃ abhibhuyya sabbāni parissayāni careyya ten' attamano satīmā.

329. No ce labhetha nipakaṃ sahāyaṃ saddhiṃcaraṃ sādhuvihāridhīraṃ, rājā va raṭṭhaṃ vijitaṃ pahāya eko care mātaṅg' araññe va nāgo.

330. Ekassa caritaṃ seyyo natthi bāle sahāyatā eko care na ca pāpāni kayirā appossukko mātaṅg' araññe va nāgo.

331. Atthamhi jātamhi sukhā sahāyā tuṭṭhī sukhā yā itarītarena puññaṃ sukhaṃ jīvitasaṅkhayamhi sabbassa dukkhassa sukhaṃ pahāṇaṃ

332. Sukhā matteyyatā loke atho petteyyatā sukhā sukhā sāmaññatā loke atho brahmaññatā sukhā.

333. Sukhaṃ yāva jarā sīlaṃ sukhā saddhā patiṭṭhitā sukho paññāya paṭilābho pāpānaṃ akaraṇaṃ sukhaṃ.

334. Manujassa pamattacārino taṇhā vaḍḍhati māluvā viya so palavatī hurāhuraṃ phalam icchaṃ va vanasmhi vānaro.

335. Yaṃ esā sahatī jammī taṇhā loke visattikā sokā tassa pavaḍḍhanti abhivaṭṭhaṃ va bīraṇaṃ.

336. Yo c'etaṃ sahatī jammiṃ taṇhaṃ loke duraccayaṃ sokā tamhā papatanti udabindu va pokkharā.

337. Taṃ vo vadāmi bhaddaṃ vo yāvant' ettha samāgatā taṇhāya mūlaṃ khaṇatha usīrattho va bīraṇaṃ mā vo naḷaṃ va soto' va māro bhañji punappunaṃ.

338. Yathā'pi mūle anupaddave daḷhe chinno'pi rukkho punar eva rūhati evam pi taṇhānusaye anūhate nibbattatī dukkham idaṃ punappunaṃ.

339. Yassa chattiṃsatī sotā manāpassavanā bhusā vāhā vahanti duddiṭṭhiṃ saṅkappā rāganissitā.

340. Savanti sabbadhī sotā latā ubbhijja tiṭṭhati tañ ca disvā lataṃ jātaṃ mūlaṃ paññāya chindatha.

341. Saritāni sinehitāni ca somanassāni bhavanti jantuno te sātasitā sukhesino te ve jātijarūpagā narā.

342. Tasiṇāya purakkhatā pajā parisappanti saso va bādhito saṃyojanasaṅgasattakā dukkham upenti punappunaṃ cirāya.

343. Tasiṇāya purakkhatā pajā parisappanti saso va bādhito tasmā tasiṇaṃ vinodaye bhikkhu ākaṅkhī virāgam attano.

344. Yo nibbanatho vanādhimutto vanamutto vanam eva dhāvati taṃ puggalam etha passatha mutto bandhanam eva dhāvati.

345. Na taṃ daḷhaṃ bandhanam āhu dhīrā yad āyasaṃ dārujam pabbajañ ca sārattarattā maṇikuṇḍalesu puttesu dāresu ca yā apekhā.

346. Etaṃ daḷhaṃ bandhanam āhu dhīrā ohārinaṃ sithilaṃ duppamuñcaṃ etam pi chetvāna paribbajanti anapekkhino kāmasukhaṃ pahāya.

347. Ye rāgarattānupatanti sotaṃ sayaṃ kataṃ makkaṭako' va jālaṃ etam pi chetvāna vajanti dhīrā anapekkhino sabbadukkhaṃ pahāya.

348. Muñca pure muñca pacchato majjhe muñca bhavassa pāragū sabbattha vimuttamānaso na puna jātijaraṃ upehisi.

349. Vitakkapamathitassa jantuno tibbarāgassa subhānupassino bhiyyo taṇhā pavaḍḍhati esa kho daḷhaṃ karoti bandhanaṃ.

350. Vitakkupasame ca yo rato asubhaṃ bhāvayatī sadā sato esa kho vyantikāhiti esa checchati mārabandhanaṃ.

351. Niṭṭhaṅgato asantāsī vītataṇho anaṅgaṇo acchindi bhavasallāni antimo'yaṃ samussayo.

352. Vītataṇho anādāno nirutti-padakovido akkharānaṃ sannipātaṃ jaññā pubbaparāni ca sa ve antimasārīro mahāpañño mahāpuriso ti vuccati.

353. Sabbābhibhū sabbavidū'hamasmi sabbesu dhammesu anūpalitto sabbañjaho taṇhakkhaye vimutto sayaṃ abhiññāya kam uddiseyyaṃ.

354. Sabbadānaṃ dhammadānaṃ jināti sabbaṃ rasaṃ dhammaraso jināti sabbaṃ ratiṃ dhammaratiṃ jināti taṇhakkhayo sabbadukkhaṃ jināti.

355. Hananti bhogā dummedhaṃ no ve pāragavesino bhogataṇhāya dummedho hanti aññe' va attanaṃ.

356. Tiṇadosāni khettāni rāgadosā ayaṃ pajā tasmā hi vītarāgesu dinnaṃ hoti mahapphalaṃ.

357. Tiṇadosāni khettāni dosadosā ayaṃ pajā tasmā hi vītadosesu dinnaṃ hoti mahapphalaṃ.

358. Tiṇadosāni khettāni mohadosā ayaṃ pajā tasmā hi vītamohesu dinnaṃ hoti mahapphalaṃ.

359. Tiṇadosāni khettāni icchādosā ayaṃ pajā tasmā hi vigaticchesu dinnaṃ hoti mahapphalaṃ.

360. Cakkhunā saṃvaro sādhu sādhu sotena saṃvaro ghāṇena saṃvaro sādhu sādhu jivhāya saṃvaro.

361. kāyena saṃvaro sādhu sādhu vācāya saṃvaro manasā saṃvaro sādhu sādhu sabbattha saṃvaro sabbattha saṃvuto bhikkhu sabbadukkhā pamuccati.

362. Hatthasaṃyato pādasaṃyato vācāya saṃyato saṃyatuttamo ajjhattarato samāhito eko santusito tam āhu bhikkhuṃ.

363. Yo mukhasaṃyato bhikkhu mantabhāṇī anuddhato atthaṃ dhammañ ca dīpeti madhuraṃ tassa bhāsitaṃ.

364. Dhammārāmo dhammarato dhammaṃ anuvicintayaṃ dhammaṃ anussaraṃ bhikkhu Saddhammā na parihāyati.

365. Salābhaṃ nātimaññeyya nāññesaṃ pihayañ care aññesaṃ pihayaṃ bhikkhu samādhiṃ nādhigacchati.

366. Appalābho' pi ce bhikkhu salābhaṃ nātimaññati taṃ ve devā pasaṃsanti suddhājīviṃ atanditaṃ.

367. Sabbaso nāmarūpasmiṃ yassa natthi mamāyitaṃ asatā ca na socati sa ve bhikkhū'ti vuccati.

368. Mettāvihārī yo bhikkhu pasanno Buddhasāsane adhigacche padaṃ santaṃ saṅkhārūpasamaṃ sukhaṃ.

369. Siñca bhikkhu imaṃ nāvaṃ sittā te lahum essati chetvā rāgañ ca dosañ ca tato nibbānam ehisi.

370. Pañca chinde pañca jahe pañca c'uttari bhāvaye pañca saṅgātigo bhikkhu oghatiṇṇo'ti vuccati.

371. Jhāya bhikkhu mā ca pāmado mā te kāmaguṇe bhamassu cittaṃ mā lohaguḷaṃ gilī pamatto mā kandi 'Dukkham idan'ti ḍayhamāno.

372. Natthi jhānaṃ apaññassa paññā natthi ajhāyato yamhi jhānañ ca paññā ca sa ve Nibbānasantike.

373. Suññāgāraṃ paviṭṭhassa santacittassa bhikkhuno amānusī ratī hoti sammā Dhammaṃ vipassato.

374. Yato yato sammasati khandhānaṃ udayabbayaṃ labhati pītipāmojjaṃ amataṃ taṃ vijānataṃ.

375. Tatrāyam ādi bhavati idha paññassa bhikkhuno: indriyagutti santuṭṭhī pātimokkhe ca saṃvaro mitte bhajassu kalyāṇe suddhājīve atandite.

376. paṭisanthāravutty'assa ācārakusalo siyā tato pāmojjabahulo dukkhass' antaṃ karissati.

377. Vassikā viya pupphāni maddavāni pamuñcati evaṃ rāgañ ca dosañ ca vippamuñcetha bhikkhavo.

378. Santakāyo santavāco santavā susamāhito vantalokāmiso bhikkhu upasanto'ti vuccati.

379. Attanā coday' attānaṃ paṭimāse attam attanā so attagutto satimā sukhaṃ

bhikkhu vihāhisi.

380. Attā hi attano nātho attā hi attano gati tasmā saṃ yamay' attānaṃ assaṃ bhadraṃ va vāṇijo.

381. Pāmojjabahulo bhikkhu pasanno Buddhasāsane adhigacche padaṃ santaṃ saṅkhārūpasamaṃ sukhaṃ.

382. Yo have daharo bhikkhu yuñjati buddhasāsane so imaṃ lokaṃ pabhāseti abbhā mutto'va candimā.

383. Chinda sotaṃ parakkamma kāme panuda brāhmaṇa saṅkhārānaṃ khayaṃ ñatvā akataññū'si brāhmaṇa.

384. Yadā dvayesu dhammesu pāragū hoti brāhmaṇo ath'assa sabbe saṃyogā atthaṃ gacchanti jānato.

385. Yassa pāraṃ apāraṃ vā pārāpāraṃ na vijjati vītaddaraṃ visaṃyuttaṃ tam ahaṃ brūmi brāhmaṇaṃ.

386. Jhāyiṃ virajam āsīnaṃ katakiccaṃ anāsavaṃ uttamatthaṃ anuppattaṃ tam ahaṃ brūmi brāhmaṇaṃ.

387. Divā tapati ādicco rattiṃ ābhāti candimā sannaddho khattiyo tapati jhāyī tapati brāhmaṇo atha sabbam ahorattiṃ Buddho tapati tejasā.

388. Bāhitapāpo'ti brāhmaṇo samacariyā samaṇo'ti vuccati pabbājayam attano malaṃ tasmā pabbajito'ti vuccati.

389. Na brāhmaṇassa pahareyya nāssa muñcetha brāhmaṇo dhī brāhmaṇassa hantāraṃ tato dhī yassa muñcati.

390. Na brāhmaṇass' etad akiñci seyyo yadā nisedho manaso piyehi yato yato hiṁsamano nivattati tato tato sammatimeva dukkhaṃ.

391. Yassa kāyena vācāya manasā natthi dukkataṃ saṃvutaṃ tīhi ṭhānehi tam ahaṃ brūmi brāhmaṇaṃ.

392. Yamhā dhammaṃ vijāneyya sammāsambuddhadesitaṃ sakkaccaṃ taṃ namasseyya aggihuttaṁ va brāhmaṇo.

393. Na jaṭāhi na gottena na jaccā hoti brāhmaṇo yamhi saccañ ca dhammo ca so sucī so va brāhmaṇo.

394. Kiṃ te jaṭāhi dummedha

kiṃ te ajinasāṭiyā abbhantaraṃ te gahanaṃ bāhiraṃ parimajjasi.

395. Paṃsukūladharaṃ jantuṃ kisaṃ dhamanisanthataṃ ekaṃ vanasmiṃ jhāyantaṃ tam ahaṃ brūmi brāhmaṇaṃ.

396. Na cāhaṃ brāhmaṇaṃ brūmi yonijaṃ mattisambhavaṃ bhovādī nāma so hoti sa ce hoti sakiñcano akiñcanaṃ anādānaṃ tam ahaṃ brūmi brāhmaṇaṃ.

397. Sabbasaṃyojanaṃ chetvā yo ve na paritassati saṅgātigaṃ visaṃyuttaṃ tam ahaṃ brūmi brāhmaṇaṃ.

398. Chetvā naddhiṃ varattañ ca sandānaṃ sahanukkamaṃ ukkhittapalighaṃ buddhaṃ tam ahaṃ brūmi brāhmaṇaṃ.

399. Akkosaṃ vadhabandhañ ca aduṭṭho yo titikkhati khantībalaṃ balānīkaṃ tam ahaṃ brūmi brāhmaṇaṃ.

400. Akkodhanaṃ vatavantaṃ sīlavantaṃ anussutaṃ dantaṃ antimasārīraṃ tam ahaṃ brūmi brāhmaṇaṃ.

401. Vāripokkharapatte'va āragge-r-iva sāsapo yo na lippati kāmesu tam ahaṃ brūmi brāhmaṇaṃ.

402. Yo dukkhassa pajānāti idh'eva khayam attano pannabhāraṃ visaṃyuttaṃ tam ahaṃ brūmi brāhmaṇaṃ.

403. Gambhīrapaññaṃ medhāviṃ maggāmaggassa kovidaṃ uttamatthaṃ anuppattaṃ tam ahaṃ brūmi brāhmaṇaṃ.

404. Asaṃsaṭṭhaṃ gahaṭṭhehi anāgārehi cūbhayaṃ anokasāriṃ appicchaṃ tam ahaṃ brūmi brāhmaṇaṃ.

405. Nidhāya daṇḍaṃ bhūtesu tasesu thāvaresu ca yo na hanti na ghāteti tam ahaṃ brūmi brāhmaṇaṃ.

406. Aviruddhaṃ viruddhesu attadaṇḍesu nibbutaṃ sādānesu anādānaṃ tam ahaṃ brūmi brāhmaṇaṃ.

407. Yassa rāgo ca doso ca māno makkho ca pātito sāsapo-r-iva āraggā tam ahaṃ brūmi brāhmaṇaṃ.

408. Akakkasaṃ viññapaniṃ giraṃ saccaṃ udīraye yāya nābhisaje kañci tam ahaṃ brūmi brāhmaṇaṃ

409. Yo'dha dīghaṃ va rassaṃ vā aṇuṃ thūlaṃ subhāsubhaṃ

loke adinnaṃ nādiyati tam ahaṃ brūmi brāhmaṇaṃ.

410. Āsā yassa na vijjanti asmiṃ loke paramhi ca nirāsayaṃ visaṃyuttaṃ tam ahaṃ brūmi brāhmaṇaṃ.

411. Yassālayā na vijjanti aññāya akathaṅkathī amatogadhaṃ anuppattaṃ tam ahaṃ brūmi brāhmaṇaṃ.

412. Yo'dha puññañ ca pāpañ ca ubho saṅgaṃ upaccagā asokaṃ virajaṃ suddhaṃ tam ahaṃ brūmi brāhmaṇaṃ.

413. Candaṃ va vimalaṃ suddhaṃ vippasannam anāvilaṃ nandībhavaparikkhīṇaṃ tam ahaṃ brūmi brāhmaṇaṃ.

414. Yo imaṃ palipathaṃ duggaṃ saṁsāraṃ moham accagā tiṇṇo pāragato jhāyī anejo akathaṅkathī anupādāya nibbuto tam ahaṃ brūmi brāhmaṇaṃ.

415. Yo'dha kāme pahatvāna anāgāro paribbaje kāmabhavaparikkhīṇaṃ tam ahaṃ brūmi brāhmaṇaṃ.

416. Yo'dha taṇhaṃ pahatvāna anāgāro paribbaje taṇhābhavaparikkhīṇaṃ tam ahaṃ brūmi brāhmaṇaṃ.

417. Hitvā mānusakaṃ yogaṃ dibbaṃ yogaṃ upaccagā sabbayogavisaṃyuttaṃ tam ahaṃ brūmi brāhmaṇaṃ.

418. Hitvā ratiñ ca aratiñ ca sītibhūtaṃ nirūpadhiṃ sabbalokābhibhuṃ vīraṃ tam ahaṃ brūmi brāhmaṇaṃ

419. Cutiṃ yo vedi sattānaṃ upapattiñ ca sabbaso asattaṃ sugataṃ buddhaṃ tam ahaṃ brūmi brāhmaṇaṃ.

420. Yassa gatiṃ na jānanti devā gandhabbamānusā khīṇāsavaṃ arahantaṃ tam ahaṃ brūmi brāhmaṇaṃ.

421. Yassa pure ca pacchā ca majjhe ca natthi kiñcanaṃ akiñcanaṃ anādānaṃ tam ahaṃ brūmi brāhmaṇaṃ.

422. Usabhaṃ pavaraṃ vīraṃ mahesiṃ vijitāvinaṃ anejaṃ nhātakaṃ Buddhaṃ tam ahaṃ brūmi brāhmaṇaṃ.

423. Pubbenivāsaṃ yo vedī, saggāpāyañ ca passati atho jātikkhayaṃ patto abhiññāvosito muni sabbavositavosānaṃ tam ahaṃ brūmi brāhmaṇaṃ.

跋文

眞月堂 道元 老師 하면 떠오르는 인상이 하나 있다. 미국에서 잠시 귀국했다는 소식을 바람결에 접하고 불쑥 서울 대각사로 찾아뵙었을 때 반갑게 맞이해주고 인도에서의 활동과 우리의 꿈을 설명해드렸을 때 기쁜 마음으로 들어주고 흔쾌히 함께 동참하겠노라고 해맑게 웃어주던 모습이다.

『Dhammapada 法句經』은 Khuddaka Nikāya(小部)에 속한 것으로 부처님이 설한 경전 가운데 가장 고층에 속한다. 법구경은 그 깊이와 끝을 알 수 없는 지혜로움과 자비심을 담고 있어 많은 사람으로부터 사랑받고 있고 다양한 언어로 번역되어 불교와 수행을 창안한 부처님 가르침의 핵심을 간결한 언어와 풍부한 상상력으로 아름다운 운율을 사용해 영혼을 살찌우는 자양분을 담고 있다.

이런 연유로 인해 예로부터 법구경은 수행이 깊은 눈 밝은 수행자가 아니면 해석하는 것이 매우 조심스러운 경전이다.

이번에 老師가 법구경을 50여년 수행력을 담아 수행의 언어로 번역한 맑은 향기에 수행도 부족한 小衲이 행여 흐리기나 하지 않을지 송구한 마음이지만 한편으로 어른 스님의 법의 향연에 동참할 수 있는 인연이 큰 영광이기도 하기에 부끄러움을 무릅쓰고 마른 지혜를 보탠다.

老師는 1950년 6.25가 발발하기 직전 조선 왕족의 후손으로 태어난다. 1968년 대학입시를 준비하던 중 진리에 목마름을 참을 수 없어 홀연히 해인사로 출가해 당시 조계종 종정이던 고암 대종사를 은사로 출가한다. 해인사 불교전문강원에서 한국전통불교를 배우고, 통도사 극락선원과 송광사 수선사 등 제방선원에서 치열하게 수행정진한다.

동국대학교와 서강대학교에서 불교학과 종교학을 익히고, 하와이 대학에서 문학석사를 마친다. 1998년 버클리 대학 불교학부에서 세계적인 불교학자인 Louis Lancaster 교수의 지도로 조선후기의 종교문화사상을 연구하고, 초의선사를 중심으로 하여 『Ch'oŭi Ŭisun: A Liberal Sŏn Master and an Engaged Artist in Late Chosŏn Korea』란 제목의 논문으로 불교학박사학위를 받는다.

1998년 老師는 한국으로 돌아와 학문적 자산을 동국대, 서강대, 서울불교대학원대학 등에서 후학들에게 불교학과 종교학 그리고 선학 등을 가르치고 2005년에는 동국대 서울 캠퍼스 정각원장을 역임하며 불교와 수행을 지도한다. 2015년 20여 년의 후학지도를 뒤로하고 퇴임해서 샌프란시스코 리버모아 산 위 고성선원에서 한갓지게 수행에 매진한다.

老師의 그 끝을 알 수 없는 자비심은 당연히 세상일에도 관심을 갖기 마련. 한국불교학회와 한국종교학회 등 많은 학회에서

집단지성을 창조하는 데 동참했으며, 세계평화를 위한 종교 UN을 추구하는 세계종교연합(URI)에 참여, 한국종교연합(URI Korea)을 창립해 불교는 물론이고 기독교, 개신교, 유교, 천도교, 이슬람교 성직자들과 함께 세계 평화를 위해 노력하고 있고, 세계종교지도자단(BWRL) 위원으로 활동하고 있다. 2004년에는 대통령직속 지속가능발전위원회 위원, 2019년에는 민주평화통일자문회의 위원으로 활동하며 한국사회의 발전을 위해 노력한다.

老師의 회향은 끝이 없다. 웨싹데이국제위원회(ICDV)와 미국국제불교협회(IBAA), 국제불교대학협회(IABU)와 세계불교도우의회(WFB) 등에서 세계 불교도의 연대와 교류, 참여와 회향에 관한 활동을 하고 있다. 그리고 인도불교 복원불사를 주관하는 Mūla Saṅgha 증명법사로 후학을 지도하고 있다.

老師의 수행과 교리, 전통과 현대, 참여와 회향으로 성숙된 삶과 수행을 바라보는 올바른 안목, 깊은 자비심은 『법구경』을 대중이 이해하기 쉽고 간결하며 깊이 있고 삶의 등불로 삼기에 부족함 없이 전달하기에 가장 적합할 것으로 사료된다.

삼가 졸필로 老師의 『법구경 깨침의 노래』에 마음을 담는 공덕으로 老師의 법향이 바람을 거슬러 널리 퍼지고 법의 상속자로서 인류의 자유와 진보에 기여하길 발원한다.

Buddhagaya 보리수 아래서

Bhikkhu Buddhapāla 삼배 올림

법구경
깨침의 노래

1판 1쇄 2021년 10월 1일
1판 발행 2021년 10월 9일

엮은이 진월 도원

펴낸이 김영채

펴낸곳 SATI
경남 김해시 대동면 대동로269번 안길 98
www.sati.school

전 화 055-331-2841

출판신고번호 제 2004-000005호

값 20,000원

ISBN 979-11-953740-1-4

잘못된 책은 바꾸어 드립니다.